献给有新闻理想的人

做最职业的记者

The Professionalism of British Journalists

对话英国名记者

崔莹◎著

南方日报出版社
NANFANG DAILY PRESS
中国·广州

图书在版编目（CIP）数据

做最职业的记者：对话英国名记者 / 崔莹著. —广州：南方日报出版社，2009.4

ISBN 978-7-80652-897-6

Ⅰ. 做…　Ⅱ. 崔…　Ⅲ. 记者—新闻工作—经验—英国　Ⅳ. G214. 2

中国版本图书馆 CIP 数据核字（2009）第 045577 号

做最职业的记者——对话英国名记者　　崔莹　著

出版发行：南方日报出版社
地　　址：广州市广州大道中 289 号
电　　话：（020）87373998-8502
经　　销：全国新华书店
印　　刷：广州市怡升印刷有限公司
开　　本：787mm×1092mm　1/16
印　　张：20
字　　数：300 千字
印　　数：1-5000 册
版　　次：2009 年 4 月第 1 版
印　　次：2009 年 4 月第 1 次印刷
定　　价：39. 00 元

投稿热线：（020）87373998-8503　**读者热线：**（020）87373998-8502

网址：http://www.nanfangdaily.com.cn/press　http://www.southcn.com/ebook

感　谢

最诚挚的谢意献给——

王建珂、薛启霞夫妇，我的新闻启蒙老师；Mark Meredith，我的新闻学硕士导师；Nick Cross，我的先生，在研究“宇宙形成”的间隙，花费无数的时间和耐心，帮助我整理采访录音；阮清钰先生，书稿责编，从不抱怨我的“半夜骚扰”（越洋电话），每次和他的对话总能令我产生创作灵感和激情；赵敏，在伦敦生活的生物学博士后和她的先生、BBC资深记者Andrew Webb，他们为我提供了温暖的伦敦之家；于枫，在爱丁堡学习出版的中国留学生，拙著的第一读者，帮我提修改建议，并在文稿中画了无数带有表情的卡通小人，鼓励督促我的写作；焦蓓，活泼甜美的北京女孩，帮我收集材料，随时为我伸出援助之手；李爽，博学多才的新闻业内人士，向业界推荐拙著，并为我的写作指点迷津；Dominic Ponsford，英国媒体杂志《Press Gazette》主编，在百忙之中，为拙著作序；《环球企业家》专题研究部总监张刚，山东大学文学与新闻传播学院教授、副院长甘险峰，《时代周报》评论部主编宋慕新，英国《卫报》编辑吕品，黄海数字出版社副社长王玮先生等，在繁忙的工作之余，为拙著提出了宝贵的建议。还要感谢的是不断鼓励、支持我完成书稿的我的父亲崔明哲，我的家人James Cross，Angela Cross，我的朋友樊祥钦、徐卫东、曲昌荣、公冶祥波、张锦平等。

名记非常道

我在网上发现关键的信息，然后去调查采访。有时候，这些信息如同拼图游戏，你把这些信息放在一起，随意组合，有意思的事情就会发生。

——安德鲁·吉利根

这么多年来，我一直调查刑事司法、禁毒、教育、政府的政策，了解政府政策制定的事实基础，结果我调查出结果了吗？什么都没有。调查出的只是误导民众的黑洞和政府为自我服务的政策。

——尼克·戴维斯

在英国新闻界，有一句老话这样说，“敲开伤心欲绝的老妇人的家门，从她那里拿走她刚死去的孩子的照片，否则，你就不能称自己是记者”。我做过很多次这样的事情。

——布莱恩·迪尔

我不认为《太阳报》这样的报纸是在做新闻，他们的报道更像闹剧。他们的报道中夹杂一点信息，更主要的目的是为了给大家提供娱乐。而我大半生所在做的新闻呢？是为公众服务的新闻，是竭尽全力告诉人们外界信息的新闻。

——菲利浦·奈特利

我给防弹衣开了“天窗”，当我巡逻时，摄像机藏在我的防弹衣里；当我和同事聚会时，摄像机的镜头就是一个“纽扣”，摄像机的线顺着内裤，一直垂到我的裤裆位置，这里隐藏着摄像机的主体。

——马克•达里

贝•布托和我彻夜讨论如何推翻巴基斯坦的暴政。我热血沸腾，没有理由再回去做无聊的电视台的工作——我找到《金融时报》的主编，主动要求做他们的驻外记者，并希望他们只支付我稿费就可以了。

——克里斯蒂娜•拉姆

我见过很多尸体，最令我感触的是他们的袜子，他们系好的鞋带，扎好的腰带。我总在想，清晨，你看看抽屉里的袜子，选了一双蓝色的，你根本不会想到几小时后的危险；当你穿上鞋子，系好鞋带时，你根本不会想到今天你会死……我的很多朋友就这样死去了。

——杰瑞米•鲍恩

记者要尊重“线人”、保护“线人”，即使不可能每周请他吃饭，但是你得像你希望别人对待你那样对待他。并且，保护“线人”也是新闻记者的最起码的职业道德。

——迈克尔•史密斯

我们该怎么办呢？写文章告诉世界——这些女孩子被派来保护她们的士兵强奸，然后，导致更多的人卷入灾难？我和摄影师商量到很晚，决定接受红十字会的请求，保持沉默。这个决定一直萦绕在我的记忆里，直到今天，我也不知道这个决定是对还是错。

——玛丽安•帕利斯特

我所认识的战地记者中，有6名在采访时遇难。显然，并非所有人都出了名。一旦失去了生命，你的事业也就结束了。一个死了的战地记者是毫无用处的战地记者。

——安•莱斯利

如何成为优秀的记者？你需要做的是，了解你的受众，了解你具备的技能，并把这两方面结合起来。再也没有比尝试去做你不擅长的工作更糟糕的事情了。

——伊万•戴维斯

每天下午三四点钟，我都会给四五个“线人”打电话，给谁打取决于我要写的专栏的内容，也取决于谁给我打电话，谁和我交流他的想法。

——亚历克斯•布鲁默

英国时政评论员雨果•扬（Hugo Young），是我所崇拜的记者，也是我学习的榜样。我记得，当我开始做记者时，他说过这样一句话："我只能想起三个政客算是我的好朋友。"对于新闻记者而言，好朋友就是毒药。

——菲利普•斯蒂芬斯

这跟你是谁没有关系，重要的是你代表谁，你和谁站在一起。我出生于中产家庭，从事着中产的工作。如果我是圣教徒的话，我会把我所有的东西都捐赠给别人。但是这能够改变多少呢？我的使命是和穷人站在一起，反对富人。

——波莉•汤因比

我的采访原则是：少说话，多倾听。有些记者忍不住说，"我同意你的观点"，"我想……"都是废话，千万别那样做！

——罗勃•麦基本

在暴露某公司的问题时，对方给你很少的信息。因为缺少证据，报道无从下手。这时候感觉很沮丧。

——马丁•希克曼

我从不隐瞒我不是医药专家的事实，也不会不懂装懂。也就是说，当我和别人交流时，我会请对方解释所有的细节。哪怕对方会认为我懂得太少，太愚蠢，也没有关系。这样，对方就会将问题解释得更清楚。

——西蒙•康普顿

政府的一切行为都应当受到报纸的质疑。记者不该是盲目的摇旗呐喊者。不过，如果政府做了明智的决定，报纸也吹毛求疵，这种质疑精神就很无聊了。

——罗杰•奥尔顿

足球迷们的反应不可预料，通常在午夜，他们拿着刀，突袭摄影记者——足球迷不喜欢摄影记者，他们认为我们总在拍摄他们不好的一面，然后把这些照片提供给警察局，警察局根据这些照片辨认、拘捕他们。我经常被足球迷袭击，有几次被打得很惨。但是更惨的是，没有人保护我们，警察也不管。

——杰瑞米•塞尔文

我跟踪拍摄的美军士兵射死了一个无辜的出租车司机，这样的事情如果发生在日常生活里，肯定是士兵的错，但是考虑到当时的背景，他们那样做也没有错。问题不在于士兵是对是错，士兵在执行命令，在尽自己的职责，军队就是军队。

——西恩•史密斯

新闻摄影作品欣赏

■ 杰瑞米·塞尔文作品

◀足球暴力

▶在机场，得知飞机航班被取消，穆斯林女子流露出惊诧的表情

▲女王的眼泪

▶撒切尔夫人和爱德华·希思同时看手表

◀雪莉·贝西（Shirley Basscy）和芭芭拉·温莎（Barbara Windsor）

■ 西恩·史密斯作品

▲2006年，伊拉克提克里特镇（Tikrit）被袭击，图中戴头罩的男子为被逮捕的恐怖分子

▲2007年，在古巴哈瓦那，这些“模特”正在为一场变性表演作准备

▲警察和街头暴力的受害者

▲士兵们在巴格达搜查一家炸药工厂时，工厂突然发生爆炸，部分士兵遇难

Preface

Dominic Ponsford

It has been said that the duty of a journalist is to report the news and raise hell - and this is a description which could apply to many of the journalists who feature in this book.

They exist on their wits, are craven to no-one and report the news without fear or favour. They don't go looking for trouble - but embrace it when it comes, because the definition of a good news story is often one which someone in power does not want published.

Each journalist interviewed in this book brings different talents to the job.

Andrew Gilligan won the top British journalism prize in 2007 - British Press Awards Journalist of the Year - for a devastating series of articles cataloguing the financial misdeeds of the office of London Mayor Ken Livingstone.

He was able to use patience and hard work to forensically dissect publicly available financial documents and turn them into brilliant stories.

Nick Davies has won plaudits for fearlessly using investigative journalism to expose allegations of malpractice among British journalists themselves.

Evan Davis is widely loved by the British public for his ability to make complex economic issues easy to understand. And Christina Lamb has shown astonishing courage to report from the frontline of danger spots around the world.

All the journalists in this book show different aspects of the professionalism of British journalists.

Professionalism is not a word which all British journalists would use.

Some would rather refer to themselves as “hacks” - a self-deprecating term to indicate that they see their job as a trade far more than a profession.

But most British journalists are motivated by a higher purpose - by the desire to find out what is going in the world and tell the truth about it to the public.

What higher purpose could there be - because without honest journalism how can local councils, central government, commerce and the police function efficiently?

Good journalists ensure that public officials are kept honest and good journalism can be the glue which holds a society together and the grease which smooths the cogs of progress by allowing all to make well-informed decisions.

In Britain we have well over 20 national newspapers, around 80-regional dailies, 1300 local weekly newspapers and a growing number of news websites.

Sadly the profession of journalism is going through tough times in the UK because of an economic downturn and increased competition for readers from new digital sources of entertainment.

But this country still has a vibrant free press and I am sure that is a strong part of why it has continued to be a prosperous and largely peaceful nation which, by international standards, is remarkably free of public corruption.

Cui Ying has assembled a stellar cast comprising some of Britain's greatest journalists for her latest book.

Their words should provide a master class for anyone who is serious about pursuing that most noble of callings - journalism.

（作者系英国最有影响力的媒体杂志《Press Gazette》主编）

CONTENTS

目录

第3章 布莱恩·迪尔：我靠直觉进行调查采访

第4章 菲利浦·奈特利：一定要看对方的眼睛

第5章 马克·达里：一生一次卧底足矣

第6章 克里斯蒂娜·拉姆：我到哪里，哪里就有坏新闻发生

第7章 杰瑞米·鲍恩：别以为，死亡和你无关

■ 没有完全客观的报道 ■ 报道不该带“个人情绪”
■ 先要做一个好人 ■ 死亡就是一瞬间

第8章 迈克尔·史密斯：保护“线人”是记者的职责

■ 我曾经是“特工” ■ 从来不花钱买新闻线索
■ 记者要会保护“线人” ■ 善于掌握实实在在的证据

第9章 玛丽安·帕利斯特：写有“人情味”的新闻

■ 用文章帮助人 ■ 为采访，哪怕下跪
■ 记者要对采访对象负责 ■ 做有人情味的记者

第10章 安·莱斯利爵士：捕杀我自己的蛇

■ 日本采访给自己加“官职” ■ 和杨宪益是好朋友
■ 采访时差点被强奸 ■ “战争报道狂”

第11章 伊万·戴维斯：善于做减法的财经记者

■ 财经记者要具备“简化”能力 ■ 让采访对象放松，说出心里话
■ 用经济学家的眼光看问题 ■ 对所有报道抱有质疑精神

第12章 亚历克斯·布鲁默：做“不受欢迎”的记者

■ 午饭上获得新闻 ■ 财经文章要通俗易懂
■ 要有批判的眼光 ■ 看公司的弱点

第13章 菲利普·斯蒂芬斯：时政评论员就像是演员

■ 言论要具备长远眼光　■ 时时考虑和读者对话
■ 花很多时间和政客吃饭　■ 和英国前首相交情很深

第14章 波莉·汤因比：我和穷人站在一起

■ 放弃学业体验穷人生活　■ 想改变社会不平等
■ 防止媒体垄断　■ 言论影响社会政策

第17章 西蒙·康普顿：记者要学会装傻

■ 大胆提傻问题 ■ 健康报道误导公众
■ 医生在报纸上开专栏 ■ 新闻不是摘编通稿

第18章 罗杰·奥尔顿：质疑政府的一切决定

■ 好新闻要善于延伸 ■ 要考虑报纸的商业利益
■ 多媒体采访是趋势 ■ 反对用新闻通稿

第19章 杰瑞米·塞尔文：拍能讲故事的照片

■ 每天4时起床去拍照 ■ 要善于预测新闻场景
■ 曾被足球迷暴打 ■ 从来不用三脚架

第20章 西恩·史密斯：照片要让人联想到故事

■ 曾经是狗仔队记者 ■ 从油画中找灵感
■ “混入”美军两个月 ■ 造假是记者的耻辱

第1章

安德鲁·吉利根：揭黑幕要步步为营

■ **揭政府丑闻遭受打击**

■ **文章导致市长下台**

■ **不和政客做朋友**

■ **用“行话”采访**

新闻实务涉及

★ 大卫·凯利风波，《赫顿报告》。

★ 如何从网站上找新闻线索？

★ 记者和侦探进行调查的区别。

★ 记者和政客能成为好朋友吗？

★ 媒体和政客的关系。

★ 揭黑报道的经验和教训。

★ 如何准备采访问题，如何提问，要说什么样的话？

★ 什么样的新闻是好新闻？

□记者档案

安德鲁·吉利根（Andrew Gilligan）

生　　日：1968年11月22日

身　　份：《旗帜晚报》记者，曾任BBC《今天》（*Today*）节目国防记者，《星期日电讯报》记者，《剑桥晚报》记者等。

获得奖项：2008年，被评选为年度英国传媒奖的“年度记者”（Journalist of the Year），同年获得保罗·福特新闻奖（Paul Foot Award）二等奖。

●记者印象

媒体的力量

“种族歧视者”、“说谎专家”、“杀人犯”……安德鲁·吉利根拥有这些称号。大卫·凯利博士自杀后，《太阳报》将安德鲁·吉利根的名字放在头版，标题为“你这只老鼠！”。安德鲁·吉利根毫不在意，他说自己的脸皮一直都很厚：“如果《太阳报》说我是世界上最差的记者，没什么大不了，因为我知道我不是。”

安德鲁·吉利根一直不肯按部就班。在令人羡慕的剑桥大学学习历史，却把大部分的时间花在办校报上；光在报社实习不过瘾，毅然放弃学业，当上了全职记者；不参加新闻发布会，不正点上班，却半夜在网络上找新闻线索……

安德鲁·吉利根的新闻敏感仿佛是天生的，当同学们抱怨房租涨价、聚集示威时，他想到的却是用纸和笔报道此事——通过媒体打抱不平，用新闻舆论的力量与强权者斗争。从此，安德鲁·吉利根走上一条不归路。安德鲁·吉利根喜欢揭露那些肮脏的勾当，报道黑幕。他认为：“记者的工作是试图打开橱柜，用手电筒照，手电很小，光芒有限，但是橱柜很大——记者也不知道橱柜里有什么，橱柜里藏着一些故意不给人看的东西。”

把安德鲁·吉利根推上风口浪尖的是2003年5月29日他在BBC《今天》节目中的报道。他引用一政府官员的话称“英国政府在萨达姆拥有大规模杀伤性武器的问题上故意添油加醋”。没想到这一报道给生物武器专家大卫·凯利带来了杀身之祸。调查大卫·凯利死因的《赫顿报告》公布，认定安德鲁·吉利根的报道“毫无根据”。在被人误解、辱骂声中，安德鲁·吉利根黯然离开BBC。

安德鲁·吉利根在离职声明中表示："如果赫顿勋爵能以公平的态度对待他所收集到的证据，他肯定会得出结论——我的报道绝大部分内容是真实的。在萨达姆拥有大规模杀伤性武器的问题上，英国政府肯定做了手脚，把可能性粉饰成必然性。比如，认为萨达姆有能力在45分钟内部署生化武器的内容就是'经典例证'。很多情报机构成员，包括生化武器专家都对此表示不满。谢谢大卫·凯利告诉我以及其他记者这些内容，我们现在知道了我们以前不知道的内幕。向大卫·凯利表示哀悼。"

如果是普通人，这样的打击大概会令他对新闻业灰心丧气，甚至彻底绝望。但倔强的安德鲁·吉利根并没有因此消沉。他加盟《旗帜晚报》，一切从头开始，并且，他无时无刻不想为自己平反。

5年后，他终于发现了一条"大鱼"——前伦敦市长肯·利文斯通（Ken Livingstone）涉嫌"洗钱"。吃一堑，长一智。除了保证揭黑证据确凿、百密无疏，安德鲁·吉利根还要和"敌人"斗智斗勇。比如，将掌握的材料分批、分层次曝光，令对方措手不及。安德鲁·吉利根的报道，令肯·利文斯通暴跳如雷，他毫无防备的反击令他自己丢人现眼。不久，肯·利文斯通在伦敦市长的竞选中惨败。

在两次可以被写进英国新闻史的报道中，安德鲁·吉利根始终相信媒体的力量。他认定，政客生活在对媒体的恐惧之中。"《赫顿报告》公布，托尼·布莱尔讨回了面子，却失去了民心。有一次，我在乘坐出租车时，出租车司机——《太阳报》的读者认出了我，他拒绝收我的钱。《太阳报》、《泰晤士报》的民意调查显示，他们中的绝大多数相信我，相信BBC，而不相信政府。"

●崔苇面对面

5年前，安德鲁·吉利根悲怆地离开了BBC，和他一起辞职的还有BBC董事长加维因·戴维斯（Gavyn Davis）和总经理格雷格·戴克（Greg Dyke）。事情的导火索是他的报道：2003年5月29日，安德鲁·吉利根在《今天》节目中曝光英国政府在伊拉克大规模杀伤性武器证据的问题上添油加醋，误导民众。随后，安德鲁·吉利根的消

息来源——政府军事顾问、生化武器专家大卫·凯利自杀身亡。独立检察官赫顿勋爵带领调查小组对此事展开调查，完成《赫顿报告》，认定安德鲁·吉利根的报道毫无根据。安德鲁·吉利根始终坚持他并没有错误引用或者陈述大卫·凯利博士的话。

5年后，安德鲁·吉利根获得英国媒体奖的最高荣誉“年度记者”，他的关于前伦敦市长肯·利文斯通是否涉嫌“洗钱”的报道令他“东山再起”。乌云挡不住阳光，安德鲁·吉利根走出阴霾，继续寻找、揭露下一个内幕。

安德鲁·吉利根告诉我，可以在2008年9月工党会议期间，在曼彻斯特接受我的采访。会议期间，曼彻斯特中心附近聚满了政客、记者，还有示威抗议者和警察。

剑桥辍学做记者

安德鲁·吉利根建议我们在曼彻斯特会议中心对面的赛百味（Subway）快餐店见面。已经是下午4时，安德鲁·吉利根还没有吃午饭。

记者：请简单介绍一下你的新闻从业经历。

安德鲁·吉利根：我在剑桥大学读书的时候，就开始接触新闻，参与办校报《大学代表队》（*Varsity*）。因为发表了不少文章，表现出色，上学期间，我申请到了《剑桥晚报》的工作机会。在那里工作了半年后，我来到伦敦，最初担任《星期日电讯报》外稿助理，一年之后，我担任《星期日电讯报》国防报道记者。四年后，我开始在BBC的《今天》节目组工作。后来因为《赫顿报告》事件，我从BBC辞职，开始在《旗帜晚报》工作至今。在《旗帜晚报》，我既写报道，也写专栏。因关于前伦敦市长肯·利文斯通的报道，我被评选为年度英国传媒奖的“年度记者”。

◎小贴士：美国学生办剑桥校报

《大学代表队》创办于1931年，英国剑桥大学学生报，是英国创办最早的学生报纸之一。报纸创办之初，出版很不稳定。1933年，报纸亏损100英镑，破产。之后的几年，报纸的出版断断续续。直到1947年，报纸出版趋于稳定，并一直出版至今。

报纸复刊要归功于美国学生哈里·纽曼（Harry Newman，1921—2001）。毕业于哈佛大学的哈里·纽曼在剑桥大学读硕士研究生时，认定剑桥大学需要一份类似美国哈佛大学学生报《枣红色》

（*Crimson*）的报纸，并开始筹备办报。当时，英国政府规定，只有在“二战”前存在的报纸名称才可以使用。1947年4月19日，《大学代表队》复刊，沿用原名。当时的头版头条是伊丽莎白公主将要到学校参观的新闻，但公主最终没有成行。

被《大学代表队》首次报道的新闻，经常会引起英国当地媒体的关注。1953年5月，《大学代表队》首次报道了詹姆士·华生（James Watson）和弗兰西斯·克里克（Francis Crick）发现DNA的新闻。《大学代表队》的资金来源是慈善机构，该机构同时出版其他刊物。报纸主编没有薪水，但是他们会受到企业家的资助。

VARSITY

Arts
Halloween-themed comic strip

Features
American Election Special Preview

Sport
Legendary writer Simon Barnes

'1 in 2' admits to plagiarism

49%

62%

Cambridge application levels hit record high of 15,000

p16 Richard Eyre, former Director of the National Theatre, on the ADC　p22 Goldfrapp reviewed

记者：你在剑桥没有读完，就辍学了？

安德鲁·吉利根：是的。说实话，我不是好学生，我的成绩不好，但是我的文章写得很好，我也喜欢做记者。我完全可以读完再去做记者，只是那样的话，我又不得不从头开始。当时，我幸运地得到了一个高起点进入新闻业的机会，如果拒绝的话，那也很傻。

记者：可是，你放弃的是剑桥大学的学历。

安德鲁·吉利根：没有人问过我的学历，工作就是工作。学历是你工作的“敲门砖”，但是我已经进门了，就不需要学历了，况且，门里面的人也不介意你是否有学历。

记者：你的父母呢？他们生气了吗？

安德鲁·吉利根：他们并不介意。这是我自己的决定。他们知道我想做记者，当我真的成了记者之后，他们很高兴。

记者：你什么时候开始对做记者感兴趣？

安德鲁·吉利根：我一直喜欢写东西，喜欢寻根究底。幸运的是，在剑桥读书的第一周，我就碰上了我所在的学院的同学抗议房租提价、拒绝交房租的示威游行，我采访报道了此事，文章被发表在校报的头版。之后，我成了校报的主力。我意识到，自己有多么喜欢记者这个工作，并且能够胜任。在校报的经历，帮我实现了当记者的愿望。

记者：2008年，你获得英国新闻界最高的荣誉——年度英国传媒

奖的“年度记者”，这对你今后的工作意味着什么？

安德鲁·吉利根：最近，我一直坐在桂冠上休息（rest on my laurels），吃老本，有点不思进取。我到了一个台阶，可以稍微休息一下了，但是，荣誉不会持续很久，我会继续努力。得到荣誉的那一刻非常美妙，我感到很惊讶，当时无话可说。这个奖对我而言，也有着特殊的意义。当年，我在阴影之下离开BBC。现在，因为这个奖，很多人会重新评价我，他们会认为，我当时的报道是正确的，我是有职业精神的记者。

记者：你会继续努力，争取再次成为“年度记者”？

安德鲁·吉利根：那当然好。有很多优秀的记者，他们没有赢得这个奖，因为他们没有机会做和我一样的工作。他们的工作很单调，每天都有发稿的压力，而我很幸运，我可以用几周的时间去报道同一件事。如果能再报道重大的新闻，我当然希望再次获得这个荣誉。

调查前伦敦市长涉嫌“洗钱”

从2007年12月开始，安德鲁·吉利根在《旗帜晚报》发表了一系列文章，曝光伦敦市长肯·利文斯通的政府顾问、伦敦市平等署主席李·贾斯珀（Lee Jasper）涉嫌贪污、“洗钱”。李·贾斯珀的朋友、商业合作伙伴以“Brixton Base”项目的名义从伦敦政府那里获得2500万英镑的投资，但这笔投资后来去向不明。已经被证实的是，大量资金由伦敦市长肯·利文斯通办公室直接给出。

记者：如何找新闻线索，报道出重大新闻？这取决于记者的运气吗？

安德鲁·吉利根：说实话，一部分是运气，一部分是记者的判断力。对于发现、报道重大新闻而言，记者要有从容的心态，要有工作的主动性，要对所做的工作感兴趣，要有好奇心，要善于和人沟通，愿意和不同的人聊天。其实，对记者而言，重要的新闻线索不是在地下停车场里秘密会晤时产生的，而是在很多很无聊的场合，甚至是公共场合突发的灵感。

我经常做的一件事是，浏览网上的各类公共文件，类似撒网捕鱼。比如从伦敦议会档案（London Assembly Archives）、英国官方公司管理部（Company House）的文件，找新闻线索。有一天晚上，在浏览伦敦议会档案材料中，我看到前伦敦市长肯·利文斯通所说的一句话，我感觉这句话背后一定有问题。那句话说的是，大伦敦政府（Greater London Authority）给一个"Brixton Base"的项目（对黑人进行培训，帮助他们从事创意产业）大量的投资……而实际上，这个项目组的办公地点在大伦敦政府所拥有的办公楼里，不用付房租。那些钱都到哪里去了呢？于是我决定去调查这件事情。结果我发现，肯·利文斯通的政府顾问、伦敦市平等署主席李·贾斯珀卷入此事。然后，我调查了和李·贾斯珀、"Brixton Base"项目有关的其他公司，发现他们从伦敦市长那里拿到的资金总共有2500万英镑，都去向不明。我怀疑他们在"洗钱"。之后，我开始调查。

记者：你的新闻线索都是从网上获得的吗？

安德鲁·吉利根：我在网上发现关键的信息，然后去调查采访。有时候，这些信息如同拼图游戏，你把这些信息放在一起，随意组合，有意思的事情就会发生。比如，媒体已有的报道和你所了解的信息，根本就对不上，然后你继续深入调查，你会发现其中的问题。

记者：调查的过程困难吗？

安德鲁·吉利根：我从外围开始调查，采访了很多应该拿到钱，但是根本没有拿到钱的当事人。

记者：像是侦探？

安德鲁·吉利根：有点像是侦探，但是没有侦探的权力大。在得到允许的情况下，侦探可以对别人的电话进行录音，查看对方的银行账单，但是记者不行。

记者：那警察呢，你会和警察一起工作吗？他们在你关于肯·利文斯通和李·贾斯珀是否"洗钱"的调查报道中，起了什么样的作用？

安德鲁·吉利根：警察介入调查，但是我并没有和警察直接合作。文章在《旗帜晚报》发表后，伦敦市长肯·利文斯通指责我们：这些报道都是谎言！好在，我已经预料到他会有这样的反应，我手头上保留了很多之前没有被发表的、强有力的证据，证明市长没有说实话。这个故事变得很曲折，报道持续了很长时间。结果，警察逮捕了9人。

记者：肯·利文斯通一定对你很恼火，你见过他吗？

安德鲁·吉利根：见过很多次，他就在会（工党会议）上。他很生气，简直是大怒。碰巧，我今天晚上就去见他，我想去"逗逗"他，让他更生气。他越生气，我越开心，因为这样我可以有更多的文章可写。肯·利文斯通的脾气原本就不好，在公共场合，或者接受媒体采访时，他总会对我咬牙切齿，称我是说谎的人、凶手等等。我一点都不介意，因为这样可以让这个新闻故事更火爆，更好看。我揭露的这个故事是个好故事，但并非好到可以赶上“水门事件”。让这个故事好看、轰动、有影响力的恰恰是肯·利文斯通的愚蠢反应。他的“斗志昂扬”、怒气不消，正是这个故事的看点。

记者：激怒他，这是你计划好的吗？

安德鲁·吉利根：不是，但是我知道他肯定会生气。肯·利文斯通的坏脾气众人皆知，他不喜欢有人和他作对。他和《旗帜晚报》的关系原本就不好，他曾经称我们的一个犹太裔记者为“德国集中营的警卫”。这是很侮辱人的话，但是他不肯道歉。

◎小贴士：伦敦市长骂记者被停职

因出言侮辱一名犹太裔记者，英国伦敦市长肯·利文斯通被停职4周，停职时间从2006年3月1日开始。陪审团主席大卫·拉韦里克称：“肯·利文斯通对待记者的方式过于敏感，具有冒犯性……市长输了官司，证明他的话确实无法令人接受，对伦敦市政府的形象也造成负面影响。”

2005年2月23日，肯·利文斯通参加完一个男同性恋者聚会正准备离开，供职于《旗帜晚报》的记者奥利弗·芬戈尔德（Oliver Finegold）走上前，希望对他进行采访。在奥利弗·芬戈尔德报出自己的工作单位后，肯·利文斯通出言不逊：“你有病？你以前是德国战犯吗？”奥利弗·芬戈尔德解释自己是犹太人。肯·利文斯通又说：“你就像一名德国集中营警卫。你因为拿了报酬，就这么做，不是吗？”

事后，肯·利文斯通解释，他对《旗帜晚报》所属的报业公司不满。肯·利文斯通讽刺《旗帜晚报》的东家是卑劣家伙和顽固反动分子。他提到，该报业公司下属的另一份报纸《每日邮报》20世纪30年代支持法西斯主义，敌视犹太难民。在一场报纸编辑的离职晚会上，几名客人甚至身穿纳粹制服。遇到《旗帜晚报》的记者，肯·利文斯通就把不满情绪发泄到记者身上。

由于输掉这场官司，肯·利文斯通必须支付8万多英镑的诉讼费。停职期间，他的薪水也被停发，按其年薪13.4万英镑计算，停薪一月损失一万多英镑。

记者：从来没有媒体敢对他“指手画脚”？

安德鲁·吉利根：在我的文章发表之前，没有任何一家媒体批评过肯·利文斯通。他一般只和伦敦地方媒体打交道，而地方媒体不会像我这样责难他。他们没有这么多的时间去调查，没有这么多的资源，没有报纸的支持。后来，《新政治家》（*The New Statesman*）的政治记者马汀·布莱特（Martin Bright）也调查了肯·利文斯通，并制作成电视节目，在Channel4播出。那是对他的第二次调查，肯·利文斯通的反应也很强烈。他不能够理性地对待调查，当有人指出他的错误时，他就无法忍受，勃然大怒，新闻故事也就有了。

“帮”现任伦敦市长当选

2008年5月1日，肯·利文斯通的竞争对手鲍里斯·约翰逊（Boris Johnson）在伦敦市长的竞选中获胜。伦敦政治经济学院媒体中心负责人查理·贝克特（Charlie Beckett）在接受《卫报》采访时表示：“如果有一篇文章为某位政客（鲍里斯·约翰逊）带来好处的话，那一定是安德鲁·吉利根关于肯·利文斯通的报道。”

记者：你怎么会盯上伦敦市长呢？

安德鲁·吉利根：主要是因为不久之后，2008年5月，肯·利文斯通要参加伦敦市长的选举。2007年底，是调查他的最好的时机，也正好是对他之前的工作进行总结的时机。我们想要知道的是，他是否诚实，他的政府管理能力如何，是不是好市长，等等。

◎小贴士：鲍里斯·约翰逊，另类伦敦市长

2008年5月1日，英国保守党下议院议员鲍里斯·约翰逊击败工党市长肯·利文斯通，当选伦敦市长。这是伦敦30年来，首位保守党人出任市长。在出任伦敦市长前，鲍里斯·约翰逊曾担任了6年《旁观者》杂志主编。

1964年6月19日，鲍里斯·约翰逊出生于纽约，在参选伦敦市长不久前还是美国公民，刚加入英国籍。鲍里斯·约翰逊的父亲是保守党政治家，他的童年在家庭农场的田园风光中度过。20世纪70年代早期，他的父亲成了首批欧共体专员之一，负责污染控制，因此举家迁往布鲁塞尔。鲍里斯·约翰逊在布鲁塞尔接受了早期教育。后来，他回到英国，获得了著名的伊顿公学奖学金，不仅成了两位英国王子的学长，他的校长还曾是前首相托尼·布莱尔的舍监。1983年，鲍里斯·约翰逊进入牛津大学学习古典文化。

从牛津大学毕业后，鲍里斯·约翰逊开始在《泰晤士报》担任记者，因编造了一段引语，他被该报主编，也是他的教父，后来担任牛津大学副校长的科林·卢卡斯（Colin Lucas）辞退。不过，约翰逊又幸运地被《每日电讯报》相中，成为该报的重要写手，并被派驻布鲁塞尔，一直做到助理主编和首席政治专栏作家。

鲍里斯·约翰逊的第一次婚姻持续了6年，之后，他和童年在布鲁塞尔的朋友、已经成为大律师的玛丽娜·惠勒（Marina Wheeler）再结连理，之后一连生了四个孩子。同时，鲍里斯·约翰逊的新闻事业也蒸蒸日上，他开始涉足电视，涉猎范围从汽车专栏到小说乃至电视纪录片，无所不包，他的专栏选集也成了畅销书。1999年，鲍里斯·约翰逊开始担任保守党员的“摇篮”《观察家》杂志的主编，

直到2005年12月，他被任命为保守党影子内阁的教育大臣。

鲍里斯·约翰逊的专栏文章尖酸刻薄，特别是挖苦利物浦人的评论得罪了议会中的同僚，当时保守党文化事务发言人不得不向利物浦全体居民道歉；2006年他又因关于巴布亚新几内亚“食人”的言论向全体国民道歉。鲍里斯·约翰逊动辄放炮，随后道歉，以及他那一头蓬乱的金发以及骑着自行车穿行伦敦的形象，一起成为他的“商标”。

鲍里斯·约翰逊出任伦敦市长后，继续为《每日电讯报》写专栏，每周一篇。英国《卫报》透露，鲍里斯·约翰逊因此获得的年薪是25万英镑。报道还称，鲍里斯·约翰逊用钱的1/5设立了奖金，用于资助学新闻的学生和古典文化教学。

2008年8月，鲍里斯·约翰逊出席了北京奥运会闭幕式，作为伦敦市的代表，他从北京市长郭金龙手中接过奥林匹克旗帜。因西装没有系扣子，东张西望，手还插在口袋里，鲍里斯·约翰逊被中国媒体评价为“粗鲁，高傲，不尊重”。之后，鲍里斯·约翰逊在《旁观者》杂志发表文章解释，并称自己是“坚定的亲华者”（a convinced Sinophile）。

记者：你用了“我们”，决定关注肯·利文斯通的，不仅仅是你个人？

安德鲁·吉利根：我的意思是——报纸。整个故事是由我独立采访报道的，但是报纸的支持至关重要。因为我们的报纸原本就不喜欢肯·利文斯通，这个选题操作起来就更容易了。当你写这类影响对方利益的文章时，你肯定会遭到对方的反攻，对方会说：“这个记者在撒谎，他应该被开除！”但是我的报纸绝对支持我，回复对方：“我们知道这是个好故事。”你要确定你的报纸会一直支持你，这也是我说“我们”的原因。

记者：你对肯·利文斯通的负面报道，侧面帮助了伦敦市长的另一位候选人鲍里斯·约翰逊。最近，你和他一起出席了北京奥运会，你们的关系很近？

安德鲁·吉利根：我们的确是帮了鲍里斯·约翰逊，我的报道让肯·利文斯通丑态百出，但是这并非是鲍里斯·约翰逊当选的决定因素。鲍里斯·约翰逊一向是很受欢迎的候选人，他很有人气，能够凝聚人心，他肯定会当选。肯·利文斯通的拥护者指责我和鲍里斯·约翰逊关系近，其实，这也没有什么可以隐瞒的。当年，我离开BBC，鲍里斯·约翰逊邀请我到《旁观者》杂志工作。对此事，我从来都不保密，我也从不隐瞒我对他的支持。但是这和我对肯·利文斯通的报道是两回事。

记者：《观察家》杂志的主编鲍里斯·约翰逊为什么决定雇用你？

安德鲁·吉利根：我在BBC工作的时候就认识鲍里斯·约翰逊了，得知我辞掉BBC的工作，他打电话问我愿不愿意给他们写文章，然后，我们见面聊了聊，就这么简单。

记者：你如何看鲍里斯·约翰逊的个性？喜欢他的人非常地喜欢，不喜欢他的人对他非常地厌恶？

安德鲁·吉利根： 在某些方面，鲍里斯·约翰逊和肯·利文斯通有点像，鲍里斯·约翰逊的个性更强，他留给人们的印象也更鲜明。我觉得，就人品而言，鲍里斯·约翰逊比肯·利文斯通好多了。我不认为肯·利文斯通的拥护者对他的指责是客观的，比如说他是种族歧视者、倔强的右翼等。他的毛病是，他人太好了，他很少拒绝别人，他也很诚实。实际上，无论鲍里斯·约翰逊是否参加伦敦市长的竞选，我都会调查报道肯·利文斯通事件，因为公众对这个故事也很感兴趣。

记者： 作为记者，和某位政客关系如此近，合适吗？

安德鲁·吉利根： 人们指责我和鲍里斯·约翰逊关系密切，但我和他的关系并非大家想象的那样。比如，我从来没有去过他家，工作之外，我们的交往并不多。在调查报道肯·利文斯通事件中，我只和他通过两次话。我和他总保持着距离，在他竞选伦敦市长的过程中，我也写了质疑他的文章。他成为伦敦市长之后，《旗帜晚报》对他苛刻多了。我从来都没有觉得我和他过于亲密。

记者： 如果发现鲍里斯·约翰逊的"猫腻"，你也会毫无顾忌地报道他？

安德鲁·吉利根： 是的，我不为鲍里斯·约翰逊工作，也不为肯·利文斯通工作，我只为《旗帜晚报》工作。如果是一条好新闻，无论关于谁的，我肯定会去写。

记者： 记者和政客能成为好朋友吗？

安德鲁·吉利根： 除了一些很基本的共识，政客和媒体之间的关系应该是对立的。最基本的共识包括记者应该为提供情报的政客保密，应该如实引用对方的话，等等。但是记者和政客不应该成为朋友。当然也不是说彼此要互相痛恨，互相贬低，但是不应该互相信任。

记者： 你如何看待媒体和政客之间的关系呢？

安德鲁·吉利根： 媒体和政府之间的关系越来越糟糕。当政府遇到麻烦时，遇到麻烦的政客和党派中的积极分子的自然反应就是指责媒体。刚才，在会上休息时，我发现很多人认为目前工党的尴尬处境是媒体的报道造成的。但实际上呢？政府的麻烦和媒体没有任何关系，麻烦的根源在于政策本身有缺陷，领导人无能。显然，对方不想听到这样的言论，他们会先给自己找替罪羊。当然，媒体也有过分的时候。有时候，媒体对政府过于苛刻，过于吹毛求疵，媒体抓住某项政策的细枝末节不放，狠狠地抨击，导致政客很难有机会进行公开的辩论。媒体自以为是、与外界隔

绝的即兴言论，疏远了人心，这也是一个问题。政客和媒体目前的处境大同小异：信任当权政客的人越来越少，信任媒体的人也越来越少。

揭黑幕要“留一招”

安德鲁·吉利根是揭黑幕的老手，他曾经揭露、报道英国军队内部的种种问题，如国防部被泄露的报告称，在科索沃战争中，很多士兵的步枪和收音机根本无法使用；皇家空军击中目标的几率非常低，尽管政府花了10亿英镑更新设备等。英国国防大臣杰夫·胡恩（Geoff Hoon）否认这些说法。英国政府公关主管、媒体新闻总监阿斯戴尔·坎贝尔（Alistair Campbell）嘲笑安德鲁·吉利根是“容易上当的吉利根”。

记者：你从英政府粉饰伊拉克生化武器的报道（《赫顿报告》），从对肯·利文斯通的调查报道中，所获得的经验和教训是什么？

安德鲁·吉利根：我把从《赫顿报告》中得到的教训，用在了调查肯·利文斯通事件中。这个教训是：对于新闻报道而言，没有录音、没有记录、采访对象不同意被暴露身份的单方面信息是不够的，即使信息来源很可靠，并且提供的信息是正确的。大卫·凯利博士是很可靠的线人，他提供的信息也是正确的。但是如果我们之间的谈话没有录音，没有记录，没有证人，他很有可能在压力之下，改变说法。对肯·利文斯通的调查，是建立在大量记录在案的文字材料、大量录音采访的基础之上的。我的报道证据确凿，就能够抵挡住对方出其不意的反攻。另外一个教训是：要时刻准备应付对方的反攻。因为你揭露、控诉对方的阴暗面，对方肯定会反咬你一口。你一定要自己先“留一招”，事前收集好证据，然后在对方反攻时，把材料拿出来，让对方措手不及。这就如同下棋，要步步为营。

记者：相比而言，关于肯·利文斯通的调查报道更充分？

安德鲁·吉利根：对，对肯·利文斯通的报道质量更高、更职业化。我想，大多数人，包括我自己，都相信大卫·凯利关于伊拉克是否有大规模杀伤性武器的观点。只是我当时的报道方式不够完美，并且有缺陷：我搞错了一两个细节，我没有认真作采访记录。结果让“敌人”抓住了把柄——即使我报道的内容大部分属实，结果还是导致了失败。

记者：我在BBC工作的朋友告诉我，圈内传言，2003年5月29日清晨6时7分，你在BBC《今天》节目中报道：英国政府就伊拉克武器问题撒了谎。前一天晚上，你喝了酒，因此报道时很不清醒？

安德鲁·吉利根：我根本就不喝酒。但是前一晚，我睡得很晚，报道时，我很清醒，就是有点疲惫而已。在BBC报道了这则新闻后，我又写了一篇文章，发表在《每日邮报》，称英国政府公关主管、媒体新闻总监阿斯戴尔·坎贝尔是幕后黑手，他故意渲染伊拉克拥有大规模杀伤性武器事件。这也是大卫·凯利告诉我的，尽管当时我没有作记录。我不后悔这样说，这样写，因为这些都是事实。

◎小贴士：大卫·凯利风波和《赫顿报告》

2003年5月29日早上，BBC记者安德鲁·吉利根在BBC第四电台（BBC Radio 4）的《今天》节目中引述了一名政府官员的话，称英国政府在萨达姆拥有大规模杀伤性武器问题上添油加醋，故意在2002年9月发表的伊拉克是否拥有大规模杀伤性武器的报告中添加了萨达姆有能力在45分钟内部署生化武器的内容。安德鲁·吉利根后来在一篇文章中指出，新闻官阿斯戴尔·坎贝尔是夸大此情报的幕后黑手。英国政府否认这一说法，并要求BBC道歉。同时，英国国防部对消息来源进行调查。迫于压力，英国国防部生物武器专家大卫·凯利博士承认自己就是安德鲁·吉利根在报道中援引的消息来源。大卫·凯利在自己的名字被公开并接受英议会有关委员会公开质询之后割腕身亡。BBC和英国政府都被指责应对大卫·凯利之死负责。英国独立检察官赫顿勋爵参与调查此事，完成《赫顿报告》。

《赫顿报告》调查时间为4个月左右。英国首相托尼·布莱尔表示：如果《赫顿报告》说他在伊拉克拥有大规模杀伤性武器问题上撒了谎，那么他就引咎辞职。《赫顿报告》关乎英国首相的未来。

2004年1月28日，《赫顿报告》公布了最终调查结果。报告称，布莱尔政府没有对伊拉克情报蓄意渲染，而BBC关于英政府故意夸大伊拉克大规模杀伤性武器威胁的报道“没有根据”。《赫顿报告》对记者安德鲁·吉利根的批评是：指控首相可能知道“伊拉克在45分钟内部署生化武器”的说法，是毫无事实根据的。《赫顿报告》对BBC新闻总监桑布鲁克的批评是：没有核实安德鲁·吉利根的采访笔记，没有把握安德鲁·吉利根的用词。对BBC总经理格雷格·戴克的批评是：没有核实安德鲁·吉利根的笔记就支持记者的报道。对BBC董事长加维因·戴维斯的批评是：过于依赖管理层对事件的判断，没有展开内部的调查。

《赫顿报告》公布后，BBC董事长加维因·戴维斯、总经理格雷格·戴克引咎辞职。

THE INDEPENDENT

Perjink! BROADEN YOUR MIND WITH THE HIT BOOK OF OBSCURE WORDS

FREE FACT BOOK

Art& Literature

In defence of the

BBC

BULLIED BY A HOSTILE GOVERNMENT IN THE WAKE OF ROW OVER HUTTON REPORT

BRUISED BY ATTACKS FROM RIVALS JEALOUS OF ITS LICENCE FEE SUBSIDY

COMPROMISED BY CONFLICT BETWEEN PUBLIC SERVICE AND NEED TO COMPETE

GLOSSY BOOKLET INSIDE

Arts& Books Review

Amy

Greg Dyke:

Dawn Airey:

Kelvin MacKenzie:

Tracey Emin

记者：你认为《赫顿报告》对你的指责合理吗?

安德鲁·吉利根：赫顿勋爵把记者当成了律师。律师和某人谈话，然后把这些谈话记录下来，密封好，做成备忘录。但是我不认为记者的工作应该是这个样子。因为律师有权力要求对方提供信息，而记者没有这个权力。记者的工作是试图打开橱柜，用手电筒照，手电很小，光芒有限，但是橱柜很大——记者也不知道橱柜里有什么，橱柜里藏着一些故意不给人看的东西。

记者：《赫顿报告》公布后，你和BBC的高层领导相继辞职，给BBC带来了哪些伤害?

安德鲁·吉利根：《赫顿报告》发布后，BBC董事长加维因·戴维斯、总经理格雷格·戴克引咎辞职，我也丢掉了工作。但是之后，英国多个地区的BBC员工停职抗议，他们支持我们，他们抗议政府的粉饰，担心BBC的独立性会受到侵犯——《赫顿报告》给政府带来的负面影响远远大于给媒体带来的伤害。在某种程度上，阿斯戴尔·坎贝尔简直就是个“天才”：他每天都挖空心思控制媒体的报道，他善于夸张，善于粉饰，要求媒体按照他的意图发稿，最后的结果很戏剧化，再没有人信任政府的报道，哪怕政府说的是真话。这件事更让人们对政府失去了信心。从战术上而言，这样的结果也很有意思：《赫顿报告》否认我的报道，意欲重塑托尼·布莱尔的公信力，结果适得其反。这件事让托尼·布莱尔的形象大打折扣，输掉更多的民意，破坏了他的领导权。阿斯戴尔·坎贝尔也没有得到什么好下场：他原本的职位很不错，他根本不该涉足政治，更不该那么贪心，有那么强的控制欲。天空新闻的政治主编亚当·波尔顿（Adam Bolton）当面指证，阿斯戴尔·坎贝尔经常对他说谎，阿斯戴尔·坎贝尔是谎言家和恃强凌弱者。

好新闻必定会引起争议

餐桌上，政客偶尔“一语惊人”，安德鲁·吉利根会在对方上厕所的时间里，把对方说过的话记在餐巾纸上——难怪他的采访笔记在法庭上站不住脚。安德鲁·吉利根认为，好新闻必定是能够引起争议的新闻。

记者：能谈一下你的采访技巧吗？

安德鲁·吉利根：首先，在采访之前，你要知道自己想要采访什么，问什么问题，你要了解你所采访的那个人的背景，你要了解你所要采访的主题，然后，你才可以问出机智的问题。往往是，有了机智的问题才会有机智的回答。其次，你要说“行话”。比如，军人用词和一般人就不太相同，他们会说很多的行话，你必须知道这些行话的含义，并且，你自己也得会说，然后，和他们交流时，对方才会感觉到舒服，愿意和你谈。第三，你要随时听对方的答案，善于倾听，并且能够从答案中，找到新的问题，继续追问——这非常重要。采访之前、之中，你时时不能忘记的是，你想采访什么内容，你想涉及哪些领域，你想让对方说什么，如果对方不肯说，你怎么能够通过追问，把那些话问出来。

记者：你会对所有的采访进行录音吗？

安德鲁·吉利根：并非是所有的采访，我只对重大的采访进行录音。你也知道，在《赫顿报告》中，我的采访笔记的质量是焦点之一。实际上，我的笔记没有问题，虽然不是特别完美。但是如果把我的笔记拿到法庭上做证词，可能对我就不太有利。

记者：有人提到，你和某位政客吃饭，趁对方上厕所时，你把他说过的话记在餐巾纸上？

安德鲁·吉利根：是，我这样做过，不过，只是在他们说了有意思的话的情况下。（很惊讶）谁告诉你的？

记者：（笑）很多人指出英国新闻业的质量下降。

安德鲁·吉利根：主要是报纸成本在不断地减少。特别是在过去的10—15年时间里，地方记者的压力越来越大，他们不得不编写无穷尽的新闻通稿，填充版面。

记者：不过，互联网的发展为记者的工作提供了便利。

安德鲁·吉利根：可以用来进行新闻调查的方式越来越多，尤其是网络，是最有效的工具之一。公司的材料档案记录、会议的内容等等，以前需要好几天才能获得，现在只需要几分钟就可以搞定。

记者：但是，调查新闻报道反而越来越少了？

安德鲁·吉利根：因为调查新闻的成本还是很高，并且调查新闻经常惹麻烦。好新闻都是需要本钱才能获得的。北岩勋爵（Lord Northcliffe）认为："新闻是存在于某处的某些人不想被人发表的东西，想要压制的东西。除此之外，都是广告（News is something that somebody somewhere doesn't want you to print/wants to suppress. All the rest is advertising）。"好新闻必定会引起争议。

◎小贴士：英国报业的拿破仑

北岩勋爵（1865—1922），又称诺斯克里夫勋爵，原名艾尔弗莱特·哈姆华士（Alfred Harmsworth）。艾尔弗莱特·哈姆华士是穷律师的儿子，17岁开始当助理编辑，23岁创办了自己的第一份周刊——《回答》，并大获成功。

艾尔弗莱特·哈姆华士是"街头小报"的先驱。他要求记者："一天给我一桩谋杀案。"将犯罪故事作为报纸的主要卖点。他坚信"反常的事物就是新闻"，所谓"狗咬人不是新闻，人咬狗才是新闻"。靠一系列花哨的小报与杂志，他开创了当时世界最大的出版公司。1896年，《每日邮报》问世，将近百万的发行数量，使它一跃而为"第一个真正意义上的大规模发行的报纸"。此后是迅速的吞并过程，《每日镜报》、《观察家报》，尤其是1908年，他吞并了英国最有影响力的老牌资产阶级大报《泰晤士报》。由于在新闻事业上的贡献，艾尔弗莱特·哈姆华士被授予贵族爵位。第一次世界大战期间，他成功地指导了英国的战时宣传。人们称他为"英国报业的拿破仑"。

记者：你愿意被称呼为调查报道记者？

安德鲁·吉利根：我不怎么喜欢这种称呼，我认为，所有的记者都应该是调查报道记者。我更愿意被称为记者。

学会"利用"媒体

《赫顿报告》的阴影渐行渐远。安德鲁·吉利根继续像往常一样熬夜，找新闻线索。一个人适应了某种生活就很难摆脱。好在，安德鲁·吉利根很享受这样的生活。

记者：谈谈你个人吧，你似乎是工作狂，每天工作到很晚？

安德鲁·吉利根：我很独立，我不怎么去办公室，我不相信记者的工作可以在办公室里完成。在办公室，你要花很多的时间冲咖啡，和人聊天，查收邮件等等。记者常常忽略的一件事是独立思考，在熙熙攘攘的办公室里，记者根本就无法思考。我最喜欢的工作时间是深夜，那时候很静，也没有多少干扰。我的习惯是晚睡晚起。我和其他记者的工作方式不太相同，我很少参加新闻发布会，很少报道每天发生的常规新闻，我自己种我自己的地。我自己查看网上的信息，找新闻线索，决定调查什么，写什么。

记者：我发现，《旗帜晚报》上几乎每天都有你的文章，你对工作超级狂热？

安德鲁·吉利根：我的确写很多文章，工作很努力。有人认为这样做会失去你关注的焦点。但是假如我再碰到类似肯·利文斯通这样的大故事，我一定会集中精力做好那一件报道。在调查报道肯·利文斯通事件的6周时间里，我没有写任何其他文章。

记者：如果很久不发表文章，结果如何？

安德鲁·吉利根：不会有人抱怨，说："你怎么这么久没有发表文章了？赶紧去写一篇，不然你就会被开除。"但是你自己会感受到压力，并且，除了写报道，我也写专栏，一周两篇。

记者：你有很多朋友吗？

安德鲁·吉利根：你可以想象，喜欢我的人不多，很多人非常恨我，包括很多政客、很多记者。我也发现，我是孤独的工作者，但是我不计较。

记者：你每年都会去度假吗？休假的时候会考虑工作吗？

安德鲁·吉利根：我每年都去度假，度假的时候尽量不考虑工作。但是假如我在调查一件大新闻，我会很着迷，甚至像得了强迫症，就一直想这个新闻，其余什么都不在意。但是通常，我和其他人没什么两样，我会去看电影，读书，去酒吧，去散步。

记者：你的薪水高吗？

安德鲁·吉利根：很高。新闻界的很多人比我挣钱多，但是我挣的也不少。有比我优秀的记者，他们挣的钱不如我多，也有不如我的记者，他们挣的钱比我多。

记者：你认为谁比你优秀？

安德鲁·吉利根：比如BBC《新闻之夜》（*Newsnight*）节目的迈克尔·克里克（Michael Crick）、《卫报》的大卫·李（David Lee）、《泰晤士报》的格兰特·爱略特（Grant Elliot）、BBC《全景》（*Panorama*）节目的约翰·瑞尔（John Rare）等。

记者：你最近在关注什么？

安德鲁·吉利根：我想关注英国的保守党，他们之前很少被审查过，媒体一直对他们亮绿灯，他们很有可能会在下届竞选中获胜。到查他们的时候了。

记者：你结婚了吗？

安德鲁·吉利根：没有。

记者：是不是因为工作太忙？

安德鲁·吉利根：不是，因为我是同性恋。

记者：如果请你推荐一些书给记者看，你会推荐哪几本？

安德鲁·吉利根：我会推荐保罗·理查德（Paul Richards）写的《做你自己的"粉饰者"：利用媒体的实用指导》（*Be Your Own Spin Doctor: A Practical Guide to Using the Media*）。另外，我的建议是，记者应该大量阅读。记者要了解别人在写些什么，说些什么。读书、读报纸，了解哪些是老生常谈，哪些不是。有意思的是，有些记者，连自家的报纸都不看。

记者：那你听《今天》节目吗？

安德鲁·吉利根：不听，即使在我辞职前，也不听——这可是我的秘密。因为我睡觉特别晚，起床也特别晚。我最喜欢的是《新闻之夜》。

□推荐阅读

《做你自己的"粉饰者"：利用媒体的实用指导》（*Be Your Own Spin Doctor: A Practical Guide to Using the Media*）

教你如何利用媒体的指南。适合新闻发言人、媒体联络人员、学传媒的学生等对媒体的工作方式感兴趣的人阅读。书中解释了所有组织，包括党派、社团、商业公司、慈善机构等，如何利用媒体维护它们的名誉，传达它们的信息，赢得公众的支持。书中介绍了现实可行的赢得媒体关注、吸引记者眼球的新闻通稿的写作方式和照片的拍摄方式，以及如何为记者安排难忘的采访、如何有效避免记者设置的陷阱的建议。该书的写作角度新鲜、有趣，充满了业内人士的小窍门、各行业的"潜规则"、善意的忠告等。

第2章

尼克·戴维斯：我想改变世界

■ **写书揭新闻圈黑幕**

■ **记者要玩“办公室政治”**

■ **战地新闻报道多是“战略传播”**

■ **很多媒体在堕落**

新闻实务涉及

★ 调查性报道记者应该具备哪些素质？

★ 如何进行新闻调查？

★ 什么样的故事可以成为好的调查性报道？

★ 记者对待“线人”的态度。

★ 调查性报道是否会和法律产生冲突？

★ 公关人员如何影响报道？

★ 新媒体给记者带来的挑战。

★ 英国著名的失实报道案例。

★ 新闻圈内的“潜规则”。

□记者档案

尼克·戴维斯（Nick Davies）

身　　份：《卫报》著名的调查性报道记者，英国独立电视台的时事新闻节目《世界在行动》（*World in Action*）的出镜记者。

获得奖项：他凭借对犯罪、毒品交易、贫穷等社会问题的报道获得过年度英国新闻业大奖“年度记者”、“年度报道记者”（Reporter of the Year）、“年度特稿作家”（Feature Writer of the Year）等称号。他是马莎·盖尔霍恩（Martha Gellhorn）新闻奖的第一个获得者，最近刚获得欧洲新闻奖（Award for European Journalism）。

著　　作：《平地球新闻》（*Flat Earth News*）、《白色的谎言：克拉伦斯·布兰得利的真实故事》（*White Lies：True Story of Clarence Bradley*）、《黑心：令人震惊的英国隐性事实》（*Dark Heart：The Shocking Truth About Hidden Britain*）、《学校报道：为什么英国学校在堕落》(*The School Report：Why Britain's Schools Are Failing*）、《四病房的谋杀案：贝弗莉·奥莉特的故事和摩尔案之后的最恐怖的谋杀案》（*Murder on Ward Four：The Story of Bev Allitt and the Most Terrifying Crime Since the Moors Murder*）等。

●记者印象

“让狗咬狗”

舰队街（Fleet Street，伦敦中心的街道，为几家大报馆所在地，这里泛指新闻界）的原则是“狗不咬狗”。你可以去报道政界的丑闻，可以去揭露名人的隐私，可以去曝光体坛的内幕……什么都行，但不能是新闻人自己的后花园。

2008年，尼克·戴维斯的《平地球新闻》横空出世，狗开始咬狗。

尼克·戴维斯一定是很勇敢的人，他发动的不仅仅是对英国当代新闻业的致命袭击，而且是对新闻工作者的道德和职业责任感的质疑和谴责。作为业内人，他在这个行业树敌很多——不过，支持他讲出真话的记者更多。

1974年，尼克·戴维斯大学毕业。也正是在这一年，两名手无寸铁的年轻人，靠着笔和纸，曝光美国总统丑闻，将世界上最有权威的人拉下马，在世界新闻史上写下了“水门事件”。尼克·戴维斯热血沸腾，他更坚定了自己的理想：做记者。

他当然知道通往鲜花的路上铺满了荆棘：他买了台二手打字机，自学打字；他熬夜看战地记者的作品，学写新闻稿；他一期期地阅读《卫报》，看专业记者用什么样的修辞……终于等到一个机会——某报招聘勤杂员，他得到了这个职位。他开始“跑腿”给人传递稿件，他主动要求参加报社的新闻培训，他成为实习记者，他可以独当一面，奋笔疾书……

来到《卫报》后，尼克·戴维斯更清晰地触摸到自己的新闻梦想。在《卫报》工作的30多年里，他没有一丝懈怠——他调查国家的刑事司法制度、调查毒品交易、调查学校教育、调查医院的管理……尤其是在20世纪80年代，调查性报道的辉煌时期，尼克·戴维斯更是如鱼得水，他的作品三次获得年度英国新闻业的大奖。

尼克·戴维斯继续忙碌着，但是有一天，他突然发觉，报纸上让他眼前一亮的稿件越来越少，一部分内容几乎雷同，很多文章为大公司、为某政府部门、为某组织歌功颂德，溜须拍马，信息被扭曲、粉饰，甚至是凭空捏造。对记者而言，最基本的素质是诚实——讲真话的勇气，而新闻圈的“潜规则”在一点点玷污这个荣誉。更重要的是，这个国家曾经备受尊重的、独立的新闻媒体，在妥协、在堕落，这意味着这个国家的民主受到威胁。

尼克·戴维斯不想再沉默了，他主动“背叛”了自己的行业，因为他不想背叛自己的职业。他花了两三年的时间调查。在调查中，他根本不把英国小报列在调查范围之内。他认为：不用他解释，人们也会知道，街头小报的信息来源根本就不可靠。他的调查结果是惊人的。他比较了4份高质量的英国报纸，发现英国国内新闻中，60%的内容来自新闻社，20%的内容改编自新闻社的稿件，8%的内容没有标明信息来源，只有12%的内容由各报社的记者独自采写。更令人吃惊的是：在英国，负责和媒体打交道的公关人员有47800人，而记者有45000人，公关人员比记者要多；英国政府目前有1500名新闻官，平均一年发布的新闻通稿是20000份。

尼克·戴维斯痛快淋漓地描绘出英国新闻界的众生相——媒体追求商业利益，裁员，减少编辑部支出，很多记者工资微薄，任务繁重，不得不靠马不停蹄地改写新闻通稿完成任务；政府的中央情报机构，在媒体中秘密安置“御用文人”，或给某名写手发额外的工资，通过他们的文字引导社会舆论，为某项政策作铺垫；为避免和当权者发生冲突，某些报纸的原则是刊登安全的数据和说法；有些记者胆小，趋附权势，爱拍马屁；有些主编只是醉鬼、新闻傀儡；连绿色和平组织，也歪曲事实，借媒体之手，夸大“世界在变暖”……

不是记者懒惰，也不是记者习惯于发垃圾产品，据尼克·戴维斯分析，很多有才华的记者，成了这个新闻体制的牺牲品，他们没有时间去调查，没有时间去核实，没有时间对信息作出判断，更没有时间去质疑、去揭丑……

尼克·戴维斯总结：没有核实的新闻就像是没有免疫力的人体。资本主义威胁着记者的职业精神、专业技能，亵渎了记者的价值标准、道德观念。好的新闻仍然可以找到，但是存在于没有广告，或者报道内容受到旧式的新闻编辑原则指导和保护的媒体。漠然，视而不见，是媒体堕落的根本原因。如同在世界的某段历史中，所有人都相信地球是平的，直到有人去核查、去推翻。当所有人都相信报纸、广播、电视等媒体的新闻报道时，尼克·戴维斯勇敢地站出来提醒我们——别忘了，地球不是平的。

●崔莹面对面

2008年，英国新闻界最轰动的一件事莫过于《卫报》名记尼克·戴维斯写了一本名为《平地球新闻》的书。书中，尼克·戴维斯炮轰英国新闻界，并指名道姓，将哪位报社老总藏在厕所里吸毒，哪位名报大记者编造假新闻，哪位口口声声喊着立场要独立的主编，对政客摧眉折腰，哪位新闻官故意耍弄记者……揭露得一览无余。

勇于说真话的尼克·戴维斯变得广受欢迎，我搜了一下他的名字，发现他除了继续写稿，做好“本职工作”，还在马不停蹄地参加新闻座谈会，接受各类媒体的采访，到高校作报告。我对他的采访被他定在2008年9月26日维多利亚火车站旁边的高富诺酒店的咖啡会客厅。从联系上他到见到他，整整两个月的时间。

他没有告诉我他的手机号码，只在邮件里写道：“我是灰色的短发，穿黑色的皮夹克，挎黑色的皮革肩包。”——他在两个月前，就计划好那天的装束了。我对这位和我“秘密接头”的神秘的记者充满了好奇。

高富诺酒店是五星级的英国老式酒店，室内奢华，带着贵族的气派。彩色镶嵌的地板，天鹅绒，丝绸，大型吊灯，枝形烛台，镜子，无数的雕像、画像……我仿佛步入了詹姆斯·邦德经常出没的地方。我期待着新闻界的“007”。

警察也是我的“线人”

“水门事件”是美国历史上最严重的宪政危机事件之一。“水门事件”已经过去36年，它已经成为一个历史名词，然而它又不仅仅是一个历史名词。它是一个符号，在这个符号上寄托着人类对新闻自由、民主制度以及法治社会的理解和向往。“水门事件”带给人们的启示是：真理战胜强权，事实战胜谎言。

记者：请简单介绍一下你做记者的经历，你一直做调查性报道的记者吗？

尼克·戴维斯：我从1976年开始做记者，最初在英国德文郡的一个地方报纸工作，那份报纸属于镜报集团（Trinity Mirror），也是该集团对新记者进行培训、教他们如何做记者的基地。两年后，我来到伦敦，成为《卫报》的新闻记者。最初报道日常新闻，后来从事调查性报道。1984年，我转到《观察家报》担任国内时事新闻部主编，因为后者是周报，我可以继续作调查性报道。之后，我在《伦敦每日新闻》工作了一年，但是这份报纸于1987年8月倒闭了，我成了自由撰稿人，直到现在。我的工作方式是，找到愿意支持我进行调查性报道的媒体，和他们签约，目前是《卫报》，他们每月支付我一部分调查资金，并不限制调查时间。有时候，我也会为电视台和报社同时作调查，双方都付给我钱，那样，我就会有更多的时间用于调查。对于记者而言，时间是最宝贵的资产，如果没有时间，就无法去调查了。

记者：促使你成为调查性报道记者的原因是什么？

尼克·戴维斯：是“水门事件”。两名记者的调查报道，将世界上最强有力的人拉下马，这是多么令人兴奋的一件事情啊！我的脑海里萦绕着这样的念头：调查坏事件，就可以杜绝坏事件的发生。我可以在历史发生的时候记录历史，我可以改变世界。刚开始到《卫报》时，我只是个跑腿的，我买了一台二手打字机，熬夜阅读冷战时期的通讯报道，自学速记，申请报名参加各种各样的记者培训班，几乎每次都被人拒绝。后来，终于在舰队街落了脚。

记者：优秀的调查性报道记者应该具备什么样的素质？

尼克·戴维斯：调查性报道记者跟其他记者所要具备的素质一样——所有的报道都应该是调查，都应该是报道事实。两者的区别是对时间的需求不同。后者的压力很大，每天要写三四篇新闻稿，不会有时间去调查故意被人隐瞒了的内容。

记者：什么样的故事有可能成为好的调查性报道呢？

尼克·戴维斯：一是这个故事要有人情味（human interest），要能够打动读者的心。我不想只是写很抽象的报道，只有数字或者政府的政策。二是这个故事要包含对世界的正确认知，包含重要的思考，能够打动读者的“头脑”，令读者信服。最好的调查报道是既有人情味，又有观点的报道。三是所调查的内容的隐秘性。调查报道的特点之一是不为人知的内容，是很多人设法阻止你去获得的信息，因此，你不得不去调查。我一直在写的调查报道基本包含这三个要素：人情味，有说服力的观点，隐秘的内容。

记者：调查中的困难和挑战有哪些呢？

尼克·戴维斯：调查初期通常很简单。你收集的信息是公开的信息：报纸上发表过的，网络上可以搜索到的。然后，你须要采访一些人，这些人是愿意接受采访的人。比如调查的内容有关犯罪，你可以采访警察。但是如果调查的内容是某些人试图隐瞒的内容，你就不可能通过公共渠道获得事实真相。这就是调查的困难点了——如何找到对方，如何让对方把不应该告诉你的内容告诉你。比如，你怎么知道哪个人可以帮助你？假使我知道你可以帮助我，我怎么找到你？找到你之后，怎样说服你讲出真相？如果你愿意讲的话，我怎样确保你的安全：你不会因此丢掉工作、被人打、被逮捕？这些都是关于和人打交道时的挑战。另外的挑战和法律有关。比如，英国有《国家保密法》，这意味着你不可以从政府那里直接获得信息，但是我需要这个信息，我就得想办法；英国有《藐视法院法》，这意味着案件在审理过程中，你不可以发表与案件有关的内容；英国有《诽谤法》，假使我亲眼看到一个人杀死另外一个人后逃跑，我也不能写文章，指出那个逃跑的人是杀人犯，因为我没有足够的证据去证实。

记者：政府和公司的公关人员（PR）呢？他们是否会影响调查？

尼克·戴维斯：公关人员对日常新闻报道的记者影响很大，几乎左右了他们的报道。因为日常新闻记者的工作量很大，没有时间写稿，所以，他们就摘编政府部门或者大公司的公关人员提供的新闻通稿，并且故意让这些新闻看起来很重要，很真实。实际上，大多数情况下，这些新闻稿没有一点新闻价值。

记者：在调查中，你会和警察合作吗？如果警察问你的信息的来源，你会为“线人”保密吗？

尼克·戴维斯：警察也是“线人”，你得找到合适的方式促使警察告诉你真相。很明显，如果我的调查对警察的调查有利，他们也会告诉我他们的进展的。警察会问我信息来源，这样的情况发生过六七次。我发表了一个故事，警察问我，谁提供的线索？我就回答：“我不会讲的。”一般，警察就不再多问了。不然，这就变成一个政治事件了：警察能逮捕记者，对他进行审讯吗？有时也会，但是这样的情况非常少。很多情况下，如果警察逮捕记者，到记者的家里搜查，拿走记者的文档，这样会令警察很不好看。

我擅长“办公室政治”

凡是在华尔街或美国大公司工作过的人，都知道什么叫办公室政治（Office Politics），对白领阶层来说，“在美国，谁也躲不了税收、死亡和办公室政治”。对于英国的调查性报道记者尼克·戴维斯而言，办公室政治同样受用。

记者：在过去的10年时间里，英国新闻界发生了怎样的变化？

尼克·戴维斯：最大的变化是，所有记者对某个具体的新闻报道所花的时间相对减少。很多新闻机构裁员，记者个人的工作量加大，记者没有时间认真写报道。新闻界内部的在职培训也在减少，很多大学会对学生进行新闻培训，教他们如何改编新闻通稿，如何选用通讯社的稿件。

记者：新出现的“多媒体”新闻采访，对记者的工作是否有影响？

尼克·戴维斯：“多媒体”采访，加大了记者的工作量。边采访边录像，一是花时间，二是令双方都容易走神。我不觉得读者会对所有的视频感兴趣。有时候，文字和视频结合，会产生很棒的效果。但是若要求所有的新闻报道都带视频，就会降低文字报道的质量。

记者：在你的采访工作中，会使用新的科技吗，比如手机、录像机？

尼克·戴维斯：作为记者，我并不担心我的报道用怎样的方式表现出来。可以是报纸，可以是网站，也可以是手机短信。我对新科技感受最深的是网络，用它收集信息，简直太方便了，我的工作也随之轻松了许多。但是对于日常报道记者而言，这意味着新闻就没有截稿时间的概念了：所有的时间都要发稿，不发在报纸上，也要发在网站上。

记者：你曾经表示，很多新闻记者在堕落，你是如何避免“堕落”的呢？

尼克·戴维斯：整个新闻业都在堕落，堕落的原因并非来自记者个人，是由经济机构决定的。如果你为大的媒体公司工作，公司想多赚钱，首先会削减编辑部的开支。他们会裁员，记者少了，每个记者的工作量大了，报纸的页码再增多，记者就没有时间用于新闻报道。他们没有时间进行调查，甚至连核对某个新闻事实的时间都没有。他们只能摘编新闻发布会的通稿，或者其他媒体报道过的内容。如果说记者的职责是报道事实，说实话，那记者停止了核对事实，记者就是在堕落，对吗？我认为我能够避免同流合污的原因有两个。首先，我为《卫报》工作，《卫报》不属于某个公司，属于一个基金会，这个基金会类似于一个慈善组织，这个"慈善组织"的唯一目的是支持《卫报》的经营。这个基金会拥有其他的商业实体，商业实体的部分利润用于投资办《卫报》，所以《卫报》的资金压力没有那么大。第二是，也是我经常对年轻记者们说的，做记者的最重要的技能是"办公室政治"——你必须找到强有力的联盟，他会支持你，会保护你，给你时间调查。《卫报》的主编是我的老朋友，他对工作很尽职，他认为我的工作也很出色，他会保证我的工作正常进行。如果有人要求我停止调查，他就得开新闻发布会宣布，否则，主编会对这个人说："不行，我希望他继续调查。"

记者：《卫报》有多少调查性报道记者?

尼克·戴维斯：《卫报》调查性报道的负责人叫大卫·雷（David Leigh），他会召集部分记者组成对某个事件的调查小组，所有的记者都可以成为这个调查小组的成员。某项调查结束后，记者可以继续进行日常的新闻报道。调查性报道记者的数目不限，大家轮流做。

写书揭露新闻圈的"潜规则"

很多行业都有"潜规则"，行业中人都心照不宣，不到事发时谁都保持沉默。尼克·戴维斯捅开了英国新闻界的马蜂窝。

记者：你的书《平地球新闻》调查揭露了新闻媒体内部的腐败堕落现象，比如你认为新闻媒体已经变成了宣传错误与报道二手新闻的代名词。写这本书是你自己的主意吗?

尼克·戴维斯：是我的主意。很长一段时间，我一直在担心，报纸上的假新闻越来越多，报道的质量越来越差。这本书的启发来自媒体关于伊拉克战争的报道。媒体报道了伊拉克拥有大规模的杀伤性武器后，引起全世界的关注，但是这个报道是不真实的。而后，媒体报道伊拉克并没有大规模的杀伤性武器。媒体把错报的原因归结于政府和情报机构，而没有从自身方面找原因。为什么？媒体到底出了什么问题？于是，我决定写书，去调查新闻圈的内幕。

记者：为什么给这本书起名《平地球新闻》？

尼克·戴维斯：意思是指，有成百万人相信的事件，结果那事件是不真实的。比如，报纸上说伊拉克拥有大规模的杀伤性武器，人们就相信了。就像是400多年前，成百万的人相信，地球是平的道理一样。直到有人开始去怀疑，比如伽利略，他发现，地球并不是平的。这和新闻报道一样。如果记者去调查的话，就不会写出伊拉克拥有大规模杀伤性武器这样的文章了。

记者：媒体人云亦云，盲目报道。

尼克·戴维斯：2005年6月，英国舰队街的媒体几乎都这样报道：几个未成年的孩子，将一个5岁的小男孩吊在树上，要谋害他，小男孩设法弄开绳索，逃脱。这个故事根本就不真实。即使接受过特警培训的成年人被吊在树上，也不可能一手托着自己，一手解开绳索，何况5岁的小孩？警察、目击证人都无法证实这样的说法。查到最后，信息来源是小孩的表姐。不过当时她告诉某报记者的是，“我表弟告诉我，几个大孩子把绳子套在他的脖子上，想把他绑到树上”。事实是，小男孩根本没有被吊在树上，也没有被绑在树上，只是脖子上被套了绳子，留下了痕迹。可是媒体为什么非要报道小男孩被吊在树上？如果第一个媒体是造假，追求轰动效应的话，其他媒体为什么不去调查核对呢？还有关于“千年虫”的报道，也是典型的“平地球新闻”。全世界的媒体都在歪曲事实，报道假新闻。

记者：不仅仅是媒体在扭曲事实。

尼克·戴维斯：对，很多政策也是“平地球政策”。这么多年来，我一直调查刑事司法、禁毒、教育、政府的政策，了解政府政策制定的事实基础，结果我调查出结果了吗？什么都没有。调查出的只是误导民众的黑洞和政府为自我服务的政策。很多常规报道、无关紧要的故事充斥英国的媒体。

◎小贴士：新闻界的失实报道

★想象萨达姆上绞刑架

2007年1月，《每日电讯报》驻华盛顿记者托比·哈登（Toby Harnden）被逮个正着。在萨达姆·侯赛因被执行绞刑6小时前，他用自己的想象，加了细节，将报道完成，《每日电讯报》发表了这篇文章。如果不是因为绞刑现场的录像被泄露，可能谁也注意不到这个“动作”。后来，托比·哈登在自己的博客上主动坦白了这件事。然而，《每日电讯报》的老板们可不想自己的报纸出丑——托比·哈登的博客无法正常打开，《每日电讯报》的员工都收到这样的邮件警告：如果在博客里透露新闻报道的诀窍，请三思而后行。明白了吧：想象的内容不过是新闻报道的诀窍。

★首相住进“空中楼阁”

在接受英国《世界新闻报》记者采访时，布莱尔政府的新闻官阿斯戴尔·坎贝尔故意对记者说，英国首相托尼·布莱尔住在某某酒店的8层。他想看看这个记者是否会去核查，实际上布莱尔那天住的酒店只有6层。但是这个记者没有。阿斯戴尔·坎贝尔去参加布兰妮·斯皮尔斯（Britney Spears）的演唱会，并请她签字。他跟朋友打赌，赌注200英镑，说他一定可以凭这个签字，让《标准晚报》报道，称布兰妮·斯皮尔斯支持工党。结果，阿斯戴尔·坎贝尔当天就赢了这场赌注。

★如何被“幸运地”击中

在关于伊拉克战争的报道中，媒体报道了一名非常幸运的英国士兵——他被对方击中了四次，但是每次子弹都落在了他的头盔上。实际上，最后一次“击中”是假的。《每日镜报》发现，这个士兵将帽子摘下，放在草地上，由他的同伴故意射击这顶帽子，产生了第四次“幸运的袭击”。这则信息可以在英国国防部的网站上查到。

★上百万人痛别女王之母

2002年3月，英国女王的母亲去世，当时是周六，第二天的英国报纸全部沉浸在悲哀之中。一向支持君主制的《观察家报》用了头版以及之后的10个版面报道此事。报道的标题这样写道：“女王的母亲——这个世纪是属于她的”；“女王母亲去世，这个国家最伟大的母亲离开了”；“上百万的人为慈祥的母亲痛哭告别”。显然，没有任何证据可以支持以上的任何一种说法。

★教皇死前的动人演讲

2005年4月，教皇若望保禄二世（Pope John Paul II）去世，几乎所有的报纸都对他去世前说的话感到无比的好奇，结果报道出的版本五花八门。有的说，他松了一口气，说了一声“阿门”；有的说他在死前宣告，“让我回到上帝的跟前”；有的说，他发表了动人的演讲，“是爱改变了人类的内心，给人类带来和平，但是这种爱在今天已经消失，自私和恐惧占据了爱的位置：请重生的上帝给予我们爱，宽恕，安慰，给我们打开通向希望的灵魂之门”。某报记者引用了最后一段宣言，即使他确信——教皇去世时，肯定说不出这么连贯的话，很有可能他什么都没有说。

记者：你在书中发明了一个词“churnalism”，代表什么？

尼克·戴维斯：现在的媒体充斥着扭曲的讯息，新闻记者只忙于摘编政府部门和大公司的公关人员发布的新闻通稿，而不再主动去挖掘新闻。媒体已经将新闻选择权拱手让渡给商业及政治利益，不再扮演以往的“第四权力”，不再监督社会。

记者：你本人也是这个圈子里的人，作为“局内人”，调查新闻圈和调查一般事件的区别是什么？

尼克·戴维斯：调查性报道的中心是找到了解情况的人，并鼓励对方说出真相。如果你认识某个行业的很多人，调查这个行业就相对容易，从这个角度而言，我是“局内人”，调查起来会更顺手。但是这也会增加调查的难度，因为你不得不控制好你自己。比如，我为《卫报》工作了很长时间。一种可能性是，我熟知《卫报》的内情，我就把调查方向指向《卫报》，因为这样做也很容易获得信息。我写《卫报》的内容比写其他媒体的内容要多。但这样做是不公正的，这也是在扭曲事实。另一种可能性是，因为《卫报》给我发工资，关于他们的缺点，我一点也不能写，否则对方会生气。但是，我也不能这样做。我要求自己从一张白纸开始，按照内容是否有价值，来收集信息，不可以故意讨任何人的喜欢，不可以故意攻击任何人，必须实事求是。

记者：你对最终的调查成果，对这本书满意吗？

尼克·戴维斯：很满意。这两年的工作很辛苦，收集素材难，写起来也非常难，尤其是，我花了很长时间考虑书的结构。高兴的是，书出版后，来自英国的、世界的、成千上万的记者和我联系，说他们很高兴我把这些真相报道出来。这种感觉令人感到舒服，因为这也表明你做的事情是对的。

抵制“战略传播”

尼克·戴维斯用有“俄国媒体的良心”美誉的女记者安娜·波利特科夫斯卡娅（Anna Politkovskaya）的一句话作为《平地球新闻》的引语——“医生的职责是给病人带去健康，歌手的职责是唱歌，记者的职责是报道他们在现实生活中的所见所闻”。

◎小贴士："俄罗斯媒体的良心"

安娜·波利特科夫斯卡娅(1958—2006），是俄罗斯家喻户晓的名字，她因报道车臣战争而闻名。安娜的父母为苏联的外交官，安娜在美国出生。1980年，安娜毕业于莫斯科大学新闻系，先后在《消息报》、《社会报》、《新报》担任记者和观察员。从1999年7月开始，她多次前往车臣战区采访。

在关于车臣问题的报道中，她并没有宣扬联邦军队在车臣的文治武功，而是将视线聚焦在普通百姓和战争背后的丑恶上。安娜经常去医院、去难民营采访受害者。她认为自己并不是调查者，而是帮助民众了解真相。正是由于她的报道，车臣百姓的苦难，甚至被俘的车臣武装分子遭受的非人待遇，才为世人所知。她认为大多数电视、报纸关于车臣问题的报道是扭曲的。安娜的格言是："真相才是记者的国界，批评是记者唯一的语言。"因此，安娜被公认为"俄罗斯媒体的良心"。

从车臣战争开始，安娜一直在为争取人权而斗争。在媒体受到限制期间，她冒着危险、顶着压力继续深入战区报道，报道了战俘营监禁虐待事件、国家试图掩盖未成年者枪杀事件、国防部和俄罗斯驻车臣部队司令部贪污事件。她在法庭上一次次为阵亡士兵的母亲们提供援助。2002年10月23日，莫斯科剧院800余人被车臣恐怖分子劫持为人质，安娜镇定地穿过弹痕累累的剧院大门，和恐怖分子谈判，终于说服恐怖分子同意外界给人质提供水和果汁。安娜认为，"所有人都是平等的，他们都有着一样的皮肤，一样的骨头，一样的血"。

安娜在著作《一场肮脏的战役：车臣的俄罗斯记者》和《地狱里的一个小角落：从车臣出发》两本书中，描绘了在车臣战争中，成千上万的无辜的普通老百姓被审讯、被逼供、被绑架、被迫害。安娜写过一本名为《普京的俄罗斯：民主失败中的民众生活》的书，批评了普京联邦总统制，批评普京发动的第二次车臣战争。在书中，她还批评了俄罗斯的秘密情报组织、俄罗斯联邦安全局（Federal Security Service）。

2005年12月，在维也纳记者无国界会议上，安娜表示："因为发表自己的真实的想法，很多人丢掉了性命。实际上，有人会因为给我提供信息而惹上杀身之祸。我并不是唯一处于险境的人。"安娜经常收到恐吓信，有人恐吓要强奸她，有人恐吓要杀死她。有一次，在救人质的过程中，安娜还喝了被人放了毒的茶，一病不起。2006年10月7日，在位于莫斯科的寓所的电梯里，安娜被人枪杀。一些西方媒体怀疑此案是普京授意所为。

记者：在《平地球新闻》中，你对调查性报道忧心忡忡？

尼克·戴维斯：英国新闻业目前的处境很糟糕，不仅仅是调查性报道，问题包括两个方面：第一，三四十年来，报纸一直属于大公司，而大公司不断地减少办报成本，这导致记者没有以往那样专心工作的时间，高质量的新闻报道越来越少；第二，因为网络的出现，很多读者倾向于从网络上看免费的新闻，他们不再掏钱买报纸。很多广告商也放弃在报纸上做广告，转而到便宜、效果更好的网络上做广告。报纸的广告收入越来越少。并且目前，英国经济陷入危机，肯在报纸上做广告的商家更少了。英国最大的报业出版商是镜报集团，他们最近的统计：在过去的12个月里，他们的广告收入减少了33%。报纸收入减少，用于编辑部的投资也会相应减少，记者更没法正常工作了。看将来，也不乐观。很多报业集团的负责人认为：报纸归公司所有的自然属性和网络的发展，意味着传统的、老的报纸出版的金融形式在走向灭亡。读者在减少，广告在减少，公司入不敷出，再过10到15年，没有人再继续出报纸了，报纸将只以网站的形式存在。这样看起来很省钱：不必支付印刷费了，不必支付发行费了，但是网站怎样赚钱呢？

记者：网站广告？

尼克·戴维斯：目前，报纸网站并没有多少收入。网站的广告收入是否足以支付记者的工资？答案是不能。那该怎么办呢？报业集团将大规模裁员，报纸的文字编辑将被取消，日报和周报的采编部门要合并，地方报被收购到地区性的大的媒体集团，以提供地方报道。如同谷歌新闻（Google News）和雅虎新闻（Yahoo News），新闻不必再由记者采访产生，而是由新闻收集系统（news aggregator）控制，这个系统可以到不同的新闻网站对新闻进行“验收”，选择浏览量最大的新闻，并下载放到自己的新闻网站上。由此，新闻成本大大地降低。目前只有大的新闻集团在使用新闻收集系统，但是不久，小媒体也会选择这样的工作方式。新闻收集系统的功用是能够成功地找到新闻，谁最先报道这些新闻呢？答案是公关公司。目前，英国媒体一半以上的新闻是由公关公司提供的。将来，这个数字还会增加。到那时，政府自己写自己的新闻，公司自己报道自己的进展，计算机系统收集、选择对方的新闻，放在新闻网站上。

记者：好新闻将不复存在？

尼克·戴维斯：因为没有足够的资金去生产这些新闻。比如，假使《纽约时报》说，他们的网站新闻将要收费，人们就会转而看《华盛顿邮报》、《卫报》的网站。但是目前，没有人能看到出路。传统报业在走向灭亡。

记者：公关人员在英国媒体中扮演什么样的角色？

尼克·戴维斯：谈到“公关”，肯定不能忽视布莱尔政府的新闻官阿斯戴尔·坎贝尔。在任职期间，他几乎影响了政府的所有职能部门，包括英国国民健康服务体系，包括警察局，都安插了他的新闻官。以前记者采访医院，只要直接找到医生、护士就可以，现在呢？却须要通过医院的新闻官。至于公司呢？都有了维护自己形象的公关人员，甚至连慈善组织、恐怖组织也有了公关人员。目前在英国，公关人员的总数比记者要多。

◎小贴士：英国“第一新闻发言人”

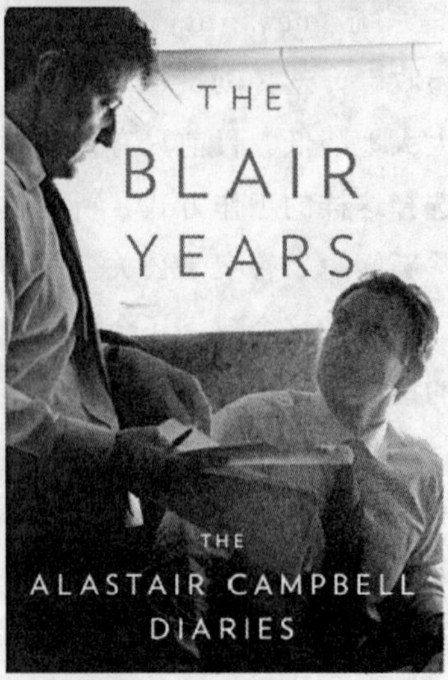

阿斯戴尔·坎贝尔出生于1957年5月25日，父亲是兽医，他在英国剑桥大学学习现代语言课程，成绩优异。在校期间，他就对新闻很感兴趣，发表了很多作品，并获得奖项。在地方报工作过一段时间后，阿斯戴尔·坎贝尔转到伦敦的《镜报》工作，成为该报的时政记者。

阿斯戴尔·坎贝尔和传媒巨头罗伯特·马克斯韦尔（Robert Maxwell）关系紧密；他和前工党领袖尼尔·肯诺克（Neil Kinnock）是好朋友，两人经常一起度假。离开《镜报》后，阿斯戴尔·坎贝尔担任报纸《今天》（*Today*）的时政主编。在此，他结识了英国新工党的候选人。从1994年开始，阿斯戴尔·坎贝尔担任托尼·布莱尔的官方新闻发言人，被认为是他的左膀右臂。从1997年到2003年，他担任托尼·布莱尔政府的媒体新闻总监，成为英国“第一新闻发言人”。阿斯戴尔·坎贝尔曾经酗酒，但是上任后，他滴酒不沾——据说，他这样做的原因是为了24小时保持清醒，和媒体周旋。阿斯戴尔·坎贝尔在政府的各个分支部门设置了新闻官，在政府和媒体之间建了一堵墙。新闻官的职责是表明政府的观点，引导舆论。

阿斯戴尔·坎贝尔和托尼·布莱尔的关系紧密，人们通常把阿斯戴尔·坎贝尔的话当作是托尼·布莱尔的话。阿斯戴尔·坎贝尔倾向于幕后操纵，他甚至可以控制舆论，按照自己的意志“制造”新闻。在英国对伊拉克开战的问题上，很多人怀疑，阿斯戴尔·坎贝尔和托尼·布莱尔“化妆政治”，蓄意夸大、渲染了伊拉克拥有毁灭性武器的情报。

2003年8月29日，阿斯戴尔·坎贝尔因“赫顿调查”一事辞职，转而做自由撰稿人。2007年，他出版图书《布莱尔时代：阿斯戴尔·坎贝尔日记》（*The Blair Years*：*The Alastair Campbell Diaries*）。2008年，出版小说《胸有成竹》（*All in the Mind*）。

记者：记者的力量在衰退。

尼克·戴维斯：该如何让媒体说真话呢？这并非仅仅取决于广告商、媒体的持有人等，这也由记者职业自身结构的弱点决定。记者的工作方式在改变，工作量在加大，记者本身很虚弱，就很容易被操纵。这也是在伊拉克报道和伊朗报道中，很多媒体充当宣传工具的原因。

记者：如何改变现状？

尼克·戴维斯：我们应该建立一个良好的体系，在这个体系中，记者可以诚实、独立地工作。记者自己判断新闻的价值，自己找新闻的角度，自己作调查，而不是被动地坐在那里受到阿斯戴尔·坎贝尔，或者公关人员的左右。

记者：最可怕的是记者失去了辨别力，让别人作决定。

尼克·戴维斯：阿斯戴尔·坎贝尔在职时就是这样。他告诉你报道哪些内容，用怎样的角度，引用哪句话。实际上，这类鼓动宣传就是制造假象。鼓动宣传的本质是——不告诉你真相。这是一种“战略传播”（strategic communication）。所以你会看到美国的军事部、外交部、中央情报机构，英国、法国、联合国的其他国家等，会聚集在一起，发布一些消息，操纵某些媒体记者，令媒体成为它们的宣传工具。有很多例子，比如关于基地组织头目阿布·穆萨布·扎卡维的报道，简直铺天盖地。报道开始说他只有一条腿，但是在后来的录像中——他砍下美国人质的头颅时，却出现了第二条腿。那帮策划宣传的人自己都把故事讲乱了。

记者：如果请你向记者们推荐有助于调查性报道的书，你会推荐哪本？

尼克·戴维斯：肯定是《平地球新闻》了！

□推荐阅读

《平地球新闻》（*Flat Earth News*）

尼克·戴维斯在自己名为《平地球新闻》的书中指出，新闻媒体已经变成了宣传错误与报道二手新闻的代名词，报纸杂志存在太多的问题，而这一切又都与销售量有关，各家媒体总在计算每天是否又有新的读者，而根本不在乎报纸质量。

尼克·戴维斯在书中曝光了寄生于新闻媒体中的捏造事实、歪曲真相和鼓动宣传的丑恶现象。“我最终被迫承认我正从事着一项腐败的行业”，于是尼克·戴维斯决定将英国新闻界的“潜规则”曝光于世。通过对同行进行调查访问，他发现新闻媒体低劣无知的操作已经逐渐成为真相浮出水面的障碍。

通过和一些“新闻线人”的合作，尼克·戴维斯挖掘出富有声望的英国某周报允许英国中央情报局在其专栏中造假；在日常新闻工作中，高级记者随便使用侮辱黑人的语言，就连高层新闻工作者也会程式化地拒绝有关黑人的新闻选题；受人推崇的优质报刊为了追求独家新闻而雇人打着其他招牌来诱骗高层政治人物；宣称支持法律秩序的报刊私下里竟然雇佣私家侦探以盗取信息。

尼克·戴维斯列出了一系列由公关公司一手操纵的曾经影响广泛的冒牌新闻事件，甚至一些引起全球关注的新闻也仅仅是国际宣传鼓吹体系制造出的假象。

他指出，这种现象导致媒体消费者认为大量的虚假新闻，荒谬程度不亚于“世界是平的”（例如“千年虫”和“伊拉克大规模杀伤性武器”的报道）正在影响政府施政和大众的信仰。

他提出理解新闻的新模式。在曾开展新闻内容和线索研究的卡迪夫大学研究员的协助下，尼克·戴维斯发现大多数记者在大多数情况下并没有深入挖掘或者核实新闻事实的自由，这也是这项行业从本质上腐败的根源。

第3章

布莱恩·迪尔：我靠直觉进行调查采访

- **我的动力是寻求真相**
- **和很多人聊天获得新闻线索**
- **所有的依据来源于文档**
- **调查性新闻的前景不乐观**

新闻实务涉及

★ 什么是社会事务新闻记者？

★ 调查性新闻记者须要具备哪些素质？

★ 什么样的事件值得调查？

★ 如何获得新闻线索？

★ 新闻调查的方式有哪些？

★ 如何确定所获得的信息的准确性？

□记者档案

布莱恩·迪尔（Brian Deer）

年　　龄：48岁

身　　份：《星期日泰晤士报》调查性新闻记者，英国电视4台*Dispatch*的制片人。

获得奖项：1999年，获得英国年度传媒届大奖“年度特稿记者”（Specialist Reporter of the Year）称号；2004年，获英国皇家电视新闻奖提名。

●记者印象

为良药平反的调查记者

布莱恩·迪尔的个人网站上，有两张照片：其中一张，布莱恩·迪尔身穿白大褂，煞有介事地翻阅着病人的档案——这是他化装成医生，在调查约克郡精神病医院的病人食物中毒事件；另外一张是衣冠不整的他，坐在墙角，跟一名流浪少年攀谈。从军队里的种族歧视，到曼彻斯特的老人院，从医生开错药，导致病人救治不及时，到慈善组织的舞弊……20世纪80年代以来，布莱恩·迪尔伸张正义，鞭挞邪恶的身影，不禁令人想起漫画《蓝莲花》里的人物“丁丁”，那个同样富于正义感和冒险精神，敢于同各种恶势力进行斗争的卡通记者。

《华盛顿邮报》评价他是“值得称赞的调查性新闻记者”；《卫报》评价他，“揭露对方的隐私，如同时刻准备好攻击对方的裤子的公牛”；《独立报》评价他，“雄辩机智，太棒了”；《星期日泰晤士报》评价他是“英国最棒的调查报道记者之一”。

最近10多年来，布莱恩·迪尔一直对医药界“目不转睛”。

1994年，布莱恩·迪尔接到大量因服用西卜净锭（Septrin）而导致病情加重的患者的举报，经过广泛的调查后，他在《星期日泰晤士报》上倡导抵制使用西卜净锭的运动——这项运动得到了公众的支持。18个月后，英国政府批示：禁用西卜净锭。生产该药的制药商对他恨得直咬牙，不过，该药在世界其他各地的销量并未受影响。这一回合不分胜负，却坚定了布莱恩·迪尔继续和不良制药商周旋到底的决心。1998年，布莱恩·迪尔在《星期日泰晤士报》发表了另外一篇重量级的关于不良药物的报道，指出由威尔康基金会研制生产的“百日咳疫苗”具有很大的副作用。威尔康基金会被告上法庭，输了官司，为此，他们支付了1000万英镑的赔偿金和诉讼费。

2003年11月，布莱恩·迪尔开始了新的调查计划。他敲开声称自己的孩子因注射麻疹、流行性腮腺炎和风疹（MMR）疫苗（简称“三合一疫苗”）而导致自闭症的凯塞克一家人的门，并用假名采访。凯塞克夫人后来回忆说：“这6个小时的采访，如同6个小时的审讯。”布莱恩·迪尔解释，当时用假名采访的原因是，他不想让对方从网络上搜到他的个人网站，因为他的网站上清晰地罗列着他是怎样的调查记者，以及他的目的——找出那些故意在说谎，声称“三合一疫苗”导致自闭症的当事人。

2004年，布莱恩·迪尔和英国医生安德鲁·威克菲台德博士围绕“三合一疫苗”是否对儿童有害，是导致儿童患上自闭症的原凶的争辩在社会上引起轩然大波。除了掌握了足够的患者的“假证词”，布莱恩·迪尔火眼金睛，从文山字海的医疗文件中看出破绽，揭露曝光安德鲁·威克菲台德博士的学术造假行为。

在布莱恩·迪尔的个人网站上，写有众多留言：“看到你的网站太高兴了，虽然不能停止我的疼痛，但是我了解到我的病情产生的原因了，我不是唯一在忍受这样的副作用的人。”“我这几天一直在服用复方新诺明（generic bactrim），一直感觉恶心，那天喊了急诊，医生让我停止服用这种药。看到你的网站，才知道原因，以后再也不吃这种药了。”“我的孩子现在只吃两种食品，医生说他患了自闭症，在他17个月大的时候，曾经服过甲氧苄啶，但医生不认为是这种药物导致自闭症，希望得到你的指点。”

然而，在严肃性新闻不断走下坡路的今天，调查性新闻报道的前景越来越渺茫，愿意掏钱支持调查的媒体越来越少，布莱恩·迪尔不得已在自己的网站上呼吁，请求支持调查性新闻报道的民众捐款。布莱恩·迪尔说他并不后悔，也不打算改行，并决定继续孤军奋战。这回，他盯上的是手机和人类的健康。

●崔莹面对面

1999年3月28日，以强悍的深度调查报道出名的英国报纸《星期日泰晤士报》发表了这样一则喜讯：“上周，我们报社的布莱恩·迪尔赢得了英国传媒界的大奖——年度特稿记者。评委为他在医药方面的调查才能所折服，认为他可能是唯一‘和制药公司周旋，曝光对方的猫腻的英国记者’。布莱恩·迪尔在《星期日泰晤士报》的报道涉及注射疫苗是否对儿童造成危害、伟哥的副作用等，他是我们最棒的记者。”

实际上，从20世纪80年代起，布莱恩·迪尔已经是小有名气的社会事务（social

affair）调查记者，他也是英国最早的社会事务记者之一。之前，英国铁腕首相玛格丽特·撒切尔夫人曾经公开表示：没有“社会”这种说法！但是社会事务新闻业早已暗流涌动——报道，分析，渐渐影响新的时代。

我从布莱恩·迪尔的个人网站中找到他的邮箱地址，发邮件向他表明采访的意图。布莱恩·迪尔回复道：“我很乐意谈，但是在今天，调查性新闻的处境可能并不是你想象的那么风光，因为媒体市场支离破碎，肯资助、支持调查性新闻的媒体越来越少。”

在伦敦的皮卡迪利火车站附近的咖啡店，我见到了双眉紧锁、忧心忡忡的布莱恩·迪尔。虽然被提前打了预防针，但是听完他对英国调查性新闻业的分析和感叹，我的心里也是沉甸甸的。

学哲学有助于调查采访

哲学是人们对物质世界和人类自身及社会运动发展规律的研究和认识，哲学总是试图揭开事物的本来面目，这“本来面目”就是客观规律。布莱恩·迪尔的哲学背景，促使他大胆思辨，小心求证，一步步接近真相。

记者：怎么会成为调查性新闻记者？

布莱恩·迪尔：在华威大学（Warwick University）读书时，我对政治很感兴趣。毕业后，我加入英国核裁军运动（Campaign for Nuclear Disarmament），主要负责新闻宣传。运动的目的，如名字所言——反对核军备竞赛，主张取消英国和其他国家的核试验，削减核军备等。在几家地方媒体工作过一段时间后，我开始在《星期日泰晤士报》工作，一直工作了20多年。我一直从事报道维护公众利益、为公众服务的新闻（public interest journalism）。这类新闻的特点是，不必和名人打交道，不必每天都写新闻稿。这类新闻，花费的调查时间更长，对公众和社会的影响力也更大。

记者：你在校期间，就是学生记者，曾经报道过哪些方面的内容？做记者是你的理想吗？

布莱恩·迪尔：报道的内容主要是发泄对某些事件的不满，表示抗议等等，作为学生，总会很容易对某些事件、某些现象看不惯，感到气愤。小到房租，大到国家政治。我做的第一件有关新闻的事情，是设计一份抗议游行的宣传单，那次抗议的内容是——有名学生在另外的游行抗议中被害身亡。从写宣传单开始，我开始参与创办学生刊物，涉入新闻圈的过程自然而然。

记者：在你的脑海里，新闻意味着什么？你最佩服的记者是谁？

布莱恩·迪尔：记得我五六岁时，妈妈带着我去超市买东西，我看到街道上的大卡车里载着满满的报纸——《每日镜报》，当时觉得很有意思，我想，这就是我最早接触的新闻吧！在后来的新闻工作中，我所遇到的人和事，激励我继续做好记者。令我佩服的记者有几个，但是，我从没有希望自己成为那样的记者。既然在这个行业里工作了，肯定要尽力而为。

记者：你曾经因为医药方面的调查报道获得英国新闻界年度最高奖“年度记者”，而你的专业是哲学，这两方面是否相差很远？

布莱恩·迪尔：对哲学的学习促使我理性地思考。我喜欢追根究底，寻求事实真相，是真相驱使我调查采访。

记者：一直激励你作新闻调查的动力是什么呢？

布莱恩·迪尔：你擅长某方面的工作，就一定要坚持下去。如果有人让我写关于做饭的，关于园林的，或者语言幽默的文章，我肯定不能胜任。让我每天写新闻稿，我也写不好。这些都是新闻，但是所需要的能力不同。你所具备的能力是你经过长久学习实践之后所获得的能力。我想，我在新闻调查方面具备了一定的能力：和不同的人交流，寻找事实真相，知道去调查什么，了解相关法律背景，擅长辨别证据的质量。

THE SUNDAY TIMES
THE BEST WRITERS
Brian Deer, of The Sunday Times, was named Specialist Reporter of the Year in the British Press Awards last week. The judges were impressed by his investigations in the field of medicine, saying he was probably "the only journalist in Britain that polices the drugs companies". Deer's award-winning articles, in The Sunday Times Magazine, ranged from vaccine-damaged children to the hidden side effects of Viagra

报道影响人们生活的事件

美国记者、政治评论家沃尔特·李普曼（Walter Lippmann）认为：“有责任心的新闻取决于公众的利益，最后考虑的才是主编的意志。”无论是对社会事务报道，还是对医药行业的调查，布莱恩·迪尔调查的内容都和人们的生活息息相关。

记者：你是最早的社会事务新闻记者（social affairs journalism）？

布莱恩·迪尔：关于这个领域的报道已经存在了很多年，这类报道和社会进展有关。比如，健康问题，监狱的管理，对于罪犯的政策，如何安置无家可归的人，房子问题等等。这类问题的特点是：它们会影响人们的生活，在这些事件中，人们不是消费者，也不是生产者，而是社会成员。现在，这个名词已经为英国新闻界所熟知，很多记者在从事这个方面的报道。

记者：在你的网站上，有一张很显眼的照片，你在街头采访无家可归的人？

布莱恩·迪尔：是的，我做过很多类似的事情。在英国新闻界，有一句老话这样说："敲开伤心欲绝的老妇人的家门，从她那里拿走她刚死去的孩子的照片，否则，你就不能称自己是记者。"我做过很多次这样的事情，真的是拜访刚失去孩子的母亲，拿走她们的孩子的照片。对于新闻记者而言，这是很重要的一个步骤。在对方情绪低落，处于危机的时刻，走进对方的生活，试图了解故事的真相，把这个故事传达给更广泛的观众。

记者：你的个人网站，对你所做过的重大的调查性新闻进行了详尽的总结，上面留有你的联系方式，这种方式吸引了更多的人和你联系，告诉你他们的故事？

布莱恩·迪尔：是这样。并且，这样的网站如同一个新的调查工具。很多人看到我所调查的事件，了解到事件调查的进展后，会主动向我提供新的线索。很多反馈非常有价值，甚至令很多调查豁然开朗。当然，也有人找到你，目的只是倾诉，向你提供的信息毫无价值。

记者：为什么？

布莱恩·迪尔：他们的观点或者是错误的，或者是没有根据的，或者仅仅是他们个人的观点。

记者：什么样的事件值得调查？

布莱恩·迪尔：这由记者个人的经验和能力来决定：你要心里有数，这样的调查大概需要多长时间，有可能会有什么样的结局。比如，有一家咖啡店总是少找给顾客钱，你肯定不会花10个月去调查。如果政府部门的一个机构在欺骗公众，你有可能需要一年的时间去调查。你要权衡新闻价值大小，调查所需要的时间，需要的资金等。

◎小贴士：何为调查性报道？

美国学者梅尔文·德弗勒（Melvin Defleur）等人对调查性报道的定义是：为获得内情和揭露丑闻而细致地搜集事实的报道。另一位美国学者埃德温·埃默里（Edwin Emery）认为：调查性报道是指利用长期积累起来的足够的事实和材料，就事情的意义向公众提供一种强有力的阐释。调查性报道的目的，就是对于公众关心的重要问题，运用调查的手段，将完整的事实真相告诉公众。调查性报道最著名的案例是“水门事件”。30多年前，《华盛顿邮报》的两位年轻记者——鲍勃·伍德沃德（Bob Woodward）和卡尔·伯恩斯坦（Carl Bernstein），通过对“水门事件”穷追不舍的报道，令美国前总统理查德·尼克松在1974年黯然离职，成为美国历史上第一位“下台总统”。“水门事件”的大部分案情被揭露之后，鲍勃·伍德沃德和卡尔·伯恩斯坦于1974年和1976年先后出版了两本关于“水门事件”内幕的书——《总统班底》（*All the President's Men*，又译《惊天大阴谋》）和《最后的日子》（*The Final Days*），两位记者在书中详细记录了采访、报道以及挖掘整个事件的全部过程。

记者：并不是所有的调查都能够调查出“好故事”。

布莱恩·迪尔：那是记者的判断出了错。比如我曾经调查过伦敦的一家慈善机构，最后的调查结果只有六七页的故事，但是我花了很多的时间去调查。如果时间可以倒流，我肯定不会投入这么多的精力。有时调查了一周后，你还没有拿到你想要的文件，决定再调查一周，但是你还是找不到持有文件的人，或者那个人度假去了。然后，你不得不再等一周。这样的话，很多事件永远也调查不完。

记者：在调查过程中，涉及具体的细节时，你会感到力不从心吗？调查中最大的困难是什么？

布莱恩·迪尔：这就需要很多的准备工作。你要读很多的书，和很多人聊天。最大的困难是：到最后，你会发现，你在批评所有的人，你必须掌握充分的批评他们的证据。英国有很严格的《诽谤法》，如果报刊发表了不真实的新闻或者言论，对当事人造成伤害，对方可以把你告上法庭，要求巨额赔偿。在美国就宽松多了。你可以随便发表言论，即使你说错了，主张言论自由的组织机构也会保护你，但是在英国，不是这样。

记者：英国的很多新闻媒体都有自己的律师，他们可以确保媒体报道的内容不出问题？

布莱恩·迪尔：律师也没法保证你的报道是正确的，他们可以确保你对事实的理解的正确。律师不可能告诉记者真相是什么，你得告诉律师。

记者：我看到最近的报道，你一直跟踪调查的“MMR”事件的当事医生安德鲁·威克菲台德博士撤诉了？

布莱恩·迪尔：我们揭露的是，安德鲁·威克菲台德在他的“三合一疫苗”的学术研究中造了假。之后，他将我、英国电视4台和《星期日泰晤士报》告上法庭。当意识到没有足够的证词为自己辩护时，他撤诉了。因为这个官司，他所在的保险公司为此支付了100万英镑。

记者：你对这样的结局满意吗？

布莱恩·迪尔：不满意。我其实希望他继续和我们争斗下去，然后我们可以在法庭上，当众拿出我们的报道依据。他预料到结果肯定会是那样，所以他放弃了。

记者：这恰恰证明他心虚，他错了。

布莱恩·迪尔：当然，他在造假。

◎小贴士：布莱恩·迪尔参与调查的大事记

▲打疫苗导致自闭症？

1998年，英国著名的医学杂志《柳叶刀》（*The Lancet*）发表医学博士安德鲁·威克菲台德的研究成果指出：注射麻疹、流行性腮腺炎和风疹疫苗对儿童有害，是导致儿童患上自闭症的原凶。文章发表后，引起人们的恐慌，很多父母都不敢再给自己的孩子打疫苗，人们对“三合一疫苗”的信任度由59%降到了41%。安德鲁·威克菲台德建议，将三种疫苗分开打，比一起打要安全，但他并没有为这种说法提供科学依据。实际上，三种疫苗分开打，增加了病菌之间没有彼此免疫而导致的感染。

2004年2月，布莱恩·迪尔在《星期日泰晤士报》发表文章揭露：医学博士安德鲁·威克菲台德从英国出庭律师那里，获得了5.5万英镑的资金，以收集提供对“三合一疫苗”制造商不利的证据。调查还发现，安德鲁·威克菲台德本人曾经申请可以替代“三合一疫苗”的另外一种疫苗的专利，而这种疫苗缺少科学性。2006年，布莱恩·迪尔在《星期日泰晤士报》报道，安德鲁·威克菲台德从律师那里总共获得了40万英镑的资金，以求证“三合一疫苗”的危险性。而其中一部分资金，支付在《柳叶刀》杂志发表他的文章前。安德鲁·威克菲台德将《星期日泰晤士报》、布莱恩·迪尔、英国电视4频道告上法庭，认为对方的报道失实。但是不久，安德鲁·威克菲台德主动要求撤诉。直到现在，每年有将近25万人，因患风疹而失去生命，他们大部分是落后国家的儿童。种种研究表明：“三合一疫苗”根本不是导致自闭症的原凶，不打疫苗导致的生命危险更大。

▲三分之一的女性患有“爱的疾病”？

为了增加利润，药品制造商惯用的伎俩就是向病人兜售他们并不需要的药品，甚至不断放宽疾病的定义，以新病症的名义来创造研制新药的平台。2003年9月28日，布莱恩·迪尔在《星期日泰晤士报》发表文章，将调查对象锁定在一种“新病情”上——女性“性兴趣失调（紊乱）”。

这种潜在疾病最先是由罗丝玛丽·巴森（Rosemary Basson）医生提出的，正在被医学界研究讨论是否应列入病症列表。布莱恩·迪尔亲自到加拿大渥太华采访了罗丝玛丽·巴森。他不仅对此病的立项提出了质疑，还对罗丝玛丽·巴森研究的经费及医学学术的造诣和背景进行了调查。在各大医药公司的财政资助下，罗丝玛丽·巴森在过去的几年内进行了几项女性性功能障碍的研究，她宣称1/3的女性被这种所谓的疾病困扰，主要症状是性冷淡。即使一些女性主观上并不为此感到困扰，她们客观上也是这种症状的“患者”。布莱恩·迪尔质疑罗丝玛丽·巴森的研究结果，认为如果此病症被正式列入疾病，随之而来的将会是应对此症状的药品，在形形色色医药广告和宣传品的狂轰滥炸之下，很多健康女性也会受到影响而进行不必要的医药消费。

▲去扶贫，还是去度假？

每一年，成千上万的英国志愿者通过英国海外志愿服务社（VSO，Voluntary Service Overseas）到第三世界去“探险”，去帮助那里的贫困人口。最近，这个用了纳税人2100万英镑建立起来的慈善机构横遭指责。批评者认为，这样的志愿行动对贫困地区的意义不大，只是在给志愿者们脸上涂金。1998年4月，布莱恩·迪尔去西非调查海外志愿者的工作状况。

布莱恩·迪尔在调查中了解到，志愿者反映：“我在这里的居住条件远比英国的居住条件好。人们可能以为我要住进湿漉漉的草丛里，我想肯定不会那样糟糕，但是我也没有想到，在这里，我会有独立的浴室，还有一个当地的少年专门照顾我。”去过尼日利亚的志愿者说：“对我而言，这样的经历很有意义，对他们而言，就是浪费时间。他们把我当成戴安娜王妃和麦当娜的结合体。”布莱恩·迪尔对海外志愿服务社的救助方式也提出质疑：志愿服务社公开招聘时尚人士，计划给南非人带去时尚设计课。布莱恩·迪尔感慨，在那里，看到的不是服务者，是主人。如同旧殖民主义，所谓的志愿者就是探险者——他们得到的远比当地人要多，即使当地人笑容满面，而这种笑也是苦涩和尴尬的。

这个慈善组织的日常消费支出呢？在伦敦，海外志愿服务社有两个总部，200多名员工。慈善组织一半的费用用于在英国的各项支出，其余的主要是用于支付机票和电话费。

▲ 足球明星自杀的背后

贾斯汀·法沙努，不仅是英国第一个身价百万英镑的足球运动员，也是首位公开自己同性恋身份的运动员。布莱恩·迪尔发表在1998年7月12日《星期日邮报》的文章揭开了贾斯汀于当年自杀背后隐藏的秘密——一起同性强奸案。

在先后效力于诺丁汉的两个足球队，经历了一系列伤病、丑闻、众叛亲离和失业的窘迫之后，贾斯汀最终用自杀结束了自己37年的一生，他的尸体在伦敦的一个车库里被发现。贾斯汀童年生活凄苦，被父母抛弃，寄养在一对白人夫妇家庭。1981年，贾斯汀转会到诺丁汉森林队，转会费在英国足球史上破纪录地达到了100万英镑。1990年，他利用英国媒体制造新闻噱头吸引眼球的狂热，为了钱财在报纸上公开自己同性恋的身份，再次成为公众焦点。尔后，被视为异类的贾斯汀饱受伤病和争议困扰，事业随之一落千丈。更为雪上加霜的是，弟弟宣布与他解除兄弟关系，儿时的伙伴拒接他的电话。他后来移居到美国马里兰。

1998年，贾斯汀涉嫌在自己的公寓强奸17岁的白人男孩DJ。在接受警方一次审问之后，他逃到伦敦，几周后尸体被发现。他在遗言中写道他与DJ在自愿的前提下发生了性关系，DJ勒索不成而诬告他强奸。贾斯汀死后，英国媒体对他的态度有所缓和，公开了他遗言的内容，播放了他足球生涯的成就，还称他为“种族主义和反同性恋的受害者”。

▲汉堡包里的病菌

4岁的英国儿童马修·贝尔（Matthew Bell）吃汉堡包时，感染了出血性大肠杆菌（e-coli 0157）。这种藏匿于田地、游泳池、食物中的，原本对人体无害的菌竟成了杀手。1998年5月17日，布莱恩·迪尔关于此事件的调查过程发表在《星期日泰晤士报》上。

马修·贝尔的最初症状是腹泻，然后是腹痉挛。马修·贝尔的母亲并没有太在意，给孩子吃了几颗止疼片，认为孩子休息几天就会好。然而，第三天，马修·贝尔开始便血。马修·贝尔的母亲半夜叫了急诊。医生诊断说，马修·贝尔得了肠胃炎，过几天就会好。马修·贝尔的母亲松了一口气。6天后，马修·贝尔的眼睛发黄，背疼，小便困难，医院表示，没有化验报告不能确诊，无计可施。

7天后，化验报告出来了，马修·贝尔感染了出血性大肠杆菌。马修·贝尔的母亲大吃一惊，她看电视报道说，这种菌曾经导致21人死亡。令她更惊讶的是，马修·贝尔的弟弟出现了同样的症状。之前，马修·贝尔的母亲根本不会把肚子疼和孩子的生命联系在一起，然而，在第19天时，马修·贝尔因为没有得到及时的救治而死亡。

布莱恩·迪尔调查报道了医生延误治疗的原因：信息不共享，没有应急方案等，甚至没有救治的药物。通过调查本区域相似的几例病症，布莱恩·迪尔推测判断出病菌的来源——超市的汉堡包。

·

直觉告诉我新闻线索

胡适先生有一句名言：大胆假设，小心求证。这里的假设并非是不切实际的幻想，而是有事实依据的假设，科学性的假设。而求证，则是为假设提供铁的证据，这个过程考验的是人的毅力和意志。新闻调查的过程就是“大胆假设，小心求证”的过程。

记者：要成为称职的调查记者，须要具备哪些方面的素质？

布莱恩·迪尔：新闻敏感性，能够辨别出哪些事件值得调查的能力；对证据的属性的理解力，能够辨别出哪些是事实证据的能力；能从大量的事实记录和繁冗的文字中，过滤出合理的解释的能力；对法律的理解；坚定的信念；追根究底的决心；让公众获得更多的信息的愿望等。

记者：对你所调查过的事件，你认为最满意的是哪一件？

布莱恩·迪尔：最成功的一次调查采访是在1994年，关于一种抗菌药的报道。很多人找到我们，有的说，她的丈夫去世了，他曾经用过这种药；有的说，他的孩子病情加重，他也在用这种药。我们的调查报道发表后，这类药物被禁止再上市。那次调查影响了很多人的生活，挽救了很多人的生命。这是很有意义的一件事情。最近几年，我作过的比较有影响的调查是关于注射“三合一疫苗”是否会对儿童有害，是否是导致儿童患上自闭症的原凶的调查，这次调查对人们理解疫苗的安全性起到了重要的作用。

记者：在调查过程中，如何确保所获得的信息的准确性呢？如果某些科研工作者持有一种观点，另外的科研工作者持有另外的观点，如何分辨呢？

布莱恩·迪尔：我们的调查报道并不依赖于某一方的观点。我们依赖事实，这也是调查为什么会花费很长的时间的原因。如果有人故意捏造研究结果，我们要证明对方如何造假。我们的调查表明：认为注射“三合一疫苗”对儿童有害，是导致儿童患上自闭症的原凶的研究结果是捏造的，没有任何科学依据。

记者：这些依据由何而来？

布莱恩·迪尔：主要是从一些文档，几乎所有的事实依据都来源于文档。然后打电话，采访不同的人——没有任何方式可以替代打电话——和对方交流，收集各类文件材料。

记者：如果对方提供假材料呢？

布莱恩·迪尔：你肯定要自己作出判断。你不可以只相信一个人的观点，所有的信息应该可以互相印证。医疗报告不是那么容易伪造的，当然，也有例外。

记者：你是如何决定调查哪件事，获得新闻线索？

布莱恩·迪尔：直觉。你周围的人会告诉你一些信息，你对这个世界的理解促使你去思考。你看到报纸上的报道，你就不自觉地想：这里面肯定有问题，这个新闻可疑。然后，你决定找出真相。我的直觉告诉我，我该给谁打电话，我该问什么样的问题。

记者：调查中的最大挑战是什么呢？

布莱恩·迪尔：最大的挑战是如何分配时间，如果你花很多的时间去调查某一方面的问题，结果没有任何结果，很多的时间就被浪费掉了，你应该预测到哪些方面值得花费更多的时间去调查。然后，要评断出哪些可能包括事实根据。人们通常会告诉你最荒谬的事件，最不可思议的事件，最稀奇的事件。于是，你自己要辨别事实，质问有足够的证据支持这样的说法吗。很多的判断是关于证据的属性的：证据的质量。

记者：调查某个新闻事件，一般需要多长时间？

布莱恩·迪尔：从几个月到几年的都有。关于注射“三合一疫苗”是否会对儿童有害，是导致儿童患上自闭症的原凶的事件用了4年。有时，我同时调查几个事件。

记者：你对所作过的调查有感到不满意的时候吗？

布莱恩·迪尔：有时候，我觉得我应该换种方式去表述我所调查的故事；有时候，会遗憾不该花这么多的时间去调查，但是我从来没有出过错。

记者：在调查过程中，会有危险吗？

布莱恩·迪尔：我经常会受到威胁，但是，这种危险不是战地记者所面临的危险，是一种压力。

记者：在调查过程中，你是否会乔装打扮，卧底调查？

布莱恩·迪尔：会，但不多，卧底调查只是进行新闻调查的一种方式而已。我个人并不推崇秘密拍摄，秘密录音，这不是新闻调查的关键。

记者：写作时，你喜欢什么样的风格？

布莱恩·迪尔：我喜欢讲故事。在文章的开头，我通常会写在某一特定的时间，某一特定的地点，故事的主角在做什么，用个体的经历带出故事的全部。这样写很难，很费时间：你可能会为某个细节为难。比如：1996年的某一天，某人从伦敦的西区打出租车到东区，你会考虑，这是辆什么样的出租车呢？是黑色的吗？用这些细节，在人们的脑海里塑造出当时的画面。

记者：你要具备很好的想象力。

布莱恩·迪尔：你不可以编造，这是新闻调查的基本前提。你的文笔要像小说那样清晰，吸引人，但是你所写的必须是真实的事件。如果你在某个细节上造假，有人发现后，他们可能就会问：那么剩下的部分呢？是不是也不真实？

调查性新闻在死亡？

目前，在英国，关于调查性新闻是否正在消失，如何拯救调查性新闻的讨论层出不穷。导致调查性新闻没落的最重要的原因是媒体的商业化，不少媒体为公众服务的价值观也在改变。

记者：你已经做了25年记者，在这25年中，你认为英国媒体最大的变化是什么？

布莱恩·迪尔：在过去的10年里，各类媒体对调查性新闻的投入越来越少，特别是对医药、科技方面的投入更少。比如，如果采访须要到德国、美国出差，媒体都要慎重考虑。传统的新闻记者，有一个非常重要的社会职责：揭露社会中的黑暗、不公正的现象，维护社会成员的利益。比如飞机失事，媒体有责任调查飞机为什么会失事，谁该为此负责。然而，调查的过程复杂，费用昂贵，媒体都不肯再作这方面的调查了。比如，使用手机会对人们的健康产生危害吗？让我们找出科学依据，采访业内人士，找出了解机密信息的人。但是调查的成本很高，没有媒体愿意做这件事情。有社会责任感的记者越来越少，记者大都转向写言论、时尚、烹饪、体育……

记者：是什么导致调查性新闻的“悲惨命运”？

布莱恩·迪尔：媒体为公众服务的价值观在改变，媒体趋向商业利益。商业驱动，商业需求，破坏了严肃的新闻业。媒体之间的竞争越来越激烈，比如电视台，电视频道多了，可选择的多了，这个市场被分割得支离破碎。记得我小时候，1000万人会同时收看同一个电视节目。如今，如果有200万人同时收看一个节目，这个节目就算很幸运了。电视台希望播出投资少、见效快的节目，肯自己掏钱作调查采访的电视台越来越少。报纸也是同样，观众趋向于上网看新闻，读报的人在减少。现在，报纸、电视台通常采用马上就可以用的信息，而不是经过一两个月调查研究才有结果的信息。

记者： 随着科技的发展，调查成本会不会减少？比如使用“Google”搜索引擎，可以收集很多信息。

布莱恩·迪尔： 的确，收集信息所需要的时间在减少。但是从网上收集材料，和跟人面谈收集材料的效果肯定不同。如果是保密的信息，你在网上肯定找不到。能在网上找到的话，那肯定也不是新闻了。在网上，可以找到很多背景信息，调查的速度有可能会加快，但这并不能减少调查的成本。因为电视台的收入在减少，所有的投资也在减少。大约两年前，我所参与的英国4频道的调查节目的投资是18万英镑，如今，同样的节目，投资减少到10万英镑。

记者： 应该有个组织，或者基金会，投资支持这类新闻调查。

布莱恩·迪尔： 有人这样建议过，但是这个基金会的资金从哪里获得呢？

记者： 记者协会（Press Association）？

布莱恩·迪尔： 如果他们愿意这样做的话，早就这样做了。事实是，他们不愿意这样做。他们不想投资调查性新闻，因为他们无法从中获得回报。报纸不会因此增加销量，电视的收视率也很难因此提高。比如，大的时事新闻节目（Big current affairs programmes）的制作成本很高，吸引的观众并不多。只有BBC一直在做这类节目，也就是BBC有这个能力和义务去做这类调查性新闻了。总有一天，BBC也会停止做调查性新闻，那就再没有人会做调查性新闻了。

记者： 这样的现状令人担忧。

布莱恩·迪尔： 他们就想填满各自的产品，填充材料的成本越低越好。这也是目前英国新闻业所面临的最大的问题。但是在美国，调查性新闻的处境要好得多。因为美国市场大，美国有3.25亿人口，而英国只有6000万人口。对于中国，我想，前景应该更美好，因为中国的市场潜力很大，有需求，才会有市场。

记者： 即使好新闻，也没有市场？

布莱恩·迪尔： 并非没有市场。人们肯定很想知道使用手机会不会导致癌症。但是如果某份报纸调查出——使用手机会导致癌症，在报纸上发表了，那份报纸会因为这条新闻而多销售5万份吗？媒体支付昂贵的费用，调查这一结果，划算吗？显然，媒体会从自己的经济利益考虑，放弃花销昂贵的调查性新闻。

记者：那将来呢，会有改观吗？

布莱恩·迪尔：只可能变得更糟糕。新闻产品的质量越来越差，内容越来越浅薄，故事越来越短，观众和读者越来越少，很难讲调查性新闻会向哪个方向发展。英国的不少大学设有调查性新闻课程，我有时候会去给他们讲课。有一次，学生问我对他们去做调查记者的态度，我的回答是：别去做调查记者。在现在的新闻环境里，如果你出手快，发稿多，你才会受欢迎，受重视。

记者：但那并非是好新闻？

布莱恩·迪尔：这仅仅是我个人的忧虑。这跟市场的需求有关。人们的阅读习惯在改变，很多人就喜欢看明星醉酒后的照片，而不会花很多时间看关于一个银行家如何腐败的调查报道。哪个需要的成本低，也显而易见。如果你是主编，你肯定会用那个便宜的、可以马上吸引人们眼球的照片。

记者：包括《星期日泰晤士报》？

布莱恩·迪尔：对，他们也不再投资做调查性新闻了。如果他们获得了一份文件，说某位内阁大臣做了违法的事情，他们也会发表，但是他们不会派人花三个月的时间去调查这件事。

记者：即使调查性新闻的前景这么不乐观，你也继续做调查记者，不打算改行？

布莱恩·迪尔：是的，目前是，谁知道将来会怎样呢？

记者：你会推荐想做调查性新闻的记者阅读哪些书？

布莱恩·迪尔：我想，成为好的调查记者，不是能够从哪个大学学会的。他们应该学习的是和调查的内容相关的学科知识，比如经济，比如政治，比如科学等。这些信息对于他们会更有用。关于写作技巧方面的，我建议读《美国最佳科学与自然写作选》（*The Best American Science and Nature Writing*）。

□推荐阅读

《美国最佳科学与自然写作选》（*The Best American Science and Nature Writing*）

从2000年开始，每年出版一本。出版社从前一年的报纸、杂志中选取100篇科学与自然方面的文章，由客座编辑选取25—27篇编辑出版，其余文章的名录附于书后。这些文章面向大众读者，流畅自然，清晰透明，不装腔作势。客座编辑由美国著名的科普图书的作者担任。《新科学家》对这套书的评价是：“给人无限的启发。”

第4章

菲利浦·奈特利：一定要看对方的眼睛

- **200万英镑调查一新闻**
- **写书讲间谍的故事**
- **一个采访约了13年**
- **战地报道多是政府宣传**

新闻实务涉及

★ 记者的作用是什么？

★ 英国调查性报道的辉煌时期。

★ 鲁珀特·默多克对英国新闻业的影响。

★ 怎样找新闻线索？

★ 调查报道的事件具有哪些特征？

★ 怎样的采访方式是最好的采访方式？

★ 记者是否应该和警察、政客合作？

★ 美国政府对战争报道的控制。

★ 如何赢得采访对象的信任？

□记者档案

菲利浦·奈特利（Phillip Knightley）

生　　日：1929年1月23日

身　　份：《星期日泰晤士报》调查性报道记者，纪实小说作家，诺福克（Norfolk）大学客座教授。

获得奖项：1980、1988年两次被评为年度英国传媒奖的“年度记者”。两度获此殊荣的记者在英国新闻界只有两人，另外一人是菲利浦·奈特利的“老乡”约翰·皮尔格（John Pilger）。菲利浦·奈特利被评选为“格拉纳达”（Granada）年度记者（1980年），《色彩》杂志评选的“年度作家”（1982年）、最佳犯罪小说作家（1983年）等。1975年，他的著作《第一次大伤亡：从克什米尔到越南》被美国海外媒体俱乐部评选为最佳外事小说。

著　　作：《王牌间谍：基姆·菲尔比的故事》（*The Master Spy: The Story of Kim Philby*）、《第一次大伤亡：从克什米尔到越南》（*The First Casualty: From the Crimea to Vietnam*）、《第二古老的职业：20世纪的间谍和间谍活动》（*The Second Oldest Profession: Spies and Spying in the 20th Century*）、《澳大利亚：一个国家的自传》（*Australia – A Biography of a Nation*）、《一个文字工作者的进步》（*A Hack's Progress*）等。

●记者印象

重要的是抗争

英国的年度传媒奖类似于美国的普利策奖，是英国新闻界的最高荣誉奖。迄今为止，只有两位记者两次获得该奖项的“年度记者”称号，他们是约翰·皮尔格和菲利浦·奈特利。有意思的是，他们两个人都来自澳大利亚，都以调查性报道出名。

80岁的菲利浦·奈特利依旧精神矍铄，思维清晰。他继续“周旋”于三个国家，继续写书，继续写稿，继续教新闻课，继续为严肃的新闻抗争。

20世纪60年代到80年代，在《星期日泰晤士报》工作的20年时间，是菲利浦·奈特利最快乐的日子，他的新闻理想在那段时间里最灿烂地绽放。他调查报道了“沙利窦迈事件”的内幕，他曝光“普罗富莫事件”（Profumo Affair）背后的阴谋，他揭露希特勒日记造假过程，他试图了解间谍基姆·菲尔比（Kim Philby）为何背叛整个英国。

让菲利浦·奈特利投身新闻业的种子在60多年前就埋下了，当时他在发行量只有几千份的地方报工作，但是他的报道督促政府修好了公路，他的报道为孩子们带来了校车，他的报道为小镇增添了街心公厕……菲利浦·奈特利的新闻理想很单纯也很简单：可以用文字为人们做点什么。

20世纪80年代中，随着鲁珀特·默多克入主英国新闻业，收购《星期日泰晤士报》，菲利浦·奈特利的“自由报道”受到了限制。鲁珀特·默多克是媒体经营的天才，但不是新闻业的狂爱者、追随者。他认为《华尔街日报》的文章太长了，用户根本没有时间读完这些内容。他对编辑和记者毫不客气地说道：“别再为赢得普利策奖写文章了，还是发表一些读者喜欢的内容吧。”他甚至开玩笑说：“如果《华尔街日报》也刊登三版女郎的照片，我敢肯定我们的读者中也会有MBA。”

菲利浦·奈特利意识到：《星期日泰晤士报》的黄金阶段结束了，报纸的辉煌和暗淡如同足球队，鲁珀特·默多克理解的新闻业再也不是他所看重的新闻业。菲利浦·奈特利选择无声离开，独自奔走。菲利浦·奈特利在自传小说《一个文字工作者的进步》中写道：“此书献给我的高中老师奥斯伯恩（Osborne），他教给我如何辨别人生中最重要的事情。”而最重要的事——报道新闻自由，自由地揭露社会不公正的现象。

20多年来，菲利浦·奈特利一直在追求他自己的新闻业——尽管市场空隙越来越狭隘，但是依然有《独立报》、《卫报》、BBC等媒体，为他提供舞台，为他鼓掌，为他呐喊。当然，还有层出不穷的、继续对新闻业充满信心的读者。

目前，英国新闻业充满了挑战，充斥着隐瞒——某些媒体所有者无止境地追求商业利益，并试图用媒体影响、控制政治，很多媒体充斥了垃圾、无关紧要的明星八卦报道。有新闻理想、有职业操守的新闻人对此忧心忡忡。菲利浦·奈特利也不例外，他也看不到最能让记者大显身手的调查性报道的将来。但他也没有彻底失望。他表示：“记者的影响力是有限的，我们的愿望和现实总会有差距，但是重要的是抗争。”

菲利浦·奈特利回忆：他曾经出席了一次学术会议，会议的内容是讨论报社不断降低采访投入，大量使用新闻社的通稿，导致严肃的新闻业正慢慢死去。当所有人陷入沉默时，一家地方报的女记者讲了她的经历。她所在的小镇上的人一直建议铁路公司在火车轨道和城市路口相交处修建护栏，但是铁路公司一直置之不理。终于有一天，火车和一辆卡车在此相撞，但是没有人员伤亡。这位女记者开始调查潜在的类似事故，答案是校车。她写了一篇文章称，每天，当地100多个孩子的生命都处于危险之中。结果，不到24小时，铁路公司就同意在铁轨两侧安装护栏。女记者认为：“优秀的新闻报道需要的不是多少钱，而是记者的意愿。”

菲利浦·奈特利对所有记者的建议——别在乎有多少采访成本，别在乎报纸的所有人是谁，你的作业，和我所一直在做的作业一样：报道世界和这个世界上的丰富多彩的人。

●**崔莹面对面**

今年80岁的菲利浦·奈特利是英国最德高望重的记者之一。他曾经担任《星期日泰晤士报》调查报道团队“洞察力”的负责人，他两次被评选为年度英国传媒奖的“年度记者”，迄今为止，只有两位记者两次获此殊荣。

菲利浦·奈特利最擅长间谍报道。在过去的30多年时间里，他和世界上大部分国家情报机构的领导人打过交道。他和英国军情六处（MI6）的头目莫里斯·欧菲德尔（Maurice Oldfield）爵士一起吃饭，他是英国军情五处（MI5）的头目迪克·怀特（Dick White）的通讯员，他和美国中央情报局（CIA）的莱曼·柯克帕特里克（Lyman Kirkpatrick）、苏联国家安全委员会（KGB）的奥雷格·卡路金（Oleg Kalugin）、联邦德国情报机构的马格斯·沃尔夫（Markus Wolf）保持着密切的联系。

菲利浦·奈特利邀请我到他家对他进行采访。当我出现在伦敦诺森伯兰郡（Northumberland Place）4 号门口时，发现有人正站在二楼，掀开窗帘的一角，透过窗户向外看。我始终记得那张严峻的脸和那种犀利的眼神，向外看的人正是菲利浦·奈特利。进房间后，菲利浦·奈特利对我说，“你很准时”——殊不知，半小时前，我已经“到此一游”，然后，在附近的咖啡店等候。

记者的报道能起作用

菲利浦·奈特利的家中摆放着很多印度风格的家具。门厅里挂着一幅甘地的肖像，菲利浦·奈特利解释，甘地是他最崇拜的人。菲利浦·奈特利曾经在印度工作过很长时间，他在印度认识了现在的夫人。他告诉我：“法国人说每个人都有两个国家：他们自己的国家和法国。而我更幸运，我有三个国家，我在三个国家生活。我出生在澳大利亚，在英国度过了我的大半个人生，40多年前，我发现了印度，也发现了我的印度妻子。”

记者：你已经做了 60多年的记者了，请简单介绍一下你的从业经历。

菲利浦·奈特利：1929年，我出生于一个普通的工人家庭。我的爸爸靠给别人写招牌赚钱养家，我妈妈是酒吧服务员。在悉尼读完高中，我18岁开始在澳大利亚的一家地方报纸做记者。对于记者而言，这段经历是很好的“培训”。在小城镇上，几乎所有的人都互相认识，你写的人你认识，看你文章的人也认识你，如果你出错，很容易被对方指出并纠正。那时，新闻记者的职责就是为公众服务——记者为他所在的社区服务。记者通过文字，告诉人们城市里的新闻、国家的新闻、世界的新闻；记者关注的是公路上的洞，当地医院乱收费的丑闻，店铺里牛奶的售价；新闻报道不必煽情，不必考虑经济效益。然后，我去了南太平洋的斐济岛，同样做记者。后来，我回到澳大利亚，在墨尔本的一家报社工作，那家报社的所有者是在当时尚未出名的鲁珀特·默多克。后来，我被报纸派驻伦敦，做驻外记者。在伦敦工作8年后，我到了印度，担任一家文学杂志的主编。之后，我回到伦敦，在《星期日泰晤士报》工作，工作了20年。1985年，我从报社辞职，成为自由撰稿人，一直以写书为主。

记者：吸引你做记者的原因是什么？

菲利浦·奈特利：我喜欢写作，我喜欢报社宽松的工作氛围，记者灵活的工作时间也吸引着我。最能说服我的——记者的工作可以给别人、给社会带来好处。比如，街道上有个洞，人们向市政府投诉多次，市政府就是不管。我报道了此事。结果，文章刊登不久，市政府就派人修好了。我想，在小问题上，记者的报道可以起作用，在大问题上，应该同样能起作用。这就是我理想中的记者的工作。

记者：你从来没有学习过新闻专业？

菲利浦·奈特利：没有，我是在工作中学习的。在当时，没有专门针对记者的培训，你可以从老记者那里学习，报社会安排一个导师指导你，告诉你怎么做。现在，新闻已经成为一门学科。新闻报道的基本技巧很容易掌握：怎么打字，什么是新闻故事等等。但是我依然认为，从事新闻报道的原动力应该来自你的内心，并且，新闻报道只能从实践中学习。

记者：优秀的记者从实践中学习，而非课本？

菲利浦·奈特利：仅仅看书是不够的，要有实践。我自己也教新闻课，我是诺福克（Norfolk）大学的教授。我一直在告诫我的学生：最重要的是，要靠自己去实践，你们必须到那个领域里，根据最基本的新闻原则，采访、报道事实。

记者：人们常常拿你和约翰·皮尔格（John Pilger）作比较，你对他如何评价？

菲利浦·奈特利：约翰·皮尔格是我的同事，我们都是澳大利亚人，我们的背景相似。只是，我们做新闻的风格不太一样。他比我更“情绪化”。他喜欢用文章调动读者的情绪，喜欢用细节打动人，而我的文章，尽量给大家一个整体的画面，多的是思考。比如，假如报道“如何改变英国形象”，我会用讥讽的笔调，他会报道人情故事。

一项调查花200万英镑

提到英国的调查性新闻报道，不能忽略的篇章是20世纪60年代到80年代，《星期日泰晤士报》的“洞察力”团队。在《记者手册：调查新闻报道指南》（*The Reporter's Handbook：An Investigator's Guide to Documents and Techniques*）中，美国新闻学专家斯蒂文·温伯格（Steve Weinberg）将“调查性新闻报道”定义为：“记者自己作出判断，调查对读者、听众、观众有影响的事件，通常被调查的对象试图隐瞒某些信息。”

记者：你最“辉煌”的记者时期在哪段时间？

菲利浦·奈特利：是1965年到1985年，在《星期日泰晤士报》工作的时候。对英国新闻界而言，这段时间也很特殊。报纸的广告很多，出版商也很大方，当时的《星期日泰晤士报》的出版商是汤姆森爵士（罗伊·汤姆森，Roy Thomson）。他是加拿大人，他办报纸的原因不是为了政治影响力，也不是为了赚钱，而是因为他喜欢办报。他把权力都交给主编，一点都不干涉报纸的内容。比如有一次，报社的主编、部门主管在开会，讨论下周选题。突然，有人敲门，汤姆森爵士——报纸的所有者出现了，所有的记者都很惊讶，有名记者大胆地问道：“汤姆森爵士，你有什么事情吗？”汤姆森爵士回答：“我不知道，能不能把加拿大冰上曲棍球赛的结果刊登在报纸上？”他是报纸的所有者，却要为这样的小事，申请采编部门的允许，放在今天，肯定不能想象。更令人惊讶的是，第二天，汤姆森爵士写了一封信给主编，为突然闯入会议表示道歉。

◎小贴士：旗舰街的汤姆森爵士

罗伊·汤姆森（1894—1977）是“汤姆森媒体帝国”的创始人。目前，该集团在37个国家设有分公司，雇用人数超过3万。罗伊·汤姆森是理发师之子，他的身上总是充满了无穷无尽的精力和百折不挠的创业激情。在成为汽车零部件代理商之前，他曾经做过记账员和农夫。但他直到买下第一家收音机电台后，才真正走对了路子。1934年，罗伊·汤姆森用200美元买下了第一份报纸《天明快报》（*Timmins Daily Press*）。之后，收购媒体的行动愈发迅猛。到20世纪50年代，他拥有了19份报纸。罗伊·汤姆森本人也当上了加拿大日报出版协会的主席。

罗伊·汤姆森的祖辈来自苏格兰，因此，罗伊·汤姆森对苏格兰抱有一份特殊的感情。1952年，罗伊·汤姆森决定将业务发展到苏格兰，他买下了《苏格兰人》报，1957年，他又购买了苏格兰商业电视台。罗伊·汤姆森的野心蔓延至整个英国。1959年，罗伊·汤姆森买下了《星期日泰晤士报》，

1966年，又买下《泰晤士报》。他在加拿大、美国、英国拥有的报纸数量超过了200家。1964年，为接受英国政府颁发的世袭贵族爵位“旗舰街汤姆森爵士”，罗伊·汤姆森放弃了加拿大国籍。

虽是世界富豪，罗伊·汤姆森生活却非常简朴，他每天乘地铁上下班。罗伊·汤姆森对电视业情有独钟，他曾经表示：“（电视业）如同拥有印钱的许可证，可以印你自己的钱。”罗伊·汤姆森去世后，他的儿子肯尼思·汤姆森继承了父业。

记者：《星期日泰晤士报》的竞争很激烈？

菲利浦·奈特利：当时的主编是哈罗德·艾文斯（Harold Evans），他组建的新闻采编团队也很出色，他非常重视人才，并且不能容忍手下的记者三心二意，为其他媒体工作。当时的记者超编，竞争很激烈，记者的稿件见报并非是一件容易的事情，只有非常优秀的稿件才会被选用。因为有才华的记者太多，即使当时无法发表的稿件，拿到现在，也是很出色的稿件了。记者们不用担心钱的问题，只管认真写稿。当时的工作氛围对记者而言，简直就是天堂。

◎小贴士：倡导新闻调查的主编哈罗德·艾文斯

1928年6月28日，哈罗德·艾文斯出生于英国曼彻斯特，1967年到1981年期间，担任《星期日泰晤士报》主编。

在皇家空军服完兵役后，哈罗德·艾文斯在德伦大学（Durham University）学习政治经济学，并获得硕士学位。毕业后，哈罗德·艾文斯担任《曼彻斯特晚报》的编辑助理。1956年，他赢得奖学金，并赴美国学习。学成回国，他担任《北方回声报》（*The Northern Echo*）的主编。

在哈罗德·艾文斯担任《星期日泰晤士报》主编的14年时间里，他带领记者进行的调查性新闻报道赢得了读者的关注。这一系列报道将很多丑闻、违法勾当公之于世。其中著名的报道包括“沙利窦迈（Thalidomide）事件”，“双重间谍”基姆·菲尔比的故事，曝光英国工党前大臣理查德·克罗斯曼（Richard Crossman）的日记等。1981年，鲁珀特·默多克购买了泰晤士报集团，并任命哈罗德·艾文斯为《泰晤士报》主编。在鲁珀特·默多克的干预下，报纸失去了编辑原则的独立性，一年后，哈罗德·艾文斯辞职。

1984年，哈罗德·艾文斯搬到美国，在杜克大学（Duke University）授课。同时，哈罗德·艾文斯被任命为亚特兰大月刊出版社（The Atlantic Monthly Press）的总编。1986年，他参与杂志《康德纳斯特旅游者》（*Conde Nast Traveler*）创刊，并任该杂志主编。1990年到1997年，哈罗德·艾文斯担任兰登书屋一般纸皮书集团（Random House trade group）的董事会主席。2000年，哈罗德·艾文斯辞掉工作，全心写书。他的著作包括《美国世纪》（*The American Century*）、《他们造就了美国》（*They Made America*）等。后一本书被《财富》杂志推荐为75本必读书之一。2004年，因对新闻工作的贡献，哈罗德·艾文斯被封为爵士。目前，哈罗德·艾文斯和妻子在纽约生活。

记者：《星期日泰晤士报》组建的调查性新闻报道团队在英国新闻界非常著名。

菲利浦·奈特利：当时300多名记者，办48页的周报。报社组建了专门从事调查性新闻报道的团队“洞察力”（Insight）。几名记者凑在一起，团结合作，对某事件进行调查。这样，工作效率会比一名记者单独行动要高。这个调查可以持续几个月，甚至一年。调查出的报道要有深度，要是具有轰动性的重大新闻。所有记者都有活干，谁也不用担心被解雇。当时的记者都很主动，都很敬业。

记者：其他媒体是否借鉴了《星期日泰晤士报》的调查性新闻报道的方式？

菲利浦·奈特利：有些媒体开始模仿，但是作调查性报道的第一个媒体是《星期日泰晤士报》。如今，《星期日泰晤士报》已经没有“洞察力”团队了，其他媒体也很少进行调查性报道了，因为调查性报道的成本很高，花费巨大。

记者：你曾经担任过“洞察力”的负责人？

菲利浦·奈特利：有一段时间。“洞察力”的人数并不固定。通常核心人物是5人，有时，人数会增加到20人。并且，“洞察力”团队的成员未必一定是《星期日泰晤士报》的记者，有必要的话，我们会随时邀请英国甚至全世界的专家加入这个团队。专家也很乐意加入这个队伍，因为我们做的是严肃的新闻。比如，我们调查报道了“沙利窦迈事件”——1960年左右，服用沙利窦迈的孕妇生出四肢发育不全及心脏血管或消化器官不良的畸形婴儿。调查过程中，涉及药理学专家、制药商、对药物的审核测试、人身赔偿法、版权专利法等。记者本人并不具备这些专业知识，但是他们能够找到具备这些知识的人。调查结束时，“洞察力”的负责人几乎成了药理学的专家。除此，我们还调查了“普罗富莫事件”等。

◎小贴士：“普罗富莫事件”

“普罗富莫事件”是发生于1963年的英国政治丑闻，该丑闻以事件主角，时任英国陆军大臣的约翰·普罗富莫（John Profumo）的名字命名。

约翰·普罗富莫是英国保守党内阁成员，他的妻子是女演员瓦莱莉娅·霍布森（Valerie Hobson）。而丑闻之焦点在于约翰·普罗富莫和歌舞演员克莉丝汀·基勒（Christine Keeler）发生的一段婚外情。1961年，当时伦敦有名的整骨医生斯蒂芬·沃德在克莱芙顿（Cliveden）举行派对，约翰·普罗富莫和克莉丝汀·基勒在那里相识，但他俩的关系只维持了几星期便结束了。然而，有关他们的绯闻于1962年在公众间流传，更令人惊讶的是，克莉丝汀·基勒曾同时与苏联驻伦敦大使馆的高级海军武官叶夫根尼·伊凡诺夫（Yevgeny Ivanov）有染，叶夫根尼·伊凡诺夫被查出是苏联间谍。

约翰·普罗富莫犯下的最大失误是向下议院撒了谎。1963年3月，他在下议院声称自己与克莉丝汀·基勒“没有任何不适当关系”。但到了同年6月，他承认自己误导下议院。6月5日，约翰·普罗富莫宣布辞去内阁的官职、下议院议员和枢密院顾问官。1989年，有关事件被拍成电影，名为《丑闻》。

记者：“沙利窦迈事件”的调查成本是多少？

菲利浦·奈特利：因为涉及为受害者打官司、欧洲最高法院的诉讼费等，花费差不多是200万英镑。

◎小贴士：“沙利窦迈事件”

沙利窦迈最早于1956年在联邦德国上市，主要治疗妊娠呕吐反应，临床疗效明显，因此迅速流行于欧洲、亚洲（以日本为主）、北美、拉丁美洲的17个国家，美国由于种种原因并未批准该药在美国上市。到1960年前后，上述国家突然发现许多新生儿的上肢、下肢特别短小，甚至没有臂部和腿部，手脚直接连在身体上，形状酷似“海豹”，部分新生儿还伴有心脏和消化道畸形、多发性神经炎等。大量的流行病学调查和大量的动物实验证明这种“海豹肢畸形”是患儿的母亲在妊娠期间服用“沙利窦迈”导致。“海豹肢畸形”患儿在日本大约有1000名，在欧洲大约有8000名，全世界超过1万人。

鲁珀特·默多克伤害了英国新闻业

鲁珀特·默多克批评报纸的版式，建议主编如何摆放某位政客的报道，他会和人讨论福克斯新上映的一部电视剧的价值，和人探讨二十世纪福克斯电影公司在制作的某部新电影，从内容到版式、色调，鲁珀特·默多克毫不掩饰自己的观点。传统的新闻业的工作方式是，报纸的所有者并不干涉报纸的编辑，鲁珀特·默多克给这一传统猛烈的一击。在许多采访中，鲁珀特·默多克表示，他喜欢看短小的、精炼的新闻报道。

记者：1985年，你辞职做自由撰稿人，是因为《星期日泰晤士报》的办报理念改变？

菲利浦·奈特利：是的，因为报纸的所有权改变。汤姆森爵士把这份报纸卖给了鲁珀特·默多克。鲁珀特·默多克的办报理念和汤姆森爵士完全不同。所以，我选择了离开。不仅仅是我，当时，很多有新闻理想的记者都陆续离开了《星期日泰晤士报》。不幸的是，有了在这里愉悦的工作经历之后，很难再找到类似的做新闻的平台了。

记者：你本人不喜欢鲁珀特·默多克办报的原则？

菲利浦·奈特利：尽管他拥有这份报纸，但是他的内心对新闻业并不感兴趣。他一心想的是：这是我的报纸，我拥有这份报纸，我愿怎么做就怎么做。他把经营报纸当作是获得政治影响力、赚钱的方式。鲁珀特·默多克伤害了英国新闻界。在经济利益的驱动下，很多媒体效仿鲁珀特·默多克的风格，新闻媒体的原则改变了，有新闻理想的记者的权利被剥夺了。

记者：你没有想过适应这种改变？

菲利浦·奈特利：我选择撤退。我不认为《太阳报》这样的报纸是在做新闻，他们的报道更像是闹剧。他们的报道中夹杂一点信息，更主要的目的是为了给大家提供娱乐，如同他们自己所描述的“娱乐化的信息”（Infotainment）。而我大半生所在做的新闻呢？是为公众服务的新闻，是竭尽全力告诉人们外界信息的新闻。

记者：报纸的职责是报道严肃的新闻。

菲利浦·奈特利：但是，把报纸当作生意来做的话，生意人就不这样考虑了。生意人看中的是如何用报纸赚更多的钱，生意人的底线是报纸的股价越高越好。因此，报社的会计会审计资金花费的有效性，一味减少对采编部门的投入。《每日快报》的出版商甚至声称，不需要任何记者，他就可以办一份报纸。记者越少越好。他认为，扩大报纸销量的最好的办法是，给读者一张DVD，或者其他一个小礼物，这样做，比多雇用一名记者更见效。有些报纸甚至为记者算账，看他们每写一个字的成本是多少。用记者的工资除以他写的文章的字数，然后，记者被冠名为10%记者、25%记者。

记者：如果报纸像20年前的《星期日泰晤士报》，会赚钱吗？

菲利浦·奈特利：汤姆森爵士赚钱了，尽管不多。可惜，汤姆森爵士更喜欢电视媒体，他认为电视媒体简直就是“印钱的许可证”（a licence to print money）。从《星期日泰晤士报》的销量看，当时报纸的销量从100万份增加到250万份，读者喜欢这类报纸，读者喜欢报纸将他们视为严肃的成年人对待，读者希望了解真相，希望报纸能够站出来为他们说话，希望报纸对抗不公正的政府、不讲道理的商业集团等。

记者：调查性新闻报道将来如何？

菲利浦·奈特利：我看不到调查性报道的将来。当有学生表示要做记者时，我建议他们在目前的环境下，不要做记者。因为假使你做记者的话，你很难获得满足感。在我做记者时，你可以从新闻报道中感受到乐趣，你会感觉到你在做对社会有利的事情，而不仅仅是工作本身。做记者的每一天都像是在探险：你不会知道每天会发生什么。有人这样说，早上，你可能在克洛顿（Croydon）采访一只会说话的狗，晚上，你就在去上海的飞机上了。如今做记者，很难再感受到以往那样的乐趣。大多数时间，记者不得不坐在电脑屏幕前，不须要见人，不须要采访，不须要看对方的眼睛。

调查“不公正”事件

2005年，《星期日泰晤士报》正式解散了调查性报道团队“洞察力”，这样做的目的是一年可节省30万英镑的员工开支。“洞察力”不存在了，该报的调查性报道“名存实亡”。

记者：怎样获得可以作为调查性新闻报道的新闻线索？怎样进行调查？

菲利浦·奈特利：我的导师、澳大利亚的一位老记者的忠告是：走出门，多了解社会，多打电话。给你的朋友打电话，给你的家人打电话。比如问他们“你们单位最近发生了哪些有意思的事？”“你有哪些小道消息？”。如果你打的电话足够多，一定会有人告诉你值得调查的事件。获得新闻线索之后，你首先要分析这个事件的脉络。这件事通常会牵扯到不公正，可能会影响今后的立法，导致法律的改变，可能会涉及对遭遇不公的受害人的赔偿等。拿“沙利窦迈事件”的报道举例，首先，我们了解了很多受害儿的状况，我们调查这种药物如何逃避上市前的检测，药物问题什么时候暴露出来，公司是否采取措施，如何赔偿受害者等。

记者：调查方式呢？需要卧底吗？

菲利浦·奈特利：卧底更适用于电视媒体。我认为，用欺骗的方式得到某个职位，卧底调查，有悖于道德。如果有其他的采访方式可以获得你所需要的信息，尽量不要用卧底调查。记者的采访代表的是报纸，代表和报纸同一立场的公众，应该是正大光明的。

记者：在调查过程中，你们和警察、政客合作吗？

菲利浦·奈特利：我们经常和间谍合作，和政客也合作过，和一帮政客合作反对另外一帮政客。在“沙利窦迈事件”的调查中，随着报道深入，越来越多的政客希望为我们提供帮助，我们有选择地将对方吸收到我们的调查队伍中，有些政客甚至为我们提前通报英国下议院的消息。

记者：为什么警察不能去揭露这些丑闻呢？

菲利浦·奈特利：我们所调查的很多事件，并没有相关的立法约束，警察很难参与其中。因此，只能靠记者去曝光。警察不会主动帮助记者。警察只会对违法事件进行调查，而记者的工作是调查不公正的事件。

记者：调查的事件总是“坏新闻”？

菲利浦·奈特利：“好新闻”不会牵涉到不公正，我们的职责是揭露报道不公正。

记者：怎样的采访方式是最好的采访方式？

菲利浦·奈特利：面对面的采访。我从来不作电话采访、邮件采访，那样的采访不带一点“人性”。你一定要见到你要采访的人。在面对面的采访中，我觉得我可以看出对方是不是在对我说谎，或者是否在故意扭曲事实。采访不需要多少技巧，问你不知道的事情就足够了。

战争报道多是鼓动宣传

1917年，美国参议员海勒姆·约翰逊（Hiram Johnson）在美国参议院抛出一句名言：“战争发生时，真相是第一个牺牲者。”后人把它引申为：“战争发生时，新闻自由是第一个牺牲者。”

记者：你曾经报道过战争，你怎样看待今天的战地报道？

菲利浦·奈特利：依然不乐观。战地报道始于19世纪中期，现在呢，各国部队在战前会作周密的准备，不仅仅是准备战役，也准备如何应对媒体，控制媒体的宣传。报纸、电视中的战地报道的可信度越来越小，战争报道成为一种宣传。

记者：来自军事部门的信息肯定是错误的、片面的？

菲利浦·奈特利：是片面的，但是不一定是错误的。军事部门也有一个原则，如果战后这个谎言不会被揭露的话，他们才会说这个谎。他们不会告诉你全部的信息。比如，在五角大楼的新闻发布会上，被质问的将军拒绝告诉记者有多少塔利班分子被害。

记者：有人认为，在海湾战争中，美国军事部门提供的很多信息失实，你对此有什么看法？

菲利浦·奈特利：在海湾战争的报道中，有很多来自美国军方的鼓动宣传，这些宣传是通过美国军方雇用的麦迪逊大道公关公司传播的。其中一个故事是，伊拉克的士兵将科威特的早产婴儿从保温箱中取出，然后将保温箱运回巴格达。结果，直到战后，人们才知道，这个故事完全是编造出来的。

记者：关于政府如何控制战争报道，你有一套理论，这套理论是什么？

菲利浦·奈特利：第一步是，政府号召人们为战争作准备，所有发动战争的国家，首先都得赢得自己的人民的支持。于是，政府会说，我们竭尽全力想和平解决这个争端，但是失败了，我们不得不拿起武器。第二步是，明确战争的敌人——我们和谁开战——我们的敌人是萨达姆·侯赛因，是本·拉登，他们是如何坏的人，他们是野蛮人，是和希特勒一样的刽子手，我们和他们的战争是文明人和野蛮人之间的战争。因此，人们会这样想，我们杀死的是坏人，我们在做的是正确的事情。第三步是，"妖魔化"对方的领导人之后，再妖魔化对方的普通老百姓。因为，人人都知道在战争中，被害的不仅仅是士兵，还有普通老百姓。政府会引导宣传——对方的平民大都是毒品交易商，他们不尊重女性，很残酷等等。因此，当你读到炸弹炸死对方多少平民时，你也就不会感到过多的罪恶感。

记者：如果是塔利班、本·拉登的鼓动宣传，媒体应该报道吗？

菲利浦·奈特利：最好的方式是，媒体不应该阻挡任何一方的报道。当然，媒体有必要提醒大众：这些信息来自塔利班，不知道是否属实。

记者：如果为了战争考虑，政府要求记者不报道某些内容，记者是否会成为战争的帮手？

菲利浦·奈特利：如果军方要求记者暂时隐瞒某些信息——比如，今晚，英军要派特种部队去阿富汗，这也是合理的要求，否则，记者的报道会干扰这项军事行动。但是，如果行动完成，结果这次行动是错误的，是一场大灾难，记者有权去报道揭露这些事实。

等了13年的采访

基姆·菲尔比去世前，菲利浦·奈特利是最后一个采访他的记者——为了这次采访，菲利浦·奈特利等了13年。在过去的13年里，每年，菲利浦·奈特利都写信问候基姆·菲尔比，表示希望见面聊聊的愿望。

记者：你采访过很多国家的间谍，如何和他们建立密切的关系？

菲利浦·奈特利：同其他组织一样，这个组织内部也存在不公正，存在想要揭露内幕的人。他们有的人过于相信某人而犯了错，他们希望讲出自己的经历，自己的故事。我给他们提供了这个机会。

记者：你写了“双重间谍”基姆·菲尔比的书，怎么采访到他的？

菲利浦·奈特利：基姆·菲尔比是《星期日泰晤士报》“洞察力”调查报道过的人物，我是该调查小组的成员之一。那是1975年，基姆·菲尔比住在莫斯科，KGB（苏联国家安全委员会）不准任何人接近他。我们只能通过采访他的朋友、同事，了解他的一生。尽管我们已经采访了上百个和他有关的人，但是我们仍然感到很遗憾，无法采访到他本人。后来，我打算写一本关于他的书。我就给他写了一封信，表示：我知道你现在不方便说，但是，如果有一天，环境变了，你想说了，我会来莫斯科找你。他拒绝了，然后，我每年都给他写信。

◎小贴士：“双重间谍”基姆·菲尔比

基姆·菲尔比（1912—1988），冷战时期，担任英国间谍，他的真实身份却是苏联潜伏在英国的间谍，基姆·菲尔比和其他四个潜伏在英国的苏联间谍并称为“剑桥五人帮”。

基姆·菲尔比生于印度，父亲是一位英国高级军官。20世纪30年代初他在剑桥大学读书期间，加入了共产党。由于才华出众，英国情报局于1940年录用了他。基姆·菲尔比很快成为一名出色的间谍，并担任军情六处（MI6）反间谍部门对苏情报处处长。1949年，他还被英国政府派往华盛顿，成为英美情报交流系统的首脑人物。罗斯福、丘吉尔、杜鲁门等人都曾给予他高度的评价。然而谁都没有想到，基姆·菲尔比竟是苏联派到英国的卧底，早在1933年他就接受了苏联情报机关的训练，成了一名苏联间谍。基姆·菲尔比对自己的“老东家”尽心尽力，在担任对苏情报处处长期间，他曾将英美联合向阿尔巴尼亚派驻反共分子的计划泄露给苏联。英国情报人员秘密潜入阿尔巴尼亚时，被早已张网守在那里的阿尔巴尼亚人逮了个正着，很多情报人员被杀或被捕。

英国情报局从1951年起开始怀疑基姆·菲尔比的身份，但是他们花了10年时间也无法证明基姆·菲尔比是一个“双重间谍”。直到1961年，英国政府才得到可靠情报，称基姆·菲尔比曾受雇于苏联当局，并决定逮捕基姆·菲尔比。

基姆·菲尔比感觉到了危险。1963年1月23日，基姆·菲尔比在赴一个晚宴的途中，成功地摆脱了跟踪他的特工人员，然后乔装成一个阿拉伯人，步行300英里，逃离了英国。他穿过叙利亚抵达土耳其。1963年7月，基姆·菲尔比在莫斯科露面，苏联当局授予他代表最高荣誉的列宁勋章。

1988年，这位冷战时期最成功、最具破坏性的“双重间谍”去世，他被安葬在莫斯科的一个公墓里，享受了最高的国葬待遇。他的墓碑上简单地刻着：“基姆·菲尔比（1912-01-01—1988-05-11）”。

记者：写了十多年的信？

菲利浦·奈特利：13年。1988年，他答应了我的采访。

记者：你第一次见到他时，是什么情形？

菲利浦·奈特利：我去了莫斯科。当时是1月份，天气很冷。KGB的人去机场接我，并把我送到酒店。电话响了，基姆·菲尔比问我是希望当天晚上见面，还是休息一下再见面。我回答，现在就可以。半小时后，KGB的人把我送到他的公寓。我得到了对基姆·菲尔比的独家采访，不幸的是，当年5月，基姆·菲尔比就去世了。他死后，他的律师和我开玩笑：“你很幸运，怎么写，也不会有人反对。”我说：“难道你没有听说过记者的职业道德？”他的律师回答：“我认识的记者很少有职业道德。”

做自己的新闻

道不同，不相为谋。23年前，《星期日泰晤士报》易主，菲利浦·奈特利毅然决然地辞职，离开工作了20年的单位，做起了自由撰稿人——尽管日子变得辛苦，但是他可以继续坚守自己的新闻原则。

记者：因为你对新闻现状的不满，你才决定做你自己的新闻？

菲利浦·奈特利：是这样。我做我自己的新闻，我可以自己决定要写的内容，写我想写、我认为重要的东西。

记者：你一般写什么题材的书？

菲利浦·奈特利：我写的是纪实小说。我的第一本书《第一次大伤亡：从克什米尔到越南》用了8年时间，当时我还在《星期日泰晤士报》工作。现在，我每两年完成一本书。用一年的时间收集材料，一年的时间写。我已经出版了13本书，其中《第一次大伤亡：从克什米尔到越南》是出版商的主意，有关战争和战争宣传；《第二古老的职业：20世纪的间谍和间谍活动》是我自己的想法；《一个文字工作者的进步》是关于我个人的经历，以及我所目睹的新闻业的变化；然后《澳大利亚：一个国家的自传》是我的祖国的社会史。

记者：写书和做记者时的工作有什么不同吗？

菲利浦·奈特利：差不多，都要查资料、采访等。为写《第二古老的职业：20世纪的间谍和间谍活动》，我采访了400多人。资料差不多时，我会每天写1000字左右。最大的改变是经济来源的方式，以前每月都领工资，现在呢，好几个月没有工资，图书出版之后，才会有进账。

记者：你一直在给印度的媒体写稿？

菲利浦·奈特利：对，但是越来越少，因为他们给的稿费很低。并且，他们不同意我的很多观点。我一直在供稿的媒体是一份叫《卡利杰时报》（*Khaleej Times*）的迪拜英文报。他们允许我写我想要写的东西，那个栏目的名字是《一个人的观点》（*One Man's View*），这份报纸总会让我联想到在《星期日泰晤士报》工作时的情景。

记者：你的孩子中，有做记者的吗？

菲利浦·奈特利：我有三个孩子。大女儿结婚了，有两个孩子，住在巴塞罗那；大儿子35岁，住在伦敦，他喜欢写东西，但是不是记者；小女儿33岁，做了一段时间的体育记者，目前是足球队员经纪人。我一直鼓励他们做他们自己觉得高兴的事情，不一定做记者。

记者：你觉得记者的收入如何？

菲利浦·奈特利：做记者永远不会成为富翁，没有很富有的记者。

记者：你有三套房子？伦敦一套，悉尼一套，印度一套？

菲利浦·奈特利：印度的房子是我妻子的，悉尼的房子很小。每年，我们都会在印度、澳大利亚各生活两个月。

记者：你的妻子是记者吗？

菲利浦·奈特利：我的妻子是印度人，是我在印度杂志社工作时的同事。

记者：如果请你推荐书给喜欢做调查性报道的记者读，你会推荐哪本？

菲利浦·奈特利：尼克·戴维斯的《平地球新闻》（详见本书第34页）。

第5章

马克·达里：一生一次卧底足矣

■ **7个月的双重人生**
■ **摄像机装进防弹衣**
■ **偷拍需要许可证**
■ **卧底成本40万英镑**

新闻实务涉及

★ 做卧底前的准备。
★ 卧底中最大的挑战是什么？
★ 英国最成功的记者卧底调查事件有哪些？
★“假教长”梅吉尔·马哈默德的卧底采访。
★ 高产调查报道记者约翰·皮尔格。
★ 英国著名调查性新闻报道节目《全景》、《出发》等。
★ 美国著名调查性新闻报道记者西摩·赫什。
★《每日镜报》记者瑞恩·帕里在白金汉宫卧底。

□记者档案

马克·达里（Mark Daly）

出　生：1975年

身　份：BBC记者，曾任《克莱德班克邮报》记者，《苏格兰人报》记者。

获　奖：年度英国传媒奖的“年度年轻记者”（1999年），英国皇家电视协会电视新闻奖的“最佳年轻记者奖”（2004年）。

●记者印象

英版“无间道”

白金汉宫，咖啡摆好了，女王和美国总统谈话，《每日镜报》记者瑞恩·帕里假扮男仆，站在角落的窗帘旁边，目睹着这一切，并“见缝插针”，用手机给同事发着短信；《世界新闻报》的梅吉尔·马哈默德变换着各种身份和政客交朋友，和明星吃饭，甚至和足球队员勾肩搭背一起去妓院，然后，梅吉尔·马哈默德无情地“背叛”他们——名人吸毒、狎妓、婚外情见诸报端；白人警察飞扬跋扈，对亚裔警察口出恶言，BBC记者马克·达里身穿警服，头戴警帽，冷眼旁观，他悄悄地摁了一下胸口的“纽扣”，开始录像。

英国记者的卧底传统可以追溯到1885年。《蓓尔美街报》（*Pall Mall Gazette*）的主编威廉·斯特德（William Stead）用卧底方式揭露在英国维多利亚时代，购买雏妓是如何容易。威廉·斯特德假装赌徒，只花5英镑，便买了个13岁的小女孩。他的这篇卧底报道为报纸多赢得4000份的销量。不幸的是，因为细节描写过于“详细”，又在竞争报纸的起哄下，威廉·斯特德因非法买小孩，被判蹲两个月的监狱。不过，威廉·斯特德的目的达到了——揭露社会的丑恶现象，同时，增加了报纸的销量。自此，卧底新闻诞生了。

威廉·斯特德相信新闻的特殊力量。1886年，他在《当代评论》（*Contemporary Review*）上写道：“我是相对年轻的记者，但是我看到因为报纸的报道，内阁被激怒，大臣被迫退休，法律被修正，新官上任，战争被制止。”

一向爱憎分明的马克·达里主动请缨，到警方卧底。卧底的目的是：调查警方内部的种族歧视现象是否还存在。警察工作的特殊性，意味着警察要更公正、更平等地待人处事。而这种调查不能通过常规的采访实现。马克·达里认为：“只有在其他采访方式行不通的情况下，才选择卧底。”

从申请做警察受训生，到纪录片播出，他用了整整两年时间。那200多个卧底的日日夜夜，更是令人“心惊胆战”，马克·达里做梦都怕别人拆穿自己的身份。尤其是要偷拍，更增加了卧底的难度。如果摄像机的线露出来怎么办？如果有人突然检查警察的着装怎么办？如果“纽扣”摄像机被别人识别出来怎么办？一切都必须小心谨慎，一切都必须三思而后行。

另外的挑战是，马克·达里要背叛曾经和他一起泡吧，一起谈笑风生，信任他的朋友。对朋友的背叛是一生都无法弥补的遗憾。马克·达里回忆：“我已经是他们中的一员，他们告诉我他们的真实想法，他们认为我和他们一样。他们说笑话的时候，我也在傻笑。当我被关进监狱时，我开始想我的同事，那时候，他们应该已经知道被‘自己人’背叛了。”马克·达里再也没有去见那些“老同事”，生活继续向前。

《秘密警察》（*Secret Policeman*）播出后，英国首相托尼·布莱尔表示“很震惊”。曾经反对《秘密警察》播出的英国内政大臣戴维·布伦基特也赶忙改变立场，认为这部纪录片揭露的问题太可怕了。他向公众认错：“我曾经认为这部纪录片是BBC故意炒作，我错了，片中的内容让一切真相大白。”也就是说，马克·达里的卧底符合公众的利益——这也是记者卧底的合理动机。

马克·达里被保释出狱，警方也不再继续追究他的责任。英国柴郡的警官表示：凡是接受培训的新警察，在第一周里，都要观看《秘密警察》，接受反种族歧视的教育。

●崔莹面对面

英国媒体专家托尼·汉卡普（Tony Harcup）在著作《有道德的新闻记者》（*The Ethical Journalist*）中提到，近年来，英国最著名的卧底事件有两个：一个是《每日镜报》记者瑞恩·帕里在白金汉宫给女王做男仆；一个是BBC记者马克·达里潜入曼彻斯特警方

调查种族歧视事件。卧底事件平息后，瑞恩·帕里去了美国，担任《每日镜报》驻美记者，马克·达里继续留在BBC，制作纪录片。

马克·达里的工作地点在格拉斯哥，也就是BBC苏格兰总部所在地。位于克莱德河畔的BBC苏格兰总部大厦由英国著名建筑师戴维·齐帕菲尔德（David Chipperfield）设计，总投资7200万英镑，2007年9月20日正式启用。总部大厦和对面的“鸟蛋”形状的格拉斯哥科学中心交相辉映，成为克莱德河畔的亮丽风景。

马克·达里就在格拉斯哥出生、长大，是纯正的苏格兰人。从BBC苏格兰总部大厦可以看到他出生的医院，他的家。眼前的马克·达里有着同是苏格兰人的“福尔摩斯式”的清癯和敏捷，不过，与英国街道上通常是人高马大的警察则相去甚远。

用“纽扣”偷拍

马克·达里回忆：“1998年，曼彻斯特警方的总长官大卫·威尔摩特（David Wilmot）提到，他的队伍里存在种族歧视现象，他督促大家努力改正。我们用卧底的方式想查出，他们改正的进展如何，结果发现，他们失败了。”

记者：你看上去并不很强壮，怎么能够“过五关，斩六将”成为警察？

马克·达里：我看上去不强壮吗？我是三项全能冠军，如果考察体力，我不在话下。外表并不是卧底中最难的部分，最难的是思考，因为我同时在做两种工作。我是警察，同时我也是记者。我必须遵守规则，必须知道我能卧底到什么程度。我要小心，避免误害了别人；要谨慎，不做让BBC感到尴尬的事情；我要对我发现的问题进行拍摄，进行记录，我得确保所有的关节准确无误。

◎小贴士：《秘密警察》，曝光坏警察

2003年10月21日，BBC播出了一部名为《秘密警察》的纪录片，在英国引起轰动。该纪录片以第一手证据暴露了英国警方中存在的种族主义歧视现象。马克·达里作为受训生加入曼彻斯特警察局，并渗透进柴郡沃灵顿的布鲁奇警察培训中心几个月，直到他的身份暴露。由于涉嫌诈骗、破坏警方财物等，马克·达里被捕，后被BBC保释出狱。

片中的经典场面包括一名警官戴着一顶即兴制作的三K党头套，恐吓马克·达里同班的一名亚畜受训生，要把他打倒在地上；另一名警官对遭杀害的黑人少年史蒂芬·劳伦斯加以种族歧视的恶言。还有其他的用极端的辱骂及攻击来对待少数种族人群的现象，包括使用像“黑鬼”、“巴基佬”（Paki）之类的侮辱性称呼。

《秘密警察》播出当天，五名警官辞职，三名被停职。英国内政大臣戴维·布伦基特批评BBC这一节目的采访方法，并质疑BBC是在“制造”，而不是“报道”新闻。不过，他又强调，当务之急是如何在全国的警察部门里根除种族主义歧视现象，而不是追究这一报道是怎样采访的。英国的一些高级警官表示，警方计划自行派遣一些卧底到警察训练学校调查和报告种族歧视情况，同时批评BBC在播出《秘密警察》之前，没有把他们的发现告诉警方。马克·达里凭《秘密警察》一片获得2004年度皇家电视协会电视新闻奖的“最佳年轻记者奖”。

记者：做卧底，需要哪些方面的准备？

马克·达里：卧底之前，我接受了角色训练。我的上司假设了很多我有可能遇到的情境，考验我的应对能力。比如，如果我目睹警察对黑人出言不逊，种族歧视，我该怎么做？我应该去阻止，还是任其发生，只把这个过程偷拍下来？之后，为进入警察系统，我花了一年的时间。要填表，要申请，然后参加数学和英语考试，然后参加体力测试，然后进行医检、面试等。

记者：为“对付”医检，你做了近视眼手术？

马克·达里：是的，我的视力很差，通常我会戴隐形眼镜，但若当警察，你的裸视要达到一定的度数，我的视力达不到，于是，我做了激光矫正近视眼手术。我不得不隐瞒这一点，因为有规定：近视眼手术后的12个月内，当事人不可以申请当警察。我设法修改了病历，这是很严重的欺骗行为，也是后来我被逮捕的原因之一。

记者：医生也配合你“作假”？

马克·达里：没有。我请求我的GP（英国居民在住地附近的小诊所或社区医院登记的家庭医生，只要不是急诊，有病就由这名医生负责）帮我作假，但是他拒绝了。于是，我找到另外一名医生，我对她说谎，说我的父亲在部队工作，我随他到处旅行，我从来没有注册过医生。我给她一个表格，请她帮我填写。她就帮了我这个忙。

记者：做近视眼手术的费用由BBC承担？

马克·达里：不是，我自己承担。因为BBC可以找到视力更好的人卧底采访，我不想失去这个机会。BBC对这次卧底采访很支持，已经投入了很多。我自己支付近视眼手术的钱，算不了什么。

记者：你把摄像机藏在哪里？摄像机是BBC的吗？

马克·达里：我给防弹衣开了“天窗”，当我巡逻时，摄像机藏在我的防弹衣里；当我和同事聚会时，摄像机的镜头就是一个“纽扣”，摄像机的线顺着内裤，一直垂到我的裤裆位置，这里隐藏着摄像机的主体。我的内裤是特制的，很厚，具有支撑力。这个纽扣摄像机是我们租的。伦敦有很多偷拍器材店，在那里，可以找到各式各样的摄像机。BBC自己没有这类偷拍器材，因为涉及维护、修理，所以这项业务属于外包。

记者：卧底的时间如何决定？为何是7个月，而不是半年，或者一年？

马克·达里：接受培训的时间是5个月，跟老师实习10周，总共7个半月的时间，然后，新警察就可以独自巡逻了。我们决定卧底主要拍摄培训和实习的过程。结果，离我脱身还有两周，我就被意外逮捕了。

记者：在卧底过程中，你随时和BBC沟通？

马克·达里：一周一次。通常在傍晚，我和同事在停车场见面，我给对方录像带。

记者：卧底期间，你的家人知道你在干什么吗？

马克·达里：我的女朋友和我的弟弟知道，其他人都不知道。

◎小贴士：女记者卧底做主席秘书

2007年8月，《每日镜报》女记者艾米莉·米勒（Emily Miller）试图渗入保守党总部，结果不幸暴露身份，她被抓个正着。

25岁的艾米莉·米勒称以前在帮助印度儿童的慈善组织工作，她递交了申请，希望能成为保守党主席罗琳·斯贝尔曼（Caroline Spelman）的助手，该职位的年薪为4万英镑。她在申请材料中提到：她希望帮助英国保守党领袖戴维·卡梅隆打败戈登·布朗，赢得竞选。但是她真实的目的是在保守党内做卧底，了解保守党的竞选计划，帮工党赢得竞选。因艾米莉·米勒的工作经历丰富，个人能力强，她经过了几次面试，几乎赢得了这份工作。不过，突然的变故打破了她所有的计划。

艾米莉·米勒身份被暴露的直接原因是保守党人发现，她使用的邮箱地址和《每日镜报》有联络，而《每日镜报》是英国保守党的“死对头”英国工党的坚实联盟。进一步的调查发现，艾米莉·米勒原本就是《每日镜报》记者，她在个人简历中隐瞒了这一点。并且，她简历中提到的推荐人根本不存在。保守党人聘请的计算机专家还发现，她的简历是通过《每日镜报》的计算机发出的。

最初，艾米莉·米勒否认为《每日镜报》工作，但是当被问到“为什么你的申请材料是用《每日镜报》的计算机打印的”时，艾米莉·米勒无言以对。

◎小贴士：记者卧底，和女王“亲密接触”

《每日镜报》记者瑞恩·帕里（Ryan Parry）“潜入”英国白金汉宫（Buckingham Palace），在女王身边工作了两个月，却无人察觉。

2003年8月，瑞恩·帕里在白金汉宫的网站上看到了招聘男仆的启事，便前去应聘。他的工作简历上并没有提他在《每日镜报》做记者。他的两个推荐人，一个真实存在，一个造了假。经过简单的培训，瑞恩·帕里上了岗，他可以在白金汉宫的各个角落活动，无论是王室成员的卧室，还是餐厅、浴室。工作时，瑞恩·帕里的口袋里装着一个小型的照相机，趁人不注意，他就拍摄宫内的情景。没多久，瑞恩·帕里就有资格进入女王和亲王的餐厅了。餐厅的工作人员教瑞恩·帕里如何摆放女王和亲王的餐具，如何在早餐前将每天的报纸码好，放在餐桌的左边。瑞恩·帕里还有机会服侍随乔治·布什来访的美国国务卿柯林·鲍威尔（Colin Powell）用早餐。

其间，瑞恩·帕里还尽可能地了解英国各位王室成员的性格、脾气、爱好，并且如数刊登在报纸上。比如，伊丽莎白女王每天早晨都要喝麦片粥外加酸奶，并且在用餐后喝上一杯茶。用餐时，女王一半时间都用来逗狗玩，餐桌上绝大部分烤面包片最后都让桌下的小狗吃了。安德鲁王子是王室内脾气最暴躁的一个人。王子的口头禅是"滚开"，并经常大骂仆人。安德鲁王子的枕头上印着"吃饭、睡觉、再婚"三个单词，他的床边到处都是玩具熊和玩具猴子。

在整整两个月时间内，没有任何人对瑞恩·帕里起过疑心，直到瑞恩·帕里《白金汉宫见闻》的特稿发表。瑞恩·帕里表示："如果我是恐怖分子的话，有太多可以下手的机会了。"这次卧底揭露了英国王室存在严重的安全漏洞。

瑞恩·帕里和女王的"亲密接触"激怒了英国王室。白金汉宫发言人表示将考虑诉诸法律，起诉《每日镜报》泄露王室机密。对于王室的安全漏洞，英国政府也感到十分尴尬。托尼·布莱尔首相责令安全委员会对白金汉宫的安全状况进行全面检查。

我"出卖"了朋友

离马克·达里"安全撤离"只剩两个星期了，马克·达里走在回公寓的路上，突然，一群来自内部事务部的官员将他团团围住。因三项"罪证"，马克·达里被逮捕：一是申请简历造假，二是骗警方的工资，三是破坏警方的财物——防弹衣被他开了个洞，搁进微型摄像机。

记者：你们为什么选择曼彻斯特警察局卧底，而不是你身边的格拉斯哥警察局？

马克·达里：曼彻斯特警察局有过种族歧视的先例，这是我们作卧底调查的原因。BBC的记者不是想去哪里卧底，就能去哪里卧底，首先要有证据。和BBC的电视节目《流氓推销员》（*Rogue Traders*）一样，你需要卧底的原因。卧底是记者可以求诸的最后的方式，并且，只有在通过其他渠道无法获得证据的情况下，才去作卧底调查。

◎小贴士：记者扮老太，曝光“流氓推销员”

从2001年开始，调查性节目《流氓推销员》在BBC播出。调查性报道记者马特·欧莱特（Matt Allwright）和丹·潘泰斗（Dan Penteado）打扮成普通的消费者——通常是孤独的老太太，和上门的推销员周旋。整个过程被秘密拍摄，作为曝光没有职业道德、欺老骗小的推销员的证据。在节目中被曝光的对象包括安装双层玻璃窗的公司、二手车贩、煤气工、机械工、管道工、屋顶维修工等。

节目中，马特·欧莱特和丹·潘泰斗身穿摩托车服，开着黑鸟牌摩托车，从一处曝光地点赶到另外一处曝光地点，行色匆匆。2008年8月2日，6集的《流氓餐馆》（*Rogue Restaurants*）播出，马特·欧莱特和丹·潘泰斗对英国的餐馆暗访和秘密拍摄，曝光餐馆中的违法现象和安全隐患。

记者：在英国，人人都有偷拍的权利吗？

马克·达里：对BBC的记者而言，必须得到BBC的允许。BBC有一个部门，专门根据律师建议和BBC的编辑政策，考虑是否允许你进行卧底偷拍。

记者：有被拒绝的时候吗？

马克·达里：很多。那个部门的负责人会说，你的证据不足——无目的、无指导性的调查不被允许。你不得不收集更多的证据，采访更多的人，再来申请卧底许可。

记者：那你如何获得证据？关于曼彻斯特警察局种族歧视的举报如何而来？

马克·达里：我们掌握了一份警察局的内部材料，材料显示：曼彻斯特警察局没有聘请足够的黑人，或者其他有色人种加入警察队伍。背后原因是什么？所以我们开始关注这个题目。

记者：怎么会暴露身份？是你不小心？

马克·达里：我没有出错，是BBC的人“泄了密”。当时我很生气，整个团队也很生气，因为我还没有作好要“撤”的准备。我打算做的是，两周后，悄悄地辞职，说因为我家庭的原因等等。这样，我们可以有三四个月的时间编辑我偷拍到的东西。但是因为我被逮捕，新闻报道沸沸扬扬，几乎所有人都知道我们在干的事情，警察局给我们施加了很大的压力，我们不得不用很短的时间编辑这部片子，这并不是我们的计划。

记者：警察以什么理由逮捕你？

马克·达里：BBC给我发工资，警察局也给我发工资，这是我被逮捕的主要原因。他们把我关进监狱，指控我骗钱。实际上，警察局发给我的工资都存在另外的账号上。7个月后，我把这些钱如数归还，并且额外支付了警服的费用、培训的费用。

记者：你在监狱里关了多久？

马克·达里：就一天。BBC将我保释出来。我被逮捕，但是没有被指控。3个月后，我回到警察局，看他们是否将对我进行指控。结果，他们没有对我进行指控，因为那时《秘密警察》已经播出，在社会上引起很大的反响，公共舆论对我们有利。

记者：之后，警察一定对你“恨之入骨”？

马克·达里：他们肯定不会给我邮寄圣诞节贺卡。后来，我继续制作有关警察的电视节目，但不再是卧底。

记者：在7个月卧底中，最大的遗憾是什么？

马克·达里：在7个月的时间里，我认识了很多朋友，他们把我当朋友，很信任我，他们告诉我很多事情，我却把这些过程都偷拍下来，然后，我“出卖”了他们。他们因此丢掉了工作，失去了经济来源，失去了家庭。这令我感到很难过。即使这些人不适合穿警服，不配当警察，我从情感上，不希望看到这样的结局。

记者：这些受“牵连”的人很不幸运。你们是否考虑为对方的身份保密？

马克·达里：他们不幸，他们也是坏警察。在电视片中，我们并没有通过打“马赛克”等方式，掩饰对方的身份。因为他们的行为是违法的、反社会的，我们应该曝光。他们的种族歧视行为毁掉了他们的工作，我，恰好记录了这一切。

记者：据说，这次卧底采访的成本巨大，钱都花在了哪些方面？

马克·达里：拍摄器材，制片人，导演，制片助理，我的住宿，我的日常支出，总共是40万英镑左右。

报道“石棉害死上万人”

《秘密警察》播出后，10名警官相继辞职。警方内部也开始大整顿，严厉杜绝种族歧视现象再次发生。并且，在警官培训的第一周，培训内容之一就是观看《秘密警察》——不过这样做也有副作用，所有警察都牢牢记住了马克·达里的面孔。马克·达里的卧底生涯就此告一段落。他认为，这样惊心动魄的卧底，一生有一次足矣！

记者：能介绍一下你的成长经历吗？

马克·达里：1974年，我出生在格拉斯哥的“女王母亲医院”（Queen Mother Hospital），我在克莱德班克长大。克莱德班克是一个专门制造船的小镇。我爸爸就是造船师。我有两个姐姐，两个哥哥。我在斯特灵大学学习了电影和媒体专业，然后在斯特莱斯克莱德大学（University of Strathclyde）拿到新闻硕士学位。毕业后，先在家乡的地方报《克莱德班克邮报》（*Clydebank Post*）做记者，然后去了《苏格兰人》报纸工作，再后来，来到BBC。

记者：你为什么选择做记者？

马克·达里：我希望自己能够影响、改变一些事情，这是激励我做记者的原因。比如不公正，一个人没有杀人，却被冤枉入狱，我希望能够帮助他；比如不平等，无论是出现在警察局系统内还是其他地方，我希望能够揭露报道这些现象；比如腐败，我期待贪官得到应有的惩罚。

记者：硕士毕业时，你的结业作业是什么？

马克·达里：一部纪录片。20世纪70年代，政府要关闭克莱德班克的造船厂，解聘工人。结果，工人接管了造船厂，摆脱政府的管理。这样运营了10个月后，政府妥协，同意船厂继续开放。这件事情具有历史意义。这部纪录片的灵感来自我的父亲，他是其中一员。

记者：你父亲很支持你的工作。

马克·达里：当然，他以我为豪。

记者：1999年，你被评选为年度英国传媒奖的“年度年轻记者”（Young Journalist of the Year），是因为哪篇报道？

马克·达里：当时，我在《克莱德班克邮报》工作。我发现，人们在造船的时候会使用石棉，石棉是一种矿产，对人们的肺有害。30多年来，这种矿物导致成千上万接触过它的人患病去世。就像我的父亲，他造了50多年的船了，他就得了肺炎。我对此事进行了调查，发表了一系列文章。当时我工作的报纸虽然是地方报，读者也只有1万左右，但这个新闻是大事。

记者：你总是善于发现“大新闻”，是因为运气好吗？

马克·达里：我工作很顺利，我不会放过我认为有价值的任何线索。如果我感觉哪里有腐败，有不公正，我一定会追查到底。

记者：因为卧底事件，你也被曝光了，所以不能够再卧底了。

马克·达里：是的，我肯定要寻求其他方向的发展。《秘密警察》卧底，改变了我的命运，这样的卧底，一生中有一次，就足够了。

记者：如同真爱，一生一次，足矣！

马克·达里：对，是这样。

前女友也是卧底记者

有意思的是，马克·达里的前女友安娜· 亚当斯也是英国著名的卧底记者。在BBC伦敦总部，我和她有过一面之缘。根据两人的卧底时间判断，安娜· 亚当斯一定是受了马克·达里的启发。马克·达里对前女友念念不忘，并对她的卧底成果给予了很高的评价。

记者：除了《秘密警察》，你还进行过其他卧底采访吗？

马克·达里：关于售卖毒品的。我假装是买毒品的人，或者是毒品交易商，那次暗访只有一两天。那次暗访比警察卧底要危险。当时，在格拉斯哥最乱的地方，我带着很多现金，买毒品，交给警察。为了看上去像吸毒者，我一晚上不睡觉，两眼通红，穿得破破烂烂；为了看上去像毒品交易商，我会穿上昂贵的衣服，戴金表。

记者：你怎么知道吸毒者和毒品交易商的模样？是从电影中得到的启发？

马克·达里：因为我接触了很多吸毒者和从事毒品买卖的线人。看看他们，你就知道该怎样“表演”了。

记者：做卧底的目的是什么？

马克·达里：抓住那些坏人。我“买”了10多次毒品。每次买完，我马上给警察打电话，警察赶到，我把毒品交给警察，警察拿到证据后，去逮捕那些毒品贩子。

记者：做卧底最大的挑战是什么呢？

马克·达里：心理上的压力。比如，如果犯了错怎么办？如果把事情搞砸了怎么办？如果摄像机的线露出来怎么办？如果你和电视台的制片人对话被窃听了怎么办？

记者：你认为英国最成功的记者卧底调查有哪些？

马克·达里：BBC播出过一期《告密者》（*Whistleblower*），节目中，一个名叫安娜·亚当斯（Anna Adams）的英国女孩，打入房产中介，卧底调查卖房子。这次卧底非常成功。安娜·亚当斯也是我卧底《秘密警察》时的女朋友。另外，一名记者混入英国国家党（British National Party）的卧底调查也非常成功，那次卧底揭露的是对方法西斯般的作风。

◎小贴士：记者卧底，揭房产经纪公司“猫腻”

2006年3月21日，调查性新闻报道《秘密房产经纪人》在BBC的固定节目《告密者》中播出。片中，BBC记者安娜·亚当斯和艾玛·克拉克（Emma Clarke）在伦敦5家不同的房产经纪公司卧底8个月，曝光房产经纪公司的欺诈行为。

房产经纪公司的老板劝说一对年轻的夫妇相信——一套被高估6万英镑的公寓货真价实，而实际上老板在公司的账上做了手脚；为卖掉房子，房产经纪人不仅为客户提供房子和银行贷款，还为客户办理“假护照”；如果房东暂时不在，房产经纪人便伪造房东的签名，伪造签名几乎就是房产中介的“家常便饭”；房产经纪人可以获得提成，在成功劝说一退休员工多花5万英镑购买一套房产后，房产经纪人获得的提成是1万英镑。

《秘密房产经纪人》在社会上引起轰动，也引起了国会议员的关注和辩论。自由民主党议员理查德·扬格·罗斯（Richard Younger-Ross）质问英国内政大臣：为什么警察不对BBC报道的房产经纪公司的欺诈行为进行调查？

记者：你一定也喜欢侦探小说、侦探电影，哪部小说或者电影对你的影响最大？

马克·达里：电影《忠奸人》（*Donnie Brasco*），其故事原型是20世纪70年代，联邦调查局侦探约瑟夫·D.皮斯通（Joseph D.Pistone），成功渗入邦伦洛（Bonanno）黑帮家族，打探黑手党的犯罪事实。

◎小贴士：《忠奸人》，侦探卧底黑手党家族

电影《忠奸人》获得1997年奥斯卡电影金像奖的提名，该片导演是迈克·纽维尔（Mike Newell），由阿尔·帕西诺（Al Pacino）和约翰尼·德普（Johnny Depp）主演。电影改编自约瑟夫·D.皮斯通与理查德·伍德利（Richard Woodley）携手所著的《唐尼·布拉斯科：我在黑手党的卧底生活》（*Donnie Brasco，My Undercover Life In The Mafia*）一书。

为了对付黑社会，联邦调查局的探员乔·皮斯顿（约翰尼·德普饰）不得不告别妻子和三个女儿，化名唐尼·布拉斯科打入黑帮鲁吉罗家族卧底。为了取得帮派内部成员的信任，唐尼·布拉斯科在头目“老左”（阿尔·帕西诺饰）的带领下，参加了一系列的犯罪活动，也逐渐掌握了他们的犯罪证据。然而，长时间的相处中，“老左”对唐尼·布拉斯科信任有加，唐尼·布拉斯科也见识到“老左”温情的一面，慢慢地对他产生了敬佩之情，彷徨不定，不再向上级及时汇报情况；同时，由于卧底工作的特殊性，唐尼·布拉斯科极少和妻女见面，家庭生活濒临崩溃。此时，帮派内部的仇杀开始了，“老左”的上级黑桑为铲除异己，掀起了一场腥风血雨。唐尼·布拉斯科也将面对或“忠”或“奸”的抉择。

记者：英国著名的卧底记者之一是《世界新闻报》的“假教长”（fake sheikh）梅吉尔·马哈默德（Mazher Mahmood），你怎样看待他？

马克·达里：他通常卧底调查的是名人，比如模特吸毒等，很不错，但不是我感兴趣的。并且，他经常让自己陷入麻烦的境地。有时候，他的证据不足。BBC的要求很多，我们能做什么，不能做什么，要求很严格。

◎小贴士：“假教长”梅吉尔·马哈默德

《世界新闻报》调查性报道记者梅吉尔·马哈默德已经把234名罪犯送上了法庭，其中包括娈童癖者、造假者、诈骗犯、俄罗斯的黑手党成员等。他报道了英国文化大臣戴维·米勒（David Mellor）的婚外情，葬送了对方的政治前途；他指控预谋绑架大卫·贝克汉姆和维多利亚·贝克汉姆的黑帮团伙，自己却因证据不足输了官司；他父母位于伯明翰的公寓被暴徒洗劫一空；他现在的住所处于严密的保护之下；他出入皆有保镖……

梅吉尔·马哈默德出生于伯明翰，16岁时，他就有了“敏锐”的新闻嗅觉。有一天，梅吉尔·马哈默德的父母邀请朋友到家里做客。席间，对方谈到最近在从事的一个赚钱的买卖——制作、售卖盗版电影录像带。梅吉尔·马哈默德偷偷溜进自己的卧室，打电话给《世界新闻报》的调查性报道记者雷·查普曼（Ray Chapman），说：“我有一个重大新闻要告诉你！”《世界新闻报》同意支付他的交通费和住宿费，梅吉尔·马哈默德来到了伦敦。之后的6个星期，梅吉尔·马哈默德和雷·查普曼一起调查这个事件。伯明翰电视台也对此事件进行了报道。梅吉尔·马哈默德回忆：“我的父母快要被我气疯了，他们要把我赶出家门，很久之后，此事才平息。”

两年后，梅吉尔·马哈默德开始在《星期日泰晤士报》做记者。因为他的“亚洲面孔”，他很容易就和童工、非法移民打成一片，他获得了很多重要的线索，他的报道陆续将犯罪分子送上法庭。

到《世界新闻报》之后，梅吉尔·马哈默德如鱼得水。因为经常装扮成伊斯兰教教长的样子，以博得“目标”的信任，他赢得了“假教长”的外号。

梅吉尔·马哈默德“袭击”的政客无数。梅吉尔·马哈默德报道，英国文化大臣戴维·米勒的情人是演员安东尼亚·德·莎姗（Antonia de Sancha）；环境大臣蒂姆·约（Tim Yeo）有私生子；政府督导员迈克·布朗（Michael Brown）是同性恋，和20岁的男子约会（英国法律规定：同性恋的合法年龄为21岁）。

因报道纽卡斯尔足球俱乐部老板雷迪·谢波德（Freddie Shepherd）和道格拉斯·霍尔（Douglas Hall）逛妓院，嘲笑球迷，称纽卡斯尔的女人是“狗”，梅吉尔·马哈默德赢得年度英国传媒奖的“年度记者”称号。梅吉尔·马哈默德发现足球队员约翰·班尼斯（John Barnes）有两个不同的情人，伊恩·怀特（Ian Wright）也有情人。

梅吉尔·马哈默德还报道过哈里王子吸毒，演员约翰·奥尔福特（John Alford）提供可卡因，演员詹姆斯·内斯比特（James Nesbitt）、滚石主唱米克·杰格（Mick Jagger）和舞蹈家里昂娜·布莱尔（Lionel Blair）通奸。

记者：你最佩服的记者是谁?

马克·达里：约翰·皮尔格和西摩·赫什（Seymour Hersh）。

◎小贴士：高产调查报道记者约翰·皮尔格

1939年10月9日，约翰·皮尔格出生于澳大利亚悉尼，后在英国生活，是在世界上享有广泛知名度的记者、作家、纪录片制片人。到目前为止，英国总共有两位记者两次获得英国传媒界的最高奖年度英国传媒奖的“年度记者”称号，约翰·皮尔格是其中之一。

约翰·皮尔格在悉尼男子高中读书时，就开始参与创办学生报《消息》（*The Messenger*）。1958年，他开始在《悉尼太阳报》工作，之后到《每日电讯报》工作。20世纪60年代，英国《每日镜报》雇用了约翰·皮尔格。自此，他定居伦敦。约翰·皮尔格先后赴越南、柬埔寨、埃及、印度等国家，完成大量的战地报道。约翰·皮尔格是高产的新闻工作者，除了新闻报道，他拍出了50多部纪录片。尤其是他拍摄的纪录片《零年》（*Year Zero*），揭露了柬埔寨的“红色高棉”暴政，在全世界引起轰动。约翰·皮尔格获奖无数，他的纪录片获得“无国界记者”大奖、艾美奖、英国的电影电视艺术学院颁发的“查理·伯丁”奖等。2003年，约翰·皮尔格因在倡导人权方面的贡献，获得“苏菲奖”（Sophie Prize）。

约翰·皮尔格是典型的左派理想主义者，他对美国的外交政策深恶痛绝。他认为：“全世界哪个国家训练的恐怖分子最多？就是美国。”他指出如何判断乔治·布什什么时候开始说谎，就是在布什嘴巴开始动的时候。

◎小贴士：西摩·赫什，报道总统召妓

西摩·赫什是美国著名的调查性新闻报道记者，美国普利策新闻奖获得者。他目前定居华盛顿，为《纽约客》杂志撰写军事、安全方面的文章。

1937年4月，西摩·赫什出生于芝加哥一个犹太家庭，毕业于芝加哥大学。1959年进入城市新闻局当记者，1961年与人合办报纸，因经营不善很快关门。接着他去了美联社，1966年，他被提拔为专跑五角大楼的记者。

3年后，因报道米莱村大屠杀事件，他一举成名。西摩·赫什从五角大楼的线人处获悉，一名越战军官因杀害平民将被送上军事法庭。他马上找到这名羁押中的军官，确认了一个骇人听闻的事实：1968年3月16日，美军一个连队进入越南广义省的米莱村，开始了持续几个小时的大屠杀，整个村子109名村民无一幸免。1969年11月12日，西摩·赫什在《圣路易报》发文《在米莱：我们发疯了》揭发了这场大屠杀。第二天，36家媒体争相转载，引起大规模反战游行，最终导致美国从越南撤军。西摩·赫什说，他只不过让美国人意识到，他们的孩子在一个遥远的地方变得和纳粹一样凶残。

随后他找到参与屠杀的其他士兵，在《圣路易报》上刊登了他们的故事，并结集成书《米莱四号：对一场大屠杀和其后果的报道》（*My Lai 4*：*A Report on the Massacre and Its Aftermath*）。因该系列报道，西摩·赫什赢得1970年普利策新闻奖的“国际报道奖”。

1972年，西摩·赫什进入《纽约时报》。他说和官员共进午餐时，听的全是谎言，对方总以尸体数量来衡量军事业绩，这使他越来越反对战争。1997年西摩·赫什推出著作《坎姆勒特官的阴暗面》（*The Dark Side of Camelot*），告诉国人他们喜爱的总统竟然召妓、暗杀，还与黑手党有染。2004年，他披露副总统迪克·切尼（Dick Cheney）和国防部长唐纳德·拉姆斯菲尔德（Donald Rumsfeld）为入侵伊拉克，绕过中情局正常的情报分析，为开战寻找莫须有罪名。此后又发表系列文章揭露美国在伊拉克近郊设立的阿布格莱布监狱（Abu Ghraib prison）虐囚事件。凭借对阿布格莱布监狱虐囚丑闻的出色报道，他第五次摘得“乔治· 波尔克（George Polk）新闻工作者奖”。他还揪出虐囚丑闻背后指使者唐纳德·拉姆斯菲尔德。2006年，他报道了美国对伊朗的军事计划，据称，计划中提到要对伊朗使用核武器。2008年，他报道了美国对付伊朗的所谓的“隐蔽行动”战略（Covert Action Strategy）。

西摩·赫什被军方看成是“新闻界中的恐怖分子”。他的朋友默里·瓦阿斯评价他：“他常常像狼一样嚎叫着，深入到世界的最黑暗处，尽可能地睁大眼睛，以看清肮脏的人性。”

调查“恐怖分子”

马克·达里对调查性报道的将来忧心忡忡。幸运的是，目前，BBC很支持他制作的节目。马克·达里可以继续实现自己报道正义，对抗邪恶的理想。

记者：你还制作过哪些电视节目？

马克·达里：《草率处罚》（*Rough Justice*）的电视节目做过两期：一个名叫《没有痕迹的谋杀》（*Murder Without a Trace*），一个名叫《杀死史蒂芬·劳伦斯的男孩》（*The Boys who killed Stephen Lawrence*）。然后，我制作了关于变童癖者的纪录片《英国在紧急缉拿的变童癖者》（*Britain´s Most Wanted Paedophiles*）；关于警察腐败的《腐败的警察：最尴尬的真相》（*Corrupt Cops：the Inconvenient Truth*），调查曼彻斯特警察局是否有改观的《秘密警察归来》（*The Secret Policeman Returns*）。

记者：你为什么制作了这么多关于警察的电视节目？为什么对警察这么感兴趣？

马克·达里：从卧底《秘密警察》开始，我似乎就和警察“干”上了。其实我更感兴趣的是“正义和非正义”。如果警察不做好自己的工作，就很有可能造成很多的冤假错案。

记者：你目前在调查哪些方面的问题？

马克·达里：我在做一期关于格拉斯哥机场恐怖袭击的节目。我们试图调查那些恐怖分子的背景，了解是什么把他们变成了极端分子。

记者：这些信息如何取得呢？从警察局吗？

马克·达里：警察是渠道之一，也可能是从法庭上获得。一些公共文件，和线人交谈等，都是获得信息的重要渠道。

记者：你如何看待调查性新闻报道的前景？

马克·达里：调查性新闻报道的成本比较高，因为要花很长的时间，并且，谁也不能保证调查一定有效，一定能够成功。所以很多媒体就少了耐心，少了进行调查性新闻报道的热情。报纸基本上取消了高成本的调查性新闻报道。电视呢？BBC砍掉了《草率处罚》栏目。调查性新闻报道越来越少，只剩下BBC的《全景》（*Panorama*）、Channel4的《出发》（*Dispatches*）。但是，腐败永远存在，贪婪的人永远存在，坏人永远存在，总有故事可写，可以报道，谁掏钱支持这类报道呢？

◎小贴士：《出发》，揭发清真寺院内的暴力

《出发》，1987年开始在英国4频道播出的时事类新闻调查节目。内容涉及社会、政治、宗教、国际关系、环境等。

播出过的备受争议的报道包括《清真寺卧底》（*Undercover Mosque*，2007年1月15日播出）。记者用一年的时间，对英国境内大大小小的清真寺进行暗访，秘密拍摄，曝光清真寺院内的犯罪现象。例如，伊斯兰教布道师对同性恋者使用暴力，恶意讽刺等。《拯救“中邪”的非洲孩子》（*Saving Africa's Witch Children*，2008年11月12日播出）讲述的是在非洲尼日利亚三角洲，很多孩子被视为中了邪，被家庭、社区抛弃，他们被暴打、折磨，甚至被杀害。节目指出，造成这种局面的原凶是非洲的传统信仰和极端的基督教五旬节派（Christian Penticostal Groups）。

◎小贴士：《全景》，偷拍足球俱乐部交易

《全景》，1953年11月11日在BBC首播，是英国播出时间最长的电视时事节目。它提供新闻报道、大量分析和部分调查；它的决策人总是小心翼翼，因为他们的节目在政客眼中代表了BBC的意见。无论何时，只要某事成为公众关心的重大事件，成为“公众视野中有争议的问题”，《全景》就会对它进行报道，如移动电话的奥秘、转基因食品、就业母亲，或脑膜炎等。

在《全景》中播出的著名卧底报道包括《养老金大赌博》（*The Great Pensions Gamble*，1996年）。节目中，为了解哪些公司在进行不恰当的推销，报道组将一架摄像机偷偷地放在一所公寓里，一名记者假扮成顾客，让不同公司的推销员向他推销。《足球场上的肮脏秘密》（*Football's Dirty Secrets*，2006年）“偷拍”的是英国足球俱乐部之间违反足球协会（Football Association）章程的交易。比如，朴茨茅斯足球俱乐部（Portsmouth F.C）的经理哈里·德雷克那普（Harry Redknapp）和足球队员经纪人彼得·哈里森（Peter Harrison）秘密会谈，商议购买布莱克本流浪队（Blackburn Rovers F.C）队长安迪·托德（Andy Todd）；切尔西足球俱乐部的青年发展部总监弗兰克·阿内森(Frank Arnesen)提供15万英镑的好处费，吸引米德尔斯堡足球俱乐部15岁的中场纳特·波利特加入切尔西足球俱乐部等。

记者：媒体倾向投资相对较少，回报高的节目？

马克·达里：对，比如有一档节目是关于如何训练狗的，这档节目的成本不高，而且肯定能播出，这样的节目有保障，BBC就喜欢这类节目。或者是针对某个“小目标”的调查，比如一家旅游公司、一个餐馆等，这样的节目很“安全”，成本也低。

记者：如果请你推荐适合卧底记者、调查性新闻记者读的书，你会推荐哪本？

马克·达里：约翰·皮尔格的《别对我说谎：调查性新闻报道及其战果》（*Tell Me No Lies：Investigative Journalism and its Triumphs*）。

□推荐阅读

《别对我说谎：调查性新闻报道及其战果》（*Tell Me No Lies: Investigative Journalism and Its Triumphs*）

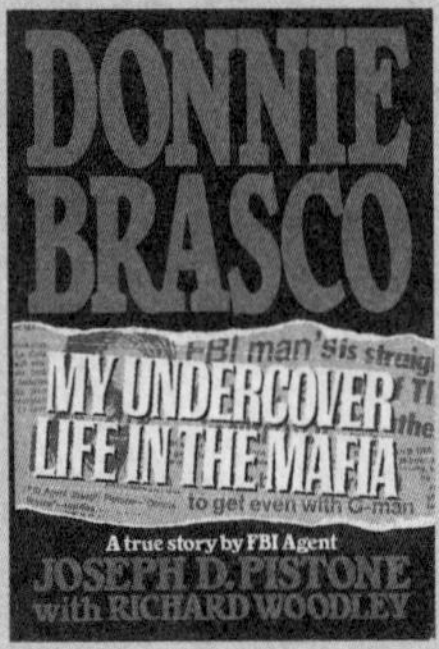

书中收集了60多年来，世界上最优秀的调查性新闻报道记者的作品。包括西摩·赫什（Seymour Hersh）报道的米莱村大屠杀事件（My Lai Massacre），保罗·福特（Paul Foot）在洛克比（Lockerbie）的卧底采访，第一个在原子弹爆炸后进入广岛采访的西方记者威尔弗雷德·贝却敌（Wilfred Burchett），以色列《国土报》女记者阿米拉·哈斯（Amira Hass）从加沙地带发回的报道，伟大的德国卧底记者君特·瓦尔特夫（Günter Wallraff），杰西卡·米特福特（Jessica Mitford）的“美国的死亡方式”，玛莎·盖尔霍恩（Martha Gellhorn）报道的达豪集中营（death camp at Dachau）的援救等。

该书书名针对的是特定的对象：国家、政府、跟联合国同等级的庞大的权力机构、企业、制药厂等，还有媒体。媒体不要受国家政府以及企业的宰制而有意无意地歪曲事实，否则，媒体工作者就无法尽到自己的天职。

第6章

克里斯蒂娜·拉姆：我到哪里，哪里就有坏新闻发生

■ 自费做了战地记者

■ 在汽车爆炸中幸免于难

■ 被恐怖分子绑架两天

■ 要让大家知道真相

新闻实务涉及

★ 如何进行细节描写？

★ 战地记者所面临的危险。

★ 在过去的20年里，战地报道发生了哪些变化？

★ 在阿拉伯国家采访的秘诀是什么？

★ 为什么女性记者具有采访优势？

★ 采访中，如何施展女性的独特魅力？

★ 建议战地记者读的书。

□记者档案

克里斯蒂娜·拉姆（Christina Lamb）

生　　日：1966年5月15日

身　　份：《星期日泰晤士报》驻外记者、战地记者，同时为《金融时报》、《星期日电讯报》、《纽约时报》、《旁观者》杂志、《时代》杂志写稿。

获得奖项：1988年年度英国传媒奖“年度记者新秀”、1991年年度英国传媒奖“年度记者”、1992年大赦国际（Amnesty International）颁发的“期刊写作”奖、2002年年度英国传媒奖“年度驻外记者”、2002年驻外记者协会颁发的“战地报道”奖、2002年“报纸说什么”新闻奖“年度驻外记者”、2003年新发现作家奖（The Barnes & Noble Review From Discover Great New Writers）提名、2006年玛莎·盖尔霍恩（Martha Gellhorn）新闻奖提名、2007年“报纸说什么”新闻奖“年度驻外记者”、2007年年度英国传媒奖“年度驻外记者”等。

著　　作：《等待阿拉：巴基斯坦的民主抗争》（*Waiting for Allah: Pakistan's struggle for democracy*）、《非洲的房子：一个英国绅士和他的非洲梦》（*The Africa house: the true story of an English gentleman and his African dream*）、《赫拉特的缝纫圈：我在阿富汗度过的岁月》（*The sewing circles of Herat: my Afghan years*）、《石头屋：在津巴布韦战争中失散的一家人的真实故事》（*House of stone: the true story of a family divided in war-torn Zimbabwe*）、《小战争的允许：从异国他乡的土地出发》（*Small Wars Permitting: Dispatches from Foreign Lands*）。

●记者印象

用心讲故事的战地女记者

“再见，”狐狸对小王子说，“这是我的秘密，非常简单的一个秘密：用心才能看得到，只用肉眼是看不到的。”这段文字出自法国作家安托万·德·圣-埃克絮佩里（Antoine de Saint-Exupéry）的著作《小王子》，也是克里斯蒂娜·拉姆新作《小战争的允许：从异国他乡的土地出发》的导语。

克里斯蒂娜·拉姆的文字充满了激情，充满了力量，充满了诗意，在见到她的一瞬间，我从她的淡淡的微笑中，感受到了她的执著和深情。

21年前，来自巴基斯坦前总理贝·布托（Benazir Bhutto）的婚礼请柬改变了克里斯蒂娜·拉姆的命运，那次远行激发了她骨子里爱探险、爱流浪的力量。她很天真、直率地请求《金融时报》的主编让她做他们的驻外记者——“只付我稿费就行！”她出发了。

但是，还是很难想象眼前这个高挑、清秀、贤淑、优雅的女子，在阿富汗坎大哈的街道上被俄罗斯的坦克追赶，那时，对方扔来的砖头恰好砸在她的车窗上；在西非，一群喝得醉醺醺的、红眼睛的流浪儿给她带路；她曾半夜被巴基斯坦情报署的人绑架；她曾在汽车爆炸中幸免于难；她曾置身于伊拉克的战火中，子弹贴着她的耳朵蹿过……克里斯蒂娜·拉姆说：“我身边总有人死去，而我一直幸存着，一定是天护神佑。”

克里斯蒂娜·拉姆从来都没有过什么疯狂的想法——她不喝酒，不吸毒，她有疼爱她的父母，她是可爱的、卷着发的小男孩的妈妈，她有深爱她的葡萄牙丈夫，有亲密的朋友。她没有理由抓起防弹衣、头盔、医药箱、卫星电话，一次次奔赴危险的战场。

是为了寻找真相？是为了揭露那些罪恶与不公正，让世界变得更美好？连她自己都承认，“文字没有那么大的力量，否则，罗伯特·穆加贝（Robert Gabriel Mugabe）就不会继续当津巴布韦的总统了”。

她想告诉你的是，当她是个小女孩的时候，她喜欢读罗伯特·路易斯·史蒂文森（Robert Louis Stevenson）的诗歌，她会把床单挂在两根晾衣绳上，搭起一扇通往远方的门，她会爬到邻居的苹果树上，远眺“外国的土壤”；她可以告诉你的是因为贪玩，她错过了晚班火车，但她“面不改色”地换了好几班夜班汽车回家；她可以告诉你的是她喜欢海明威，她想去西班牙斗牛，想在非洲的绿色的山顶上看风景，想在哈瓦那的酒吧喝古巴鸡尾酒。

也许答案藏在迪拜的二号航站楼，这里的飞机飞往的是那些动乱的地方。比如巴格达、喀布尔、摩加迪休，航班的名字你也从来没有听说过，有些航班甚至被人描述为“飞行着的棺材”——亚历山大大帝曾经用希腊语“波拖斯”（pothos）形容他从未停止的到“新的地方”的渴望，克里斯蒂娜·拉姆也喜欢这样的感觉。

除了冒险，除了难忘的经历，她深深地爱上了她去过的土地和那里的人们。她感兴趣的是那些从来没有人讲过的故事，从来没有人去过的地方。艰难、险阻、疾病、战争都不能阻止她，她乘坐独木舟，沿着亚马逊热带雨林，寻找与外界隔绝的土著印第安人；她混入人贩团伙，调查狂欢节的幕后丑闻；为了拯救无辜的流浪儿，她极力和当地政府抗争。

在求索不止的路上，克里斯蒂娜·拉姆的文字也透露出淡淡的忧伤——她的细腻、敏感、惆怅感人肺腑，会让人泪流满面。她欣赏海明威简洁准确的用词，但这并不影响她带着情感写完所有的文字。

别人称克里斯蒂娜·拉姆是勇敢、无畏的战地记者，而克里斯蒂娜·拉姆表示，她只想做一个用心去讲故事的人。“对我而言，战争中真正的故事并非是‘砰砰’的枪声，而是在战火中渴望生存的普通人的故事。”

●**崔莹面对面**

“我很高兴接受你的采访，不过，我这个月在阿富汗，下个月在伦敦待3天”；“抱歉啊，我临时要去巴基斯坦采访大选，周六的飞机，下周三回，我们不得不重新约见面时间”；“我最近三周在葡萄牙”；“我今天早上刚回到伦敦，你下午2时左右能来我家吗？”；“晚上6时之后怕是不行，我要去学校参加儿子的家长会”；“明天早上11时要去摄影棚，明天下午要去牛津大学”……和“空中飞人”约采访，约中的几率稍高于摸彩票中奖。几经周折，我终于在2008年10月15日见到了克里斯蒂娜·拉姆。采访在伦敦帕丁顿火车站附近的Costa咖啡店里进行，一小时后，她要乘火车到牛津大学作报告。

眼前的克里斯蒂娜·拉姆和我想象的完全不一样！我几乎惊呆了——她丝毫不带风尘，举止从容不迫，没有想象中那般雷厉风行，她安静、优雅、美丽、温柔、时尚，并且始终面带微笑，始终注视着你的眼睛。

她的神情，她的气质，让我想起了一个人——戴安娜王妃。

阿富汗是我的“初恋”

在《小战争的允许：从异国他乡的土地出发》中，克里斯蒂娜·拉姆写道：“我的22岁生日是在阿富汗白沙瓦的一家烤肉店里度过的。我的面前有蛋糕，有烤肉，有一根蜡烛。那天晚上，我还去了明珠大陆（Pearl Continental）酒店的游泳池，在月光下游泳，那里也是其他正儿八经的驻外记者居住的地方。但那天大家有更特别的事情值得庆祝——1988年5月15日，苏维埃士兵从阿富汗撤军。”

记者：先从你的新书说起吧，为什么起名叫《小战争的允许：从异国他乡的土地出发》？

克里斯蒂娜·拉姆：因为我的经历相当疯狂，我总是赶赴一些小战场，报道一些小的战争，当我和朋友通话、约见的时候，我总会说：“咱们周几见，小战争爆发了，小战争允许我去对方那里采访。”

记者：你为什么会选择做记者呢？

克里斯蒂娜·拉姆：做记者，可以到处跑，可以写作，可以有各种各样的探险，当然，也可以赚钱。21岁时，我去了阿富汗报道那里的战事。当时，我对驻外记者没有一点认识，对于要带什么也是凭空想象。我带了个大箱子，箱子里装了好多本小说，其中包括一本卷了边的拉雅德·吉普林（Rudyard Kipling）的《吉姆》（*Kim*），一大袋子啤酒糖，一瓶香奈尔的香水，一只粉色的、毛茸茸的玩具兔。我永远忘不了那天，太阳快要落山了，我下了飞驰的大巴，费力地提着箱子，被一群人力三轮车团团围住。还有很多人卖东西给我，而我，也不知道要去哪儿。

记者：不过到现在，你已经深爱上了这种流浪式的生活，是谁给了你这么多的勇气？

克里斯蒂娜·拉姆：我一直被那些探险者深深地吸引着，比如第一个到达非洲的戴维·利文斯通（David Livingstone），他拿着地图就出发了。我跟随着他的脚步——我的书《非洲的房子：一个英国绅士和他的非洲梦》讲的就是发生在圣鳄鱼湖旁边的故事，在那里，戴维·利文斯通的爱犬什腾（Chitane）被鳄鱼吃掉。我的婚礼在印度洋的桑给巴尔岛的教堂里举行，那个教堂也是受了戴维·利文斯通的资助。

记者：你曾经在文章中写道，巴基斯坦前女总理贝·布托和你是好朋友，是她，影响你成为驻外记者？

克里斯蒂娜·拉姆：她的世界和我的世界全然不同。我在伦敦南部市政府的房子里长大，她一出生，就拥有了荣华富贵。她拥有权力，也拥有痛苦——她的父亲阿里·布托，也是巴基斯坦的前总理，被处以绞刑，她是牛津大学的明星人物，她时常开着她的黄色跑车在校园里穿梭，她也是第一个成为牛津学生会主席的亚洲女孩。而我，10年后，也在牛津大学，不过，我更喜欢观察，我担任牛津校报《查威尔》（*Cherwell*）的主编。1987年，我在《金融时报》实习，我被安排和来自巴基斯坦人民党的一个代表吃饭，那个代表问我想不想采访贝·布托，我同意了。采访很顺利，那时的贝·布托有点冷傲，但她毕竟也是女孩，我们成了好朋友。那次采访决定了我的命运。那年的秋天，贝·布托邀请我去巴基斯坦参加她的婚礼，当时，我已经在伯明翰的中心电视台找到了工作，做关于交通事故的专题片。我禁不住婚礼的诱惑，去了巴基斯坦。婚礼之后，贝·布托和我彻夜讨论如何推翻巴基斯坦的暴政。我热血沸腾，没有理由再回去做无聊的电视台的工作——我找到《金融时报》的主编，主动要求做他们的驻外记者，并希望他们只支付我稿费就可以了。主编同意了，不过他对阿富汗更感兴趣，就这样，我奔赴了阿富汗的前线，成了驻外记者。

记者：你曾经说过，“如果让我爱上某场战争的话，我会选择阿富汗战争”？

克里斯蒂娜·拉姆：我的第一次战地报道是在阿富汗的战场，如同初恋一样，你永远都会记住第一次的体验。并且我对阿富汗这个国家、这里的文化、这里的人们都很感兴趣，他们的很多价值观，是为发达国家的人们所忽视、所遗忘的。比如他们尊敬老人，他们有口述历史的传统，他们对外表美的注重——即使男人们带着卡拉希尼可夫自动步枪上战场，步枪上也会装饰着鲜花。

记者：你已经做了20多年的驻外（战地）记者了，你的动力是什么？

克里斯蒂娜·拉姆：是好奇，我总想知道其他地方在发生什么。我喜欢写作，我喜欢到处跑，我喜欢这样的感觉——作为记者，我可以和任何人聊天，我可以和不同的人见面，我有倾听他们的故事的理由。从国家元首，到打游击的士兵，到难民，我可以目睹重大事件在发生，虽然有点老生常谈，但是我可以看到，历史就在我的眼前。而且，对我所去过的国家，我会产生感情，会产生爱恋。

欣赏海明威的用词

克里斯蒂娜·拉姆拥有疼爱她的父母，拥有快乐的童年，她说，她从书中发现了一个神奇的世界，她总会注视着窗外，渴望着去外面的世界探险。

记者：你在牛津大学学的是政治、哲学和经济，为什么没有从事相关的职业？

克里斯蒂娜·拉姆：我其实更喜欢写作。我是偶然成为记者的，在校期间，我参与编辑校报，一下子就喜欢上了记者的工作。当时，我们经常采访报道跟学生有关的政治事件，比如学生们认为交的房租太多了，游行抗议等，很有意思。

记者：你喜欢读哪些书？对你而言，这些书有什么特别？

克里斯蒂娜·拉姆：各种各样的书。同纪实文学相比，我更喜欢读虚构的小说。但是因为我对各国的文化、历史同样感兴趣，我也阅读了大量的纪实文学。我喜欢海明威，喜欢他的《乞力马扎罗山的雪》，海明威用词很讲究，他花很多天，很多小时，字斟句酌；我喜欢加西亚·马奎斯（Gabriel García Márquez）的《霍乱时期的爱情》，我在去巴西之前读了这本书，这本书展现给我的情景如同油画，让我迫不及待地想要踏上南美的土地；我喜欢米兰·昆德拉的《生命中不能承受之轻》，书中充满了凄美的爱情，而人们在集权制度下，被剥夺了所有的身份；我喜欢智利诗人巴勃鲁·聂鲁达（Pablo Neruda）的《二十首情诗和一支绝望的歌》，这些诗歌充满了年轻时的激情。

记者：你的写作风格受了哪些书的影响？

克里斯蒂娜·拉姆：很难找出具体的一本，最重要的是，我可以通过图书来发现新的世界。我最喜欢的时刻是周六早上，妈妈去购物，我在我们小镇上的图书馆里看书。还有周二下午，流动图书馆——一辆蓝色的小货车，会停在我家附近的拐角处。那些书，比如C.S.刘易斯的《狮王、妖婆和大衣柜》，后来的乔治·奥威尔、拉雅德·吉普林，给我——这个在伦敦南部郊区生活的小女孩打开了很多扇门，把我带进一个奇妙的世界。

记者：写作时，如何进行细节描写？是靠想象吗？

克里斯蒂娜·拉姆：是之前的采访。尽量采访很多的人，获得很多的信息，然后通过文字再现当时的情景。我去的地方，我已经很熟悉，但是没有去过的人会感到很陌生。所以，只有靠细节描写，才能使文章活灵活现，才能吸引读者。

记者：你用文学语言多一些，还是新闻语言多一些？

克里斯蒂娜·拉姆：通常新闻语言和文学语言混合，这是我的风格。在语言结构方面，我欣赏海明威，他总是在尽量使用最合适的词语，并且简明扼要，没有多余。记者也应该如此，所写的每句话都应该很重要，每个词语都必不可少，而不是令文章看起来很松散。

记者：你曾经表示，想写小说，写吸引人的故事，实际上，你的书大都是纪实作品？

克里斯蒂娜·拉姆：是的，最初我的打算是做几年记者，冒点儿险，赚点钱，然后住进一间安静的小房子里，写小说。但是一旦开始了驻外记者的生活，我去国外采访活生生的人，聆听他们的故事，我感觉，真实的故事远比我编造的故事要更吸引人。我在写作中融入了很多个人的情感，我很在意我所去过的那个地方和我所采访的人，很在意他们的故事。我想，我已经对我所做的事情上了瘾，做了20年了，还继续在做。

◎小贴士：克里斯蒂娜·拉姆的一周（来源：2008年2月22日，*Press Gazette*）

周一

来到巴基斯坦，报道这里的竞选。出租车从卡拉奇机场向市区驶去，10月，在这同一线路上，贝·布托所乘坐的汽车爆炸。当出租车经过爆炸发生地时，我的脑袋里充满了可怕的景象——跳跃的火焰、横飞的血肉，我还看到了在汽车爆炸之后，我跳入的汽车辅道。

好朋友贝·布托已经不在了，我的来访连我自己都觉得有些奇怪。我第一次来巴基斯坦是参加贝·布托和阿西夫·阿里·扎尔达里（Asif Ali Zardari）的婚礼。从那时到现在，已经整整20年了。

现在贝·布托去世了，她的丈夫成为巴基斯坦总统候选人。

街灯上，欢迎贝·布托归来的横幅还在随风飘动。

周二

在卡拉奇的工业区看巴基斯坦第一个真人秀电视节目《成为首相》（*Enter the PM*）的拍摄。这个节目影射的是候选人竞争成为总统的过程。有意思的是，在场观众对这个节目的反应并不好，因为这个节目是提前录制的，而不是现场直播。

我在机场丢失的行李今天到达，我终于可以带着行李乘坐今天晚上的飞机去拉哈尔（Lahore）。

周三

竞选结果将在旁遮省（Punjab）诞生，巴基斯坦一半的人口在此。我开车去疆市（Jhang），会见一些决定竞选的政客。在路上花了很多的时间，公路坑坑洼洼，并且很多大货车满载着甘蔗，将路堵得严严实实。

疆市有三派对立的党派。他们彼此都是亲戚，但是互相仇视。第一党派的头儿告诉我，第二党派的头儿不得不买他墙上的羚羊头，“他称自己是猎手，但是不会打猎”。

第三党派的头儿是位女士，她曾经对贝·布托颇有微词，每次我需要犀利的批语，我总会给她打电话。她现在也是候选人。

巴基斯坦的政客习惯于见风使舵，看哪派政党获胜的希望大，便投奔哪派，这看起来令人伤感。这些党派的头儿会在伦敦、在拉哈尔大谈民主，但是对于自己人亲吻他们的衣襟，他们很开心，很享受。

周四

现在我手头上有了“独家新闻”，但是我不能写。第一党派的头儿告诉我，出于报复，他勾引了第二党派的头儿的老婆，因为之前，对方曾经在拉哈尔散布谣言，说他很穷。当那个女人对他死心塌地的时候，他抛弃了她。但是她也不傻，她把他们两个人做爱的场景偷录下来，邮寄给了他的老婆。在偏远的旁遮省，上演着《绝望的主妇》。

周五

回到拉哈尔。这是为竞选备战的最后一天，所有的人都很紧张。我希望我住的宾馆的服务员，不要把塑料保鲜膜敷在他们的茶壶上。

周六

一场自杀性爆炸导致竞选场地的40多人遇难。人们惊慌不安，怀疑这只是一个开始。

曾被恐怖分子绑架

2007年10月18日，克里斯蒂娜·拉姆本该参加儿子的家长会，但是她出现在了贝·布托的汽车上。结果，汽车爆炸，汽车顶层的15人中，3人当场死亡。街道上，到处是被炸碎的肢体、衣服、塑料凉鞋。幸运的是，克里斯蒂娜·拉姆没有受伤，她急忙从汽车上跳下。类似的危险，在克里斯蒂娜·拉姆的采访中，时有发生。

记者：你通常对谁的故事感兴趣？

克里斯蒂娜·拉姆：生活在社会边缘的人们。虽然他们的国家有冲突，有危险，但是实际上，当地人比我们想象的要应付得好。比如，即使在最困难的时期，人们照样教育孩子，照样买东西，照样做饭，特别是女性，她们比一般人更坚强。我想讲述她们的故事。

记者：你一次次冒险采访的原因是什么？

克里斯蒂娜·拉姆：我希望，我的采访和报道能够让大家知道真相。我记得津巴布韦的一位人权律师对我讲："请一定再回来，如果你不来了，我们的工作也就毫无意义了。至少通过你，我们的信息可以传达到外界，我们还有希望。"其实，不仅仅我在冒险，接受采访的人也会冒险。

记者：你在巴西做驻外记者时，报道的最轰动的一条新闻是里约热内卢的警察射杀上百名无家可归的孩子，这条新闻读起来令人震撼，你写起来也一定不容易。

克里斯蒂娜·拉姆：其实，我很喜欢巴西的里约热内卢，那里的景色非常美，音乐也很美。但是最令人头疼的是，那里的街道上有很多到处流浪的无家可归的孩子。成千上万的流浪儿住在大街上，很多人走路时抬腿迈过他们的身躯。市民谈起他们，就像谈起歹徒，不把他们当人看。我的办公室在市中心，上下班的路上，我经常会遇到这些流浪儿，于是就和他们聊天，了解他们的生活。有一天，恐怖的事情发生了，巴西警察要将这些流浪儿一网打尽，那天我恰巧在教堂，教堂外，17名流浪儿当场被射身亡。

记者：为什么会有这样的事情发生？

克里斯蒂娜·拉姆：因为巴西人觉得这些流浪儿弄脏了他们的街道，令这个城市不安全。而实际上，我了解到的是，很多流浪儿为警察工作，他们偷东西、偷钱，都要交给警察。这种情况的发生，与巴西多年以来的军事高压统治分不开，那些射杀孩子的警察，就是曾经在“酷刑室”工作的人。

记者：听起来都觉得非常危险。我知道，你曾经还被绑架过？

克里斯蒂娜·拉姆：我关注的国家包括阿富汗、巴基斯坦、津巴布韦共和国等。除了阿富汗，其余国家开始都很平静，只是到后来，才发生很多事。我所在的地方总是不约而同地变得很危险。那次绑架发生在巴基斯坦，当时我刚和我的“线人”联络过，了解调查巴基斯坦情报署(ISI)是否继续给塔利班提供军火事件，凌晨两时半，在我和摄影记者居住的宾馆，我们被戴着面罩的一伙人带走了。后来的两天时间里，我们被关在一间废弃的屋子里。幸好摄影记者藏了一个手机，我故意和看守吵闹，摄影记者躲进厕所，电话求救。在英国外交部长杰克•斯特劳（Jack Straw）的干涉下，第三天，我们因妨碍国家安全的罪名被遣送回国。3个月后，《华尔街日报》记者丹尼·珀尔（Daniel Pearl）在调查巴基斯坦情报署和塔利班的关系时被绑架，并被砍头。我不知道，假如我们没有那个手机，结果会怎么样。不过，我个人认为，在丹尼·珀尔事件中，巴基斯坦情报署肯定参与了。

◎小贴士：被绑架杀害的美国记者丹尼·珀尔

38岁的丹尼·珀尔（1963—2002）是《华尔街日报》的调查性报道记者，一向以“对新闻的锲而不舍”而闻名。他于1990年11月加入《华尔街日报》，已经为该报工作了12年，曾先后担任该报驻亚特兰大、华盛顿和伦敦的记者。从2000年12月开始，丹尼·珀尔任该报南亚地区办事处主管，常驻印度孟买。

在调查理查德·瑞德（Richard Reid）爆炸案时，丹尼·珀尔怀疑此案与巴基斯坦情报署有关，便于2002年1月23日前去卡拉奇采访，结果被绑架。当时，丹尼·珀尔的妻子玛丽安娜·珀尔已怀孕7个月。2月4日，玛丽安娜·珀尔向绑架者发出请求，愿用自己的生命换取丈夫的自由。她通过媒体表示：“如果说，这个世界上有人愿意献出自己的生命来拯救他的话，那个人就是我。请和我联系，我已经准备好了。”

丹尼·珀尔被绑架之后，巴基斯坦警方在全国范围内展开了搜索。通过跟踪疑犯发出的电子邮件，巴基斯坦警方逮捕了三名帮助向媒体发送电子邮件的疑犯，并于2月8日对他们提出指控。12日，巴基斯坦警方又逮捕了首要嫌疑人、伊斯兰极端分子艾哈迈德·奥马尔·赛义德·谢赫。27岁的谢赫生于英国，是一伊斯兰极端组织的头目，该组织和“基地”组织关系密切。谢赫承认参与策划了丹尼·珀尔绑架案，虽然不知道丹尼·珀尔的下落，但相信他已经死亡。21日，早于谢赫被捕的法尔哈德·纳西姆向警方供认，之所以绑架丹尼·珀尔，并不是因为他是记者，而是因为他是犹太人。哈德·纳西姆透露，绑架案的另一主犯萨伊德·赛伊克曾对他表示，他们将绑架一个从事“不利于伊斯兰的事业的犹太人”。

2002年2月21日下午1时，巴基斯坦警方和美国官方收到了一盒录像带，录像带的内容是丹尼·珀尔被囚、被残杀的场景。巴基斯坦的官员当天发布声明，证实了这盒录像带的内容的真实性。一位华盛顿的美国官员在观看了录像带之后，称其中的场景“令人毛骨悚然”。他透露说，录像带显示，丹尼·珀尔是被一刀结束生命的。

联合国秘书长安南对丹尼·珀尔遇害表示沉痛哀悼，并向丹尼·珀尔和所有其他记者的勇气致敬。他说，丹尼·珀尔遇害“再一次表明了，记者，尤其是工作在冲突和暴力频繁地区的记者，面临着严重危险”。安南表示，他将继续支持那些冒着失去生命和自由的危险而工作的记者应有的权利。

记者：是不幸，也是幸运。

克里斯蒂娜·拉姆：是啊，也许是命中注定，我到哪里，哪里就有坏新闻发生。不过，你可能是世界上最棒的记者，但是假若你所到之处，没有什么重大事件发生的话，你也无可奈何。作为记者，我很幸运能够出现在新闻第一现场。我在巴基斯坦生活时，齐亚哈克将军（Zia ul Ha）乘坐的飞机失事，齐亚哈克将军不幸遇难，之前，我刚采访过他；我在印度南部度假时，拉吉夫·甘地（Rajiv Gandhi）在印度南部泰米尔纳德邦的竞选集会上遇刺身亡；我去了巴西，觉得那里应该是相对平静之地，不会有什么重大新闻发生，结果，巴西总统被弹劾；我去了南非，南非总统曼德拉刚执政，新闻不断；我和巴基斯坦前总理贝·布托在同一辆汽车上，结果汽车爆炸；甚至我和家人一起去摩洛哥度假，到达摩洛哥的当晚，阿富汗盖达（Al Qaeda）恐怖组织在摩洛哥实施了恐怖爆炸袭击——当时我的儿子也在，那时候，就不能算是幸运了。

记者：在你做记者的20年里，战地报道发生了哪些变化？

克里斯蒂娜·拉姆：首先，工作方式变了。比如采访工具，20年前，当我第一次驻扎到巴基斯坦时，没有笔记本电脑，有的只是特罗尔文字处理器。大部分时间，我在考虑的是怎样把稿件传回报社，在没有网络的情况下，只能通过传真，或者电话口述。在通过电话转述时，因为接电话的人未必对你的文章感兴趣，你的用词更得简短、准确。另外的变化是，采访更危险了。我过去常去采访阿富汗的圣战组织，如果发生了危险，那是我的运气不好，或者我做了很愚蠢的事情。《日内瓦公约》规定，记者应该是客观的观察家、记录者，而不是被袭击的目标。但是今天，只要是记者，就可能成为对方袭击的目标。穿着防弹衣穿越前线是太愚蠢的行为了，这样很容易被对方识别——记者应该伪装成当地人。再一个变化是，“9·11”之后，战地报道的内容更复杂了。

适时施展女性的魅力

在约旦申请去伊拉克采访的签证时，签证官被美丽的克里斯蒂娜·拉姆迷住了，他不想让她走，拒绝了她的签证，取而代之的是一束鲜花和一张请她吃饭的请柬。克里斯蒂娜·拉姆的“魅力”给她的采访工作带来了麻烦——聪明的克里斯蒂娜·拉姆“威胁”签证官：“如果你不给我签证，我现在就回英国，如果你给我签证，我采访完之后，会回来和你吃很多次饭。”

记者：作为女性，在采访中具备哪些优势呢？

克里斯蒂娜·拉姆：女性更适合做记者。因为，女性更善于倾听别人的故事。我看到我的男性同事在采访时，总爱发表自己的见解，而不是倾听。当然也不能一概而论，但是总体而言，采访对象更愿意和女性对话、交流。在阿富汗，我的男同事就不能和当地一半的人口对话——当地的习俗是，女性不可以和陌生的男性讲话。我就可以和所有的人交谈。并且，作为女记者，要相对安全，对方把你当作袭击目标的可能性要小。

记者：并且，有时候，你还可以施展“女性的魅力”。

克里斯蒂娜·拉姆：对，这肯定是女性的“秘密武器”。女性更有亲和力，更善于赞赏别人，采访对象更愿意和女性交谈，他们会感觉你没有威胁性，不会那么自以为是、狂妄。我采访的感受是，很多采访对象对我讲的话可能就不会跟男记者讲。

记者：能举例吗？

克里斯蒂娜·拉姆：我在巴基斯坦时，最重要的一次采访是对齐亚哈克将军的采访。他当时搞军事独裁，一意孤行，几乎不接受记者的采访，但是他给了我一次采访机会。因为在之前的新闻发布会上，我的提问，引起了他的注意。我当时穿的是巴基斯坦的民族服装“莎丽”。齐亚哈克将军当众表示，他很高兴我尊重他们的文化。我问了他一个很难回答的问题，我质问他是否在撒谎——他曾经许诺的事情，在这次新闻发布会上却矢口否认。齐亚哈克将军有点难堪，但是他马上很委婉地说：“年轻的女士，如果你还有不明白的问题，我建议你对我进行一次采访。”我想，也许是我的巴基斯坦服装打动了他吧。

记者：在阿富汗采访的“秘诀”是什么？

克里斯蒂娜·拉姆：要尊重对方的文化习俗。这很重要，在伊斯兰教国家，女性最好用围巾包好自己的头，穿“莎丽”。

记者：你会对采访对象态度强硬吗，还是一直保持微笑？

克里斯蒂娜·拉姆：有时你对采访对象的所作所为感到特别生气，特别不喜欢，但是你也要给他们说话的机会。

记者：你有过不开心的采访经历吗？

克里斯蒂娜·拉姆：我不喜欢在沙特阿拉伯的采访。因为在当地，女人必须穿黑色长袍，披戴黑色头巾，有时还须要遮脸。男性活动区域和女性活动区域严格分开，很多地方禁止女性进入，和男性对话很难。公共场所没有专用的女性厕所，餐厅也从没有女性。之前，我没有想到有这么多的限制。

记者：在采访中，你会目睹很多的灾难、不幸，你会感到抑郁吗？

克里斯蒂娜·拉姆：我喜欢我做的事情，如果让我离开我工作的地方，我才会感到抑郁。有时，让人抑郁的不是战争，比如在津巴布韦，如果不是穆加贝（Mugabe）的暴政，就不会是现在的情景了。这一切，让人感到很气愤，很抑郁。我很少跟家人提及我在国外的采访，我的所见所闻，他们没有必要去了解这些不愉快的经历。

记者：在巴基斯坦、阿富汗，你有很多朋友，他们可能会为你提供新闻线索，你如何和他们保持好关系？

克里斯蒂娜·拉姆：现在好多了，可以通过邮件。在伦敦居住的好处之一是，很多人来英国，肯定会首先到这里，我常常接到朋友的电话，说“我明天到伦敦”、“我要在伦敦待几天”等等，这样大家就有很多机会见面。

儿子比我的野心大

克里斯蒂娜·拉姆描述了自己的一个早上：“那天是我的儿子洛伦索（Lourenco）7岁的生日。我从阿富汗赶回伦敦，放下包裹，喝了一口咖啡，开车到森斯伯瑞（Sainsbury）超市，买了一些午餐肉、面包片，我要为20多个7岁左右的男孩子准备生日聚会的野餐。洛伦索的同学认出了我，他说我在今天的《泰晤士报》的头版新闻上——四天前，我差点被塔利班杀害。我的妈妈站在那里，仍惊恐不已，尽管我下了飞机就跟她通过电话。我的丈夫，葡萄牙人，什么也没有说。他知道，我的工作就是这个样子。”

记者：你通常都是一个人去采访？

克里斯蒂娜·拉姆：通常是，偶尔，也会和摄影记者一同前往。

记者：采访的费用由报社来承担吗？

克里斯蒂娜·拉姆：对，我是《星期日泰晤士报》的正式员工。这份报纸很重视国外新闻，报纸的主编和副主编，以前都担任过驻外记者。虽然采访成本会很高，但是主编们很支持。

记者：你经常飞来飞去，到各地采访，你儿子说过："妈妈住在飞机上。"

克里斯蒂娜·拉姆：平均一年中有一半的时间都在国外工作。今年（2008年）尤其忙，因为巴基斯坦和津巴布韦发生了很多的事情，今年有2/3的时间在外采访。

记者：在某段时期，你曾经考虑放弃这种四处奔波的生活，留更多的时间和家人相处？可是你没有这样做，为什么呢？

克里斯蒂娜·拉姆：儿子出生后，我的确这样想过。但是之后，"9·11"爆发了，这一切和阿富汗有关，阿富汗是我一直关注的国家，我在意的国家，我觉得我有种责任感，所以我重新回到了我热爱的土地上。

记者：你的采访和你在英国的生活，是截然不同的两种生活方式。

克里斯蒂娜·拉姆：在英国的生活很真实，送儿子上学，给儿子做午饭，像所有人一样处理着琐事，比如交水电费，修理热水器。

记者：你的儿子一定以你为豪，他想成为你这样的记者吗？

克里斯蒂娜·拉姆：有意思的是，他刚刚被评选为他们校报的主编。他说他要在校报里设置名人专访，我说，主意不错，我以为他要采访他们学校的名人什么的。我问他，第一个要采访谁？他回答，"凯拉·奈特利"（英国演员，《赎罪》女主角），他的野心很大。

记者：又要采访，为报社写文章，又要写书，你是怎么分配时间的呢？

克里斯蒂娜·拉姆：我和《星期日泰晤士报》的主编有协议，每年，我全职为他们工作7个月，其余5个月的时间用来写书。

记者：你在怎样的环境下写作？

克里斯蒂娜·拉姆：我喜欢在清晨的时候写作，咖啡必不可少，我的桌子上摆着彩绘的玻璃盒，我的窗前挂着从亚马逊带回来的"捕梦网"——赶走噩梦，保护美梦。

记者：你对爱好写作的人有怎样的建议呢？

克里斯蒂娜·拉姆：每天都要坚持写东西，每个人都认为自己可以写一本书，但是很少有人真正坚持下来。

记者：你会建议年轻记者，或者打算成为更优秀的记者的人，阅读哪几本书呢？

克里斯蒂娜·拉姆：我是波兰记者瑞斯扎德·卡普钦斯基（Ryszard Kapuściński）迷。他是一个伟大的记者。我喜欢他写的《帝国》（*Imperium*）。年轻时，爱德华·贝尔（Edward Behr）的著作《有谁被强奸了，而且会说英语？》（*Anyone Here Been Raped and Speaks English*？）吸引我做了记者。

◎小贴士：六次和诺贝尔文学奖“擦肩而过”的波兰记者

1932年，瑞斯扎德·卡普钦斯基生于波兰东部的平斯克。从20世纪50年代后期开始，他担任波兰通讯社驻外记者。他的代表作包括《皇帝》、《伊朗王中王》、《生命中的另一天》、《帝国》、《足球战争》、《太阳的阴影》和《与希罗多德一起旅行》等。他多次报道非洲、中东和世界其他地区的战争、政变和革命事件，他见证过27场革命，曾被关押过40次，四次被判处死刑。 他先后六次获得诺贝尔文学奖提名，但终未获奖。

瑞斯扎德·卡普钦斯基不爱多说话，他总是愿意诚恳地静静地观察个人在特定自然和社会环境里挣脱不了的命运。到国外去采访，他不爱请翻译，他把自己置身于完全陌生的语言世界。不过，他经常会问身边的人：电视在说什么，标语写了什么。

瑞斯扎德·卡普钦斯基的文字敏感而细腻，他写别人，也写自己的懦弱：“在这一片棕榈树、蔓藤、灌木和森林中，白人是格格不入的闯入者，他懦弱，面容苍白，臭汗沾湿了衣服，经常受口渴、无能和伤感折磨。他无时无刻不担惊受怕：怕蚊子，怕变形虫，怕蝎子，怕蛇，任何会动的东西都会吓坏他。”在采访严寒中的西伯利亚工人时，他连问题都“不”敢问。“还问什么呢？在这严寒，在这郁闷和伤感里，女工沉重而劳碌地工作，也许正为一些事情担心，正为一些事情伤心。不发问是对她们的尊重，是减轻她们的负担，不要让她们再花力气回答那些公式问题了。”

也有人对瑞斯扎德·卡普钦斯基的写作风格提出质疑。2001年，约翰·赖尔在《泰晤士报》发表书评指责：“他的作品的力量在于创造出一种确定不移的氛围和亲身经历的口气。”由于他去的都是别人没去过的地方，人们也就没办法检查他的文章是否属实。

不过，瑞斯扎德·卡普钦斯基认为要像修昔底德（Thucydides）那样写作，就不能在作品中排斥虚构，而是要去寻找隐藏在虚构中的更深层的真相。瑞斯扎德·卡普钦斯基从来没有停止创作的脚步，他活到老，写到老。他说，支持他写作的动力是那群“年轻的对世界仍有好奇心的人”。

□推荐阅读

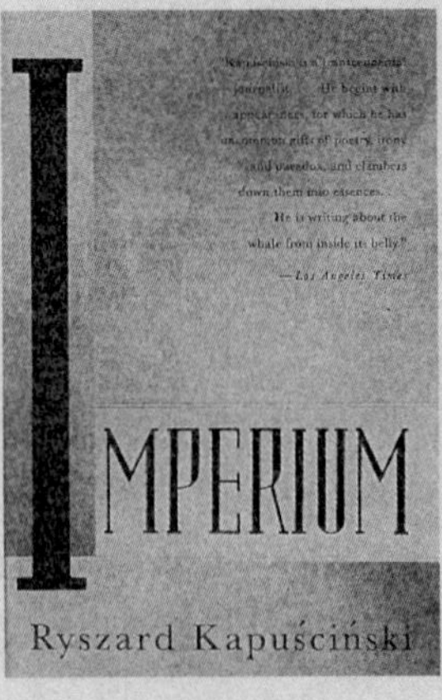

《帝国》（*Imperium*）

这是作者在幅员广阔的苏联所完成的孤独行旅。从西伯利亚，到外高加索，再深入中亚，一步又一步地走来，一笔又一笔写成的报告。他在自序里说："尽力走到时间、体力以及机会所能到达的任何地方。"而事实上，他的足迹已遍及世界凶险之地。他多次死里逃生。他的文字包含浓浓的人文色彩，富有诗意，他不仅带领读者走到新闻现场，并且这还是一趟历史之旅。

瑞斯扎德·卡普钦斯基的工作方式很特别，他可以在采访之地走一整天，不和任何人交谈。他认为，选择细心地去看、去听、去感觉，比与当地人滔滔不绝要重要。他描述戈尔巴乔夫推出改革之前的苏维埃——人们有一种独特的抗议方式，他们是"透过沉默表达意见，不是用语言。当被迫参加集会时，他们会慢慢地聚过来，而结束时，他们则会快速地瞬间四散"。

瑞斯扎德·卡普钦斯基要告诉大家的是，苏维埃不是一夜之间瓦解的，其瓦解早有预兆。就以电话法令而言，政府内，政府上司向下属发通告，依靠电话，而不是文件传达，目的是使责任归属无以查证。瑞斯扎德·卡普钦斯基喜欢从小处看到大处，特别注意细微地观察。他的一支笔如同一把手枪，他一层层地解剖，正如他所说："国家犹如一个舞台，在舞台上上演的剧目是共通的。"

《有谁被强奸了，而且会说英语？》（*Anyone Here Been Raped and Speaks English*？）

该书作者是英国著名记者爱德华·贝尔。1926年，爱德华·贝尔生于巴黎，他的父亲是英国人，母亲是俄国人。在第二次世界大战最后阶段，他加入英军，很快复员进入路透社工作。此后，他转投美国的《时代》和《新闻周刊》，并先后担任《新闻周刊》驻香港、西贡和巴黎分社社长，长期报道全球事务，尤其是20世纪六七十年代，发生在亚洲和非洲的战事，如法国和阿尔及利亚的冲突和越南战争等。1978年，他出版了《有谁被强奸了，而且会说英语？》，引起广泛关注。书名的出处是1964年11月，刚果动乱时期，一批来自欧洲的幸存者辗转逃离刚果东部，他们被护送上飞机。一位英国记者为寻找采访对象，在机舱内大喊："有谁被强奸了，而且会说英语？"爱德华·贝尔对此感触很深，并对他背后的文化背景大加质疑。同时，书中描绘了"二战"期间印度、阿尔及利亚、越南的局势，分析了记者们眼中的"战争"到底是什么样的。

第7章

杰瑞米·鲍恩：别以为，死亡和你无关

■ **没有完全客观的报道**

■ **报道不该带“个人情绪”**

■ **先要做一个好人**

■ **死亡就是一瞬间**

新闻实务涉及

★ 战地记者须要接受什么样的培训？

★ 战地报道的原则是什么？

★ 战地报道的魅力何在？

★ 如何接近、采访受害者？

★ 在异国采访，记者应该入乡随俗吗？

★ 记者的报道应该带有情绪化吗？

★ BBC播出节目的“分水岭”。

★ 当代战地记者所面临的危险是什么？

□记者档案

杰瑞米·鲍恩（Jeremy Bowen）

生　　日：1960年2月6日

身　　份：BBC战地记者，BBC中东新闻部主编，曾任BBC《早间新闻》（*Breakfast*）主持人。

获得奖项：1995年，获得纽约电视节“最佳驻外记者奖”；1996年，因报道“以色列总理伊扎克·拉宾（Yitzhak Rabin）被刺杀”获得英国皇家电视协会评选的“最佳突发新闻报道奖”；2004年，因报道“萨达姆·侯赛因被捕”获得索尼金奖；他参与的关于科索沃战争的报道获得“英国电影学院奖”（BAFTA）。

著　　作：《战地报道》（*War Stories*）。

●记者印象

战地报道是一种瘾

威廉·霍华德·拉塞尔（William Howard Russell，1821—1907），《泰晤士报》记者，被认为是英国第一个著名的战地记者。他在克里米亚战争中崭露头角，赢得声望。新闻史学家认为，他的出现，象征着专业记者的成熟。“记者作为某种民间英雄开始出现，他们以民主的名义，在事发现场无所畏惧地发掘事实真相。”不过，威廉·霍华德·拉塞尔称自己是“一个不幸的部落的悲惨的父亲”（the miserable parent of a luckless tribe）。美国当代新闻学家查尔斯·佩吉（Charles Page）也认识到战地记者的不幸，把战地记者和病人作比，写道：“众所周知的暴躁，不理智，辱骂自己的亲朋好友，爱扔家具。”1879年，在南非与祖鲁战争期间，来自《纳塔尔目击者》（*Natal Witness*）报的战地记者同样抱怨：“战地记者工作听起来不错，但是实际做起来，却没有了光彩。”

什么样的人才会加入这个部落？是什么促使他们用生命作赌注？首先，战地报道满足了记者的“炫耀心”；其次，战地报道给记者带来了兴奋和刺激。《独立报》的战地记者理查德·道登（Ricard Dowden）表示：“我的一半再也不想做这样的事情，我的另一半却说：感觉太棒了，下一次报道在哪里？”《新闻周刊》（*Newsweek*）的主编托尼·克利弗顿（Tony Clifton）曾拿海湾战争和性爱作比：“如同很多的前戏之后，最后的高潮持续了8秒半。”英国4频道的记者亚利克斯·汤姆森（Alex Thomson）认为：“战地记者可以到有意思的地方去，可以目睹历史的发生，令人兴奋而上瘾。”

BBC的战地记者杰瑞米·鲍恩便是当代很多战争和冲突的目击者。杰瑞米·鲍恩出身新闻世家，他的父亲报道过1966年艾伯凡（Aberfan）矿难，并担任过BBC威尔士电台新闻主编。一毕业，杰瑞米·鲍恩就敲开BBC的大门，成为见习生。而直到1989年，第一次报道战争，第一次看到尸体，第一次听到子弹的呼啸声，杰瑞米·鲍恩才觉得自己是真正的记者。

对战地报道的向往和热衷，如同吸毒，令杰瑞米·鲍恩不能自已。杰瑞米·鲍恩认为：“战争就是毒品，即使差点被炸得粉身碎骨，我照样兴高采烈，歇斯底里。”现在，杰瑞米·鲍恩意识到，那时候的他，“像是在用很危险的杯子喝致命的鸡尾酒”。

如今，作为两个孩子的父亲，杰瑞米·鲍恩多了些顾忌，他选择尽量远离前线。他的很多朋友、同事在战争中遇难，他知道自己也并非总是好运。“你可以尽量避免危险，但最终这是个数字游戏，如果你在不合适的时间出现在不合适的地点，你一样会死。”

想尝试新东西的杰瑞米·鲍恩，在《早间新闻》做了两年的主持人。这段经历提高了杰瑞米·鲍恩的知名度。“好处是，偶尔，你可以乘坐头等舱，可以去奢华的餐馆吃饭。”但是不久，杰瑞米·鲍恩又重操旧业。与20年前不同的是，杰瑞米·鲍恩的战地报道多了冷静，多了思考。

对于战地报道的底线，杰瑞米·鲍恩表示：报道事实，讲故事，越诚实越好！

获得过英帝国勋章的英国独立电视台战地记者迈克尔·理查德森（Michael Nicholson）也是“战地报道狂”，他认为：“记者是社会民主的奠基石之一，通过报道战争，通过展示那些苦难，通过揭露腐败，曝光罪行，我们帮助改变这一切。”

●崔莹面对面

写此文时（2009年1月），战火笼罩加沙。打开电视——BBC的中东新闻主编、战地记者杰瑞米·鲍恩又出现在最危险的地方，向观众发回报道。不久前，他对我说：“现在，我已经是两个小孩子的父亲了，我尽量不到前线，看到我的很多朋友、同事遇害，我知道，我的运气并非总那么好。”

2008年10月29日，在BBC白城电视中心登记会见杰瑞米·鲍恩时，发生了一段小插曲：接待处的工作人员硬是不相信杰瑞米·鲍恩会接受一个“小姑娘”的采访，大概把我当成了杰瑞米·鲍恩的粉丝。他一遍遍地问我：“你确定，你要找的

是那个《早间新闻》的主持人吗？是那个中东的战地记者吗？"并让我出示证据，我出示了杰瑞米·鲍恩发给我的手机短信。

眼前的杰瑞米·鲍恩高大魁梧，穿着白色的衬衫，系着领带，鹤发童颜，看上去，与实际年龄不相符。我想起了在网上看到的他年轻时的照片，一头黑发，有点蓬乱，但意气风发，留着八字胡，像是"波拉特"（Borat，电影《波拉特》的主角，一位来自哈萨克的记者，到美国学习美式文化和幽默，以待回国发扬光大，结果笑话百出）。前后判若两人，都是被战争"摧残"的。

在枪击中脱险

1984年，杰瑞米·鲍恩开始在BBC工作。24年来，他从70多个国家发回报道，报道过海湾、萨尔瓦多、黎巴嫩、约旦河西岸、克罗地亚、波斯尼亚、车臣、索马里、卢旺达的冲突等。2008年5月11日，杰瑞米·鲍恩带领队员在黎巴嫩的山里拍摄报道，意外遭遇枪击，整个"逃亡"过程惊心动魄，并被拍摄下来，可以在"You Tube"上看到。

记者：你以前有八字胡的，很酷，现在为什么不留了？

杰瑞米·鲍恩：因为八字胡变白了，我不喜欢白色的八字胡，那样我看上去会更老。并且，我留了好多年了，留烦了——我留了很长的时间，都是因为我的妻子，因为她喜欢我的八字胡。

记者：目前，你在忙什么？

杰瑞米·鲍恩：今天，我在考虑纪录片的选题。其中一个选题是关于迪拜当地矛盾尖锐、危机四伏的。本周末，巴勒斯坦团结政府对话（Palestinian Unity Talks）在开罗举行，我们会提前准备一些相关内容，BBC的领导希望我去约旦河西岸（West Bank），报道当地的局势，我也有可能去耶路撒冷（Jerusalem）。

记者：依旧是战地报道？你已经做了20多年的战地记者？

杰瑞米·鲍恩：目前战争还没有爆发，但是当地冲突不断。现在，我已经是两个小孩子的父亲了，我尽量不到前线，看到我的很多朋友、同事遇害，我知道，我的运气并非总那么好。但是因为我主要负责中东报道，包括黎巴嫩、加沙地带、约旦河西岸等，战争不可避免。

记者：我在“You Tube”看到一段视频——你在子弹声中急跑。当时是怎样的情形？

杰瑞米·鲍恩：这是2008年5月，在黎巴嫩首府贝鲁特（Beirut）发生的。我们从耶路撒冷通过约旦(Jordan)到达贝鲁特。我们也不想冒太多的风险，打算只在靠近战场的地方，拍摄些图像资料，但是我们不知道的是，战场已经扩展到贝鲁特外的山里。我们所在的位置很静，结果枪响了——当时，总共有4人。

记者：如何脱险？

杰瑞米·鲍恩：差不多有10分钟，连绵不断的子弹落在我们附近，忽然来自不同方向的子弹射中了车窗的玻璃，被击碎的玻璃四处飞溅，情况非常危险。后来，我们都躲到了适当的位置。当时，我躲在一堵墙后，旁边有很多土，除非子弹打中我，否则，我不会有事。其他人躲进了山里的旧的军事战壕，战壕是水泥做的，也很安全。

记者：你当时害怕了吗？

杰瑞米·鲍恩：我从来都不会害怕。有六七次处于十分危险的境地时，我会产生这样一种想法——自己可能活不了多长时间了。比如这次意外受袭（贝鲁特），子弹冲我们呼啸而来，尤其是车窗玻璃被子弹射中的时刻，我担心，他们会靠近，会走过来射击，那样的话，肯定无法逃脱了。

记者：我注意到，你们在黎巴嫩被袭时，当时驾驶的是一辆奔驰车（Mercedes）。开这样的车，是不是很容易成为被袭击的目标？

杰瑞米·鲍恩：那是一辆有10多年驾龄的奔驰出租车。在黎巴嫩，大多数出租车是用柴油的奔驰（diesel Mercedes）。这类车是当地人从德国进口的旧车。在非洲，你甚至可以看到人们在驾驶有40多年驾龄的奔驰车。

记者：作为战地记者，你们是否接受过专门的训练，应对这样危险的局势？

杰瑞米·鲍恩：BBC会对新记者进行“应对敌意工作环境”的培训（hostile environments course）。负责培训的老师是退役军人，他们会教大家在战争中如何自救，如何找掩护，如果有人受伤，怎么进行及时处理等技能。不过，当我开始做战地记者时，BBC并没有这类课程。

看到死者的鞋袜最难过

在1994年的波斯尼亚战争中，26名记者遇难，在1999年的科索沃战争中，86名记者身亡。什么促使战地记者前赴后继地走上战场？面对战火的兴奋？游历各国的风光？见证历史的骄傲？与死亡擦肩而过的快感？

记者：做战地记者是你小时候的理想吗？

杰瑞米·鲍恩：我从来没有这样的理想，一切自然而然地发生了。在20世纪80年代末90年代初，战事不断。对于刚从事新闻业的年轻记者来说，战地采访充满了吸引力。更不用说，到世界上最黑暗、最危险的角落报道，是记者的职责。我乐意接受这样的挑战。有时采访很艰苦，有时采访比较顺利，我习惯了这样的生活。比如今年（2008年）5月的这次惊险经历——我感觉，我仿佛又年轻了，又回到了从前。但是，我现在是两个孩子的父亲，他们都依靠我，我要对他们的生活负责，我不可以冒太多的险。在你上战场前，你总会想：没事，肯定不会有危险。你问所有的战地记者同样的问题，是报道重要，还是生命重要，他们会给你相同的回答："当然，我的生命更重要。"他们又会继续说："这个提问是不成立的，因为我肯定不会死，我一直都很小心，很幸运，不去危险的地方。"然而，你不得不面对这样的现实：在战场上，死亡就是一瞬间，你根本也不会想到。我见过很多尸体，最令我感触的是他们的袜子，他们系好的鞋带，扎好的腰带。我总在想，清晨，你看看抽屉里的袜子，选了一双蓝色的，你根本不会想到几小时后的危险；当你穿上鞋子，系好鞋带时，你根本不会想到今天你会死，我的很多朋友就这样死去了——他们谁也没有想到死亡会降临到自己的身上。战场上变化莫测，所有的人面对同样多的危险。

记者：你的父亲也是记者，他对你的影响多吗？

杰瑞米·鲍恩：他以前也在BBC工作，现在退休了。他对我的影响很大，小时候，家里到处都是"新闻"——电台播新闻，电视台放新闻……每次回到家，爸爸就告诉我他单位上发生的新鲜事。我也开始对新闻产生了兴趣。

记者：但是你学的是历史专业？

杰瑞米·鲍恩：对于记者而言，历史专业再合适不过。一毕业，我就申请到了BBC的工作，那时候我24岁，到现在已经有25年了。

记者：你的孩子也想成为记者吗？

杰瑞米·鲍恩：我有两个孩子，一个男孩，一个女孩，一个7岁，一个5岁。如果他们想成为记者的话，我一定会鼓励他们。

记者：你第一次战地报道的经历怎样？

杰瑞米·鲍恩：差不多在20年前了。那是1989年，在萨尔瓦多（El Salvador，巴西港市）。战地报道让我很兴奋，热血沸腾。后来，我逐渐意识到，战地报道不仅仅是兴奋，尽管兴奋总是战地报道魅力的一部分。战地报道记者会有共同的感觉：他们生活在世界的边缘，他们生活的地方没有规则。现在，我年纪大一些了，不再总那么想了。但是当我二三十岁时，我喜欢那样的感觉：去没有秩序的地方，处处充满冒险，生活很刺激。

记者：战地报道的原则是什么？

杰瑞米·鲍恩：战地报道的原则和其他新闻报道一样。记者要做的是找到新闻故事，核对事实；你须要采访不同的人获得不同角度的观点；你须要用自己的眼睛观察，用自己的耳朵倾听，用自己的头脑分析：谁，为什么，什么时间，在哪里，发生了什么故事。

照亮最黑暗的角落

除了刺激、冒险，吸引杰瑞米·鲍恩从事战地报道的主要原因是对事实的追求。“记者的报道如同一束光，这束光照亮的是世界最黑暗的角落，让人们知道发生了什么。”

记者：作为战地记者，最糟糕的经历是什么？

杰瑞米·鲍恩：2000年，在黎巴嫩，当我的朋友被杀害时，我就在他的旁边，可是我无能为力，那个时候，非常难过。总之，如果你对新闻感兴趣，想成为记者的话，你肯定会经历很多这样悲伤的时刻。对我而言，记者的职责也是去报道这些令人悲伤的时刻。作为记者，这也是很令人兴奋的事情，因为全世界的目光都聚焦在这一刻，听你讲述这里发生的故事。

记者：你会采访处于重伤中的受害者吗？

杰瑞米·鲍恩：你要去采访这些遇难的人。你要知道，无论是在战场上，在灾区，无论是有好事发生，还是有坏事发生，甚至是某人生命中的最后一天，如果你是记者，你都有责任去报道这一切。战争的主题就是杀戮、受伤、被害，这也是记者冒险采访的内容。这意味着，即使对方的处境极糟，你也要采访他！这样做的理由是什么？是一束光（shining a light）。记者的报道如同一束光，这束光照亮的是世界最黑暗的角落，让人们知道发生了什么。尽管记者不能改变现状，但是至少很多年后，不会有人说：我不知道那里发生了什么，没有人告诉我。记者会告诉你，如果你是政客，是国家领导人，如果你继续假装不知道的话，那么你就在说谎。

记者： 如何去接近这些受害者、处于痛苦中的人呢？

杰瑞米·鲍恩： 你要做一个好人，好好地对待他们，尊敬他们，要有同情心，要和他们有一样的感触，只有这样，对方才会信任你，才会对你袒露心扉。想象一下，如果同样的事情发生在你的身上，你会希望别人怎样做，你期待怎样的话语？

记者： 你会去救他们吗？

杰瑞米·鲍恩： 我会帮助他们，比如为他们的伤口缠绷带，送他们去医院。我也经常这样做，尽管这不是我的工作内容。但是作为一个有良知的人，你必须这样做。如果专业医疗救援人员赶到了，我会把伤员交给他们去处理。但是你绝对不可以只管自己的拍摄、报道，然后，把他们丢在那儿，你若无其事地走开——这样的行为，令人鄙视。

记者： 当你报道战争，报道灾难，很多人遭遇不幸，你一定感到很难过？

杰瑞米·鲍恩： 看，我的头发都白了。以前根本不是这个样子，我曾有一头乌黑的头发。唉，令人难过的情景太多了。

中东报道无法客观

在战场上眼睁睁地看着好朋友被炸身亡，而无能为力——之后，杰瑞米·鲍恩患了“灾难后综合征”，并接受治疗。在这段时间里，他远离战火，接受了一个新的任命，担任BBC《早间新闻》的主持人。两年后（2003年），当伊拉克战争爆发时，杰瑞米·鲍恩跃跃欲试。

记者：你担任了两年BBC《早间新闻》的主持人，但是后来又做起了“老本行”？

杰瑞米·鲍恩：当时我是想尝试做点别的。我其实很喜欢做《早间新闻》的主持人，但是，那档节目的工作时间太可怕了——主持人要凌晨3时起床，我做了两年，做够了。那段时间像是永远都在倒时差。我很守规矩——每天8时左右睡觉，但是总也睡不够，打不起精神，特别是到了冬季，我“投降”了。我重新做记者，2005年开始，我担任BBC中东新闻部主编。负责对BBC电台、电视台、网站中东新闻的总体策划和把关。主要从全局把握，寻求世界各地新闻之间的联系，了解正在发生的事情，追找事情发生的原因，解释给大家。我基本不再到处跑，而是在幕后，分析局势，把握报道的方向。

记者：中东局势复杂，你曾经提到很难做到对中东问题的客观报道，是这样吗?

杰瑞米·鲍恩：BBC的报道原则是公正。记者肯定要公正，但是公正和客观有区别。没有人可以做到完全客观。因为你的观点由你的成长环境，你的受教育程度，你的经历，你接触的媒体报道等因素决定。这同样影响了记者的决定，影响了记者如何报道新闻故事——今天去这里采访，还是去那里采访？去南方还是去北方？这些都要通过记者的“过滤镜”决定。所以，没有人可以做到完全客观。但是记者的报道、陈述方式，可以做到公正。公正的含义是，记者尽量向受众展现各个方面的观点，受众可以自己作出判断。

记者：据说，有很多观众反对你关于中东问题的观点?

杰瑞米·鲍恩：我是BBC的高级主编，BBC允许我作出判断：专家的判断。所以，我可以引导观众，对他们说：这就是正在发生的事情，这就是发生的原因等等。同时，我要维护我的说法，因为这样的说法是根据我自己的生活经历、我自己的采访得出的。如果观众不同意我的观点，他们肯定会抱怨。

记者：你怎样对待观众的抱怨?

杰瑞米·鲍恩：抱怨来自不同的组织，不同的团体。如果我犯了错，我肯定会道歉。但是通常，我只会解释我为什么会这样说。

记者：你喜欢带有情绪化的报道吗?

杰瑞米·鲍恩：令人动情的场面自然令新闻报道也充满感情，我对记者的评论不感兴趣，对记者应该带什么样的感情去描述新闻也不感兴趣。在采访现场，记者之所以动情，也是因为记者自身的经历和背景。比如，我现在有孩子了，如果新闻故事涉及孩子，我就比以前没有孩子的时候更容易被打动。但是我不觉得观众希望了解这一切。如果报道孩子的不幸，让观众难过、动情的是孩子们的遭遇，而不是主持人悲伤的表情。

记者：在异国采访时，记者应该入乡随俗吗，比如穿和当地人一样的服装？

杰瑞米·鲍恩：在中东，在我采访过的地方，中东人不喜欢西方的男人穿和他们一样的长袍。如果你非要那样穿的话，他们会感到很奇怪，他们不会信任你。女性就不同了，因为在穆斯林国家，有很多关于女性应该穿什么衣服的规定，女性最好穿得严严实实。

记者：在异国采访，你习惯吃当地的饭吗？

杰瑞米·鲍恩：我喜欢吃当地的饭，我有一个适应性很强的胃。并且，在一个不吃西餐的地方吃西餐，最有可能吃出问题，吃当地的饭反而不容易出问题。

记者：在BBC现场报道中，如果你的面前有遇难者的尸体，你会拍摄这个镜头，在电视中播出吗？

杰瑞米·鲍恩：BBC有一个播出节目的“分水岭”（watershed），指的是夜间10时。10时之后，可以播出这样的镜头。我不希望我的孩子看到这样的镜头。

杀害记者成为“惯例”

如今，绑架、杀害记者几乎成了很多极端分子的“惯例”。很多记者不得不靠换出租车、乔装打扮等方式迷惑跟踪他们的任何人。

记者：你们在阿尔巴尼亚采访时，被当地土匪抢劫，当时，对方用刀，还是枪恐吓你们？

杰瑞米·鲍恩：用卡拉希尼科夫（Kalashnikov）突击步枪。他们都戴着黑色的头罩，他们朝车射击。其中一个抢劫犯用枪对着我，当时，枪上还冒着烟。他们抢走了我们所有的拍摄设备，我们的钱——大多数钱，幸好，我藏了一些钱。

记者：你把钱藏在哪里了？

杰瑞米·鲍恩：在车里，他们没有抢走我们的车。

记者：越来越多的西方记者成为极端分子绑架、杀害的对象，你怎样尽量避免类似的情况发生在你身上？

杰瑞米·鲍恩：在非西方国家，西方人总是很显眼，尤其是在郊区、偏远的小镇子上，几乎所有的当地人都互相认识，彼此之间很难隐瞒身份。你所要做的是，尽量博得当地人的喜欢和信任。你要见当地的头儿，如果别人看到你和他们的头儿在一起，就不会再起疑心了。很不幸，现在，记者到危险的地方采访，须要有人保护，我最初做记者时，不是这个样子。我想，这也是全球化的结果。现在，人们比20年前更害怕媒体了，也更会“利用”媒体了。比如，在某些国家，如何造成中西方矛盾的激化？最容易的方式是杀死一个西方人。记者被害的原因之一是他们所代表的国家，之二是他们在做的事情。比如，人们经常把BBC的记者看成是英国政府的代言人，而实际上，我们不是。

记者：如今，战地记者比以往要面对更多的危险？

杰瑞米·鲍恩：我想是这样。或许每一代战地记者都认为自己比上一代战地记者要冒更多的风险，因为总有战地记者在战场上被害。

记者：你最佩服的新闻记者是谁？

杰瑞米·鲍恩：最初做记者时，我最佩服的是马丁·贝尔（Martin Bell）、约翰·辛普森（John Simpson）和布莱恩·汉拉汉（Brian Hanrahan）。他们都是令我敬仰的对象，是优秀的记者。

◎小贴士：马丁·贝尔，爱穿白西装的战地记者

马丁·贝尔出生于1938年8月31日，曾为BBC战地记者，后投身政治。目前为联合国儿童基金会人道主义危机英国爱心大使。

1962年，从剑桥大学毕业后，马丁·贝尔担任BBC驻诺里奇（Norwich）记者，3年后，他被调到BBC伦敦总部，并开始报道国外新闻。在之后的30多年时间里，他去过80多个国家，采访过11次战争冲突，包括越南、中东、尼日利亚、安哥拉和北爱尔兰等。在报道波斯尼亚的冲突时，他曾经被榴霰弹击中，伤势严重。1977年和1993年，马丁·贝尔两次获得英国皇家电视协会评选的“年度记者”称号。1992年，马丁·贝尔获得英帝国勋章（OBE）。

1997年，马丁·贝尔宣布离开BBC，作为独立候选人，参与议会成员的竞选，并获胜。马丁·贝尔以穿白色的西装著称，他表示这样做的原因是显示自己的“清白”。

2003年，马丁·贝尔重现在电视屏幕上。他从历史、人道主义的视角分析了伊拉克战争，他的观点和主流媒体的报道声调形成鲜明的对比。

目前身为联合国儿童基金会人道主义危机英国爱心大使的马丁·贝尔忙于对战区儿童的人道主义关注。在他参与制作的《阿富汗儿童预警报道》中，他指出：“尽管有许多国家提供众多的计划、建议、项目、合作以为阿富汗带来和平与进步，但我所看到的是不安全感的增加，这造成越来越多的学校关闭，越来越多的儿童丧生。尤其是在南方，平民家庭陷入战火之中……阿富汗儿童所面临的是生死攸关的时刻。”

◎小贴士：布莱恩·汉拉汉，数飞机出名的战地记者

1982年，在马岛战争（1982年4月到6月间，英国和阿根廷为争夺福克兰群岛的主权而爆发的战争）中，BBC战地记者布莱恩·汉拉汉随军采访，但是被禁止透露参与任务的飞机数目。他在广播中巧妙地说："我数着它们飞出去，又数着它们全部飞回来了。"（I counted them all out and I counted them all back.）意思是从航空母舰上起飞参与空袭的皇家空军的鹞式飞机都安全回来了。这句话是记者对付"报道限制"的经典之作；这次机智的报道，成为压力之下，记者成功报道的典范。

布莱恩·汉拉汉出生于1949年3月22日，1970年开始在BBC工作。曾经担任BBC驻香港、印度、莫斯科记者等。

记者：在你的眼中，什么样的记者是优秀的记者？

杰瑞米·鲍恩：诚实的记者，说真话的记者。

记者：你经常读哪几份报纸？

杰瑞米·鲍恩：首先是《卫报》和《金融时报》，然后若还有时间，会读《泰晤士报》、《独立报》、《每日电讯报》。周日，我会看《观察家报》。

记者：若有记者对战地报道感兴趣，你推荐他们看哪一本书？

杰瑞米·鲍恩：我写的《战地报道》（*War Stories*）。

记者：你退休之后打算做什么？

杰瑞米·鲍恩：我目前还没有退休的计划。我的孩子还小，我肯定要继续努力工作。可能再过20多年才会退休吧！我很喜欢做饭，我喜欢葡萄酒，喜欢体育，如果有时间，也希望能去听音乐剧，看展出。

□推荐阅读

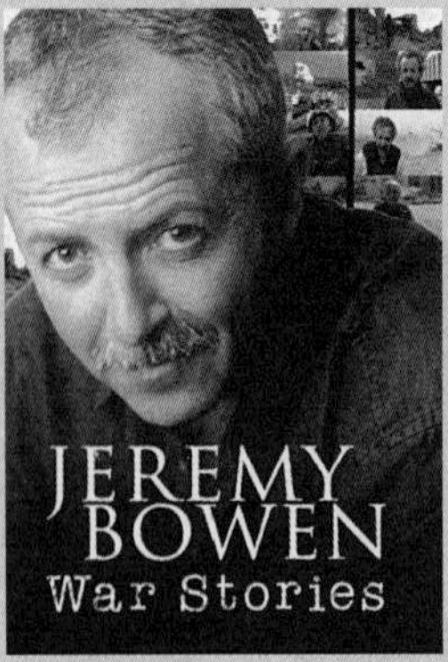

《战地报道》（*War Stories*）

1984年，杰瑞米·鲍恩加入BBC，4年后，他成为BBC的驻外记者。他目睹了国内外的很多暴力事件——直到他第一次报道萨尔瓦多的战争，他如鱼得水。带着年轻时的激情和无畏，他深爱上了战地报道。"听起来有点不可思议，我从来没有把战地报道当成是我的工作，我对战地报道充满了天生的激情。写这本书的原因是：很多人问我为什么冒着生命危险到战地采访，答案很复杂，不同的人有不同的答案。这本书里所写的就是我的答案。"

第8章

迈克尔·史密斯：保护“线人”是记者的职责

■ 我曾经是“特工”

■ 从来不花钱买新闻线索

■ 记者要会保护“线人”

■ 善于掌握实实在在的证据

新闻实务涉及

★ 写小说和写新闻稿件的区别。

★ 在描述细节时，能否运用想象？

★ 如何获得新闻线索？

★ 如何跟“线人”保持好关系？

★ 怎样确保“线人”提供的信息是正确的？

★ 如何发展更多的“线人”？

★ 如何保护“线人”？

★ 记者是否应该给“线人”钱？

★ 战地记者如何减少危险？

□记者档案

迈克尔·史密斯（Michael Smith）

出　　生：1952年

身　　份：《星期日泰晤士报》国防军事报道记者，《每日电讯报》国际新闻报道记者、战地记者等。

获　　奖：2006年，获得年度英国传媒奖的“年度特稿记者”称号。

著　　作：《怪男人出局：新加坡叛徒的故事》（*Odd Man Out：The Story of the Singapore Traitor*）、《X电台：破译密码者和布莱切利园》（*Station X：The Codebreakers of Bletchley Park*）、《英国的间谍：真正的詹姆士·邦德》（*Britain's Spies – the Real James Bonds*）、《福利先生：救了1万多名犹太人的间谍》（*Foley：The Spy Who Saved 10000 Jews*）、《特种部队》（*Special Operations Forces*）、《精英杀手：美国特种部队内幕》（*Killer Elite：The Inside Story of America's Most Secret Special Operations Team*）。

●**记者印象**

不能说的秘密

有些事只能说给记者听，有些地方只有记者才能到达——整个社会会受益于记者的提问。不过，前提是记者保护好新闻线索的来源，鼓励更多“线人”来“通风报信”。英国记者工会章程中明确规定：记者应该保护信息来源。

昔日《每日电讯报》的战地记者，今日间谍小说作家、《星期日泰晤士报》国防记者迈克尔·史密斯深知保护“线人”可不是一句口号——泄露秘密的结果是，轻则“线人”成为别人的“眼中钉”，重则导致“线人”丢掉工作，甚至丢掉性命。

迈克尔·史密斯本人曾经也是间谍，他自然清楚“游戏规则”。比如，为保护“线人”身份，他从不给对方发邮件，从不用手机和对方联络。

在“线人”的帮助下，迈克尔·史密斯发表了“唐宁街备忘录”（Downing Street Memo），该备忘录成为乔治·布什和托尼·布莱尔“狼狈为奸”的铁证——2002年，两人便决定进攻伊拉克，并为此找借口。

“唐宁街备忘录”在英国普选前一周发表，迈克尔·史密斯本想借此敲破托尼·布莱尔连任英国首相的美梦——尽管失败了，但是托尼·布莱尔的人气明显下降。“唐宁街备忘录”在美国引发媒体、国民大讨论，54万名民众联合签名，要求布什总统作出解释，说出伊拉克战争的真相。

美国《论坛星报》公然质疑布什政府：“布什总统在说谎，他周围的人也在说谎，我们都在允许他说谎。之所以发生这样的事情，是因为美国人很少质疑当权者。”

迈克尔·史密斯曝光这些曾经鲜为人知的秘密，要让更多英国人、美国人了解伊拉克战争的真相。除此之外，迈克尔·史密斯还利用自己的优势，写书报道间谍活动的真相、特种部队的真相、默默无闻的间谍英雄的真相。他写书再现莱切利园X密码破译站在“二战”中的“功绩”，它曾经成功破解了德国恩尼格玛密码机的密码系统，破解了德国高级电传打字机密码；他写书介绍英国军情六处间谍头目弗兰克·福利如何冒生命危险，协助上万名犹太人逃离纳粹统治下的德国；他写书讲述美国特种部队士兵如何追查恐怖分子，和毒贩周旋。

迈克尔·史密斯把自己的联系方式、关心的话题，清清楚楚地列在个人网站上，他希望更多的“线人”和他沟通。“线人”是记者的眼睛和耳朵，记者和“线人”互相尊重，互相信任，展现给公众一个更真实的世界。

●崔莹面对面

2005年5月1日，在英国普选的前一周，《星期日泰晤士报》曝光了一份3年前的政府文件——2002年7月“唐宁街备忘录”，文件标着“绝密，敏感，不准被复制，只给当事人看”。侯赛因会议内容是英国前首相托尼·布莱尔私自决定支持美国总统乔治·布什的计划，驱赶萨达姆·侯赛因。托尼·布莱尔召集军事部门、情报机构的首领商议如何为开战找到正当的借口。这份被泄露的文件正是托尼·布莱尔支持布什不合法计划的铁证。

文件由迈克尔·史密斯带到报社，因这篇独家报道，迈克尔·史密斯被评选为2006年年度英国传媒奖的“年度特稿记者”。

同是政府丑闻，“水门事件”的“线人”深喉已经浮出水面，“唐宁街备忘录”的“线人”依然是谜。

记者迈克尔·史密斯本人曾经就是特工——和他的会面也“扑朔迷离”，在和他反反复复的邮件联络中，他总是欲言又止，始终无法确定会面的时间和地点。最后，我们在伦敦皮克迪利（Piccadilly）车站附近的咖啡馆见面。

写了7部间谍小说

迈克尔·史密斯是间谍小说专家，他熟悉间谍、特工、特种部队的工作状况，他和英国情报机构、特殊行动团体的“线人”一直保持着密切的联系。

记者：请简单介绍一下你的工作经历？

迈克尔·史密斯：我15岁参军，在部队学习了阿拉伯语、德语等，后在英国的情报机构工作，主要负责打探恐怖分子的消息。我一直都很想做记者。1982年，离开部队后，我申请到了BBC的工作，在BBC做监听员，主要负责监听伊朗电台、俄罗斯电台。比如，了解阿亚图拉·柯梅尼（Ayatollah Khomeini）的行踪、苏联的对外政策等，这些新闻对BBC、英国政府、英美关系都很重要。后来我到了《每日电讯报》，报道国际新闻。20世纪90年代初，海湾战争爆发后，因为我有当兵的经历，报社派我去前线报道。1999年，报社又派我报道科索沃战争。后来，我又报道了阿富汗战争、伊拉克战争等。2005年，报社进行裁员，希望员工自愿离职，并支付大量补偿费。我一直想写书，正好这是个不错的机会，我就离开了。《卫报》网站报道了我离职的新闻，《星期日泰晤士报》得知这个消息后，邀请我加盟，我说我决定写书，但是我可以做他们的自由撰稿人。

记者：你写过哪些书？

迈克尔·史密斯：在离开《每日电讯报》之前，我已经写了7本书。我的第一本书是《怪男人出局：新加坡叛徒的故事》，最著名的包括《X电台：破译密码者和布莱切利园》，这本书曾位居英国热销书的榜首。我自己最满意的是《福利先生：救了1万多名犹太人的间谍》，通过这本书，人们了解了历史真相，弗兰克·福利援救犹太人的行为也最终得到国际认可。我主要写有关特工、间谍的纪实小说。我刚出版的书是《精英杀手：美国特种部队内幕》，现在正在写的是《MI6（军情六处）的非官方历史》。

◎小贴士：救了上万名犹太人的英国间谍

20世纪30年代时，弗兰克·福利在柏林从事护照签发工作，他利用职务之便为犹太人提供逃离时所需要的证件。英国外交大臣杰克·司特劳称他是“真正的大不列颠英雄”。

福利先生是一个戴着圆框眼镜、微微有些发胖的小个子男人，但他实际上是英国派驻柏林的间谍。

他不仅从宽解释有关签证的法规，使犹太人可以逃往英国和巴勒斯坦，而且还帮助犹太人伪造护照。尽管没有外交豁免权，他仍然让一些犹太人住在自己家里避难。据统计，被福利先生援救的犹太人超过一万人。

福利先生的功绩已经得到以色列的承认，和奥斯卡·辛德勒一样，他也获得了以色列政府颁发的“正义外邦人”勋章。

迈克尔·史密斯在《福利先生：救了1万多名犹太人的间谍》中写道：“对福利来说，他帮助过的很多人可能根本不知道是他帮助了他们。他们接受帮助时通常是一两个人或是一家人，他们去了巴勒斯坦，他们拿到了连自己都清楚本来不该拥有的护照，他们也不会对别人说起这件事。”

记者：书的写作风格和新闻稿件的风格相同吗？

迈克尔·史密斯：新闻稿要简短清晰，时间、地点、人物、发生的事件等新闻要素一定要包含在内。写书如同制作很松软的蛋糕，要有滋有味，写新闻稿就是制作一个结实的小圆面包。

记者：书中需要很多细节描写？

迈克尔·史密斯：并不是细节，是细节之间的空隙。在新闻稿件中，所有的细节都紧密地罗列在一起；在书中，你要考虑增强书的可读性，你要在细节之间多放进一些“空气”，这样书才会吸引人。

记者：你学习过如何写书吗？

迈克尔·史密斯：没有，不过目前，我在上如何写电影剧本的课程。如何写书？最简单的方式是读书，看别人怎么写书，然后模仿。有些记者擅长写新闻稿件，但是他们并不一定能写书，因为他们不知道如何把书写得可读性强。有些科研工作者总是竭力把一些研究成果都写进书里，结果，他们的书也不吸引人。书的基本要素是可读性要强。

记者：在描述细节时，运用想象？

迈克尔·史密斯：作者凭借自己的经验、自己的理解，对当时的情景进行推测，假想一些场景，假想的场景要包含尽可能多的事实依据。如同一张纸上有很多“点”，你要把这些点连起来，画面才会出现。完整的画面，有利于读者理解。连接这些点的同时，要注意陷阱，要确保这些事实的准确性。

给钱是鼓励“线人”造假

“线人”是提供新闻线索的人，“线人”未必是事件的参与者，但他们是知情者。通常情况下，“线人”对某种社会现象不满，向媒体报料，“线人”提供的线索一般都属于揭露性质的或是负面的。

记者：如何获得新闻线索？

迈克尔·史密斯：你需要耐心培养“线人”，即提供内部消息、新闻线索的知情人。有时候，你的“线人”可能好几年，什么都无法给你带来，但是总有一天，他们会带给你有用的信息。在“唐宁街备忘录”报道中，向我提供新闻线索、提供证据的“线人”和我保持了四五年的关系，但是之前，他从未向我提供过任何有价值的信息。

记者：如何跟“线人”保持好关系？

迈克尔·史密斯：记者要尊重“线人”、保护“线人”，即使不可能每周请他吃饭，但是你得像你希望别人对待你那样对待他。并且，保护“线人”也是新闻记者最起码的职业道德。比如，我所报道的涉及英国情报机构、国防部门的故事，都是被严格保密的内容。如果你不承诺保护你的“线人”，你根本无法获得这些信息。你的“线人”之所以向你提供这些信息，是因为对方信任你，你也不可以背叛你的“线人”。

◎小贴士：记者因保护“线人”坐牢

1978年，《纽约时报》记者迈伦·法尔勃（Myron A. Farber）报道了10年前一起13个病人离奇死亡的案件，他在报道中暗示代号为“Dr. X”的医生与其中5个病人的死有关。当地法院重审此案，并要求迈伦·法尔勃协助办案，交出所有采访笔记和录音带等资料。

迈伦·法尔勃与《纽约时报》认为，如果交出采访笔记及录音带等资料，“线人”身份会暴露，会导致所有消息来源受到威胁，会影响“线人”继续提供重大新闻线索和新闻事实，使新闻自由及公众知情权受到重大的威胁与损害。迈伦·法尔勃决定宁愿自己“遭罪”，也要保护“线人”。

迈伦·法尔勃拒绝和法院合作，因藐视法庭罪，被判坐牢40天，《纽约时报》也付出28.6万美元的罚金。《纽约时报》与迈伦·法尔勃提出上诉，被美国最高法院驳回。不过，迈伦·法尔勃还是认为自己做得对，他说：“如果我放弃了采访笔记和录音带等资料，我将毁损我的职业人格。”

记者：怎样确保“线人”提供的信息是正确的？

迈克尔·史密斯：很难确保信息的准确，因为你的信息来源渠道单一，但是也有查验的渠道。对“唐宁街备忘录”而言，直接问当事人“这些文件是否存在？”肯定不可能，英国国防部的官员、国防部的新闻发言人酷爱说谎，他们总是按照他们的意愿给你解释，所以，你肯定不能去问他们。你只能私下打听——结果是，有些官员告诉我：“这些文件存在，但是我不方便告诉你详情，我也肯定不会承认。”这就是有策略的求证方式。

记者：如何发展更多的“线人”？

迈克尔·史密斯：认识不同的人，和不同的人聊天，这是结识“线人”的重要渠道。不同的人有不同的关系网络，他们会介绍你认识不同的人。

记者：为得到新闻线索，你须要向“线人”付钱吗？

迈克尔·史密斯：我从来不花钱买新闻线索。如果给“线人”钱，“线人”很有可能为了钱，而编造一些根本不存在的新闻故事。他们会认为，他们的故事越离奇，越轰动，他们赚的钱也会越多。这是在鼓励“线人”造假。英国的通俗小报习惯于花钱买新闻故事，比如《太阳报》、《世界新闻报》等，但是我给刊登严肃新闻的报纸写新闻稿件，这类报纸不会花钱买新闻。

记者要善于保护“线人”

爱尔兰新闻学博士、《爱尔兰每日星报》的政治记者约翰·卡特（John Coulter）在《道德原因让记者保守秘密》（*The moral reason never to tell*）中指出：“保护新闻线索的来源是记者的绝对态度，保护‘线人’的身份是记者的职业道德。”

记者：你是如何得到“唐宁街备忘录”的线索的？是因为幸运？

迈克尔·史密斯：很显然有幸运的成分，因为我恰好认识这位知道内情，并愿意曝光内情的“线人”。不仅仅是幸运，而且是记者如何待人接物的问题，如果记者待人的方式正确，对方自然会愿意向记者提供新闻线索。并且，我所供稿的媒体《星期日泰晤士报》是一份高质量的报纸，拥有大量的读者，我的“线人”信任我，也信任我所供稿的媒体。

◎小贴士：“唐宁街备忘录”

“唐宁街备忘录”显示的是美国总统乔治·布什和英国首相托尼·布莱尔私下达成共识，一致同意用武力干涉伊拉克的政权更迭。这个决定在美国国会、联合国投票是否授权美军进攻伊拉克6个月前作出，不符合国际法的规定。

“唐宁街备忘录”的内容是2002年7月23日的会议记录。会议成员包括英国工党政府主要领导人和英国国防部、情报机构的主要负责人。“唐宁街”指的是英国首相的住所，即唐宁街10号。

会议记录的要点包括：英国情报机构的头目表示，“乔治·布什想通过军事力量，除掉萨达姆·侯赛因，可以借助的合理理由是恐怖主义和对方拥有大规模的杀伤性武器，情报机构掌握的信息要围绕这点适当‘修改’”。会议还援引英国外交部长杰克·斯特劳（Jack Straw）的原话：“布什已经决定，但是进攻伊拉克的原因不够充分。”

2005年5月1日，《星期日泰晤士报》曝光了这份“唐宁街备忘录”，英国政府并没有否认这份文件的真实性。

记者：彼此的信任很重要。

迈克尔·史密斯：这是人与人之间最基本的原则，不仅仅适用于新闻记者和“线人”。只要你真心对待别人，别人也会真心对待你。那些对人恶劣的人，别人也不会善待他们。一个人坚守信用，别人才会信任你。特别是涉及国防部门、情报机构的信息，很多信息属于机密，给你提供新闻线索的人很可能会惹祸上身，记者更应该小心谨慎地保护“线人”。我一直在保护我的“线人”。比如，每次和“线人”见面，我会关掉手机，以防有人通过手机信号，跟踪我。我和“线人”会见的地点也很严密，会见期间，我们彼此都不会和外界联络。有些记者不太注意这些细节，他们意识不到，他们的手机很容易被监听，邮件很容易被人阅读。

记者：“唐宁街备忘录”是在英国首相选举前一周报道的，你是否故意选择这个时间？

迈克尔·史密斯：是这样。之前，我掌握这个新闻好几周了，但是我决定在英国选举前一周曝光。结果，托尼·布莱尔还是连任了。也许，曝光的时间有点迟。

记者：“唐宁街备忘录”报道后，有人给你施加压力吗？

迈克尔·史密斯：英国警察部门的政治保安处（Special Branch）对泄露新闻

者进行了短期调查，但是他们要花更多的精力寻找“基地组织”（Al Qaeda）。我知道有人调查我的背景，我的报纸、报纸的律师都会支持我。结果是，对方一点线索都没有找到，这件让当事人丢丑的事，也不可能被告上法庭。

记者：你对政府不顾民意，故意做手脚感到愤怒？

迈克尔·史密斯：我尽量不流露自己的观点，“唐宁街备忘录”曝光后，我在网上设立了一个博客，让读者去评价，去表态。我个人并不支持伊拉克战争，我也不支持萨达姆·侯赛因，在是否应该除掉萨达姆·侯赛因问题上，我觉得值得探讨。如果50年以后，中东会和平的话，那证明应该除掉萨达姆·侯赛因，如果中东继续不稳定呢？这个决定就是错误的。特别是美国国防部长唐纳德·拉姆斯菲尔德（Donald Rumsfeld）做了很多愚蠢的事情。比如2002年5月，发动空间战根本就是不合法的；占领伊拉克后，他们也没有派遣足够的士兵保护伊拉克平民——根据协约，当一方占领一座城镇后，照顾当地的平民是他们的职责。而实际上呢？部队并没有这样做。关于“伊拉克拥有大规模杀伤性武器”的说法，更是一派谎言。所有这一切都令人感到愤怒——在过去的3年多时间里，遇害的伊拉克平民的数量比萨达姆·侯赛因执政时期遇害的平民数量要多得多。但是，我尽量在我的文章里不流露出这些愤怒，做到报道的客观公正。

记者：很多人认为美军发动伊拉克战争的主要原因是石油？

迈克尔·史密斯：我想比这要复杂，根本原因是美国想要控制整个中东地区的野心，毫无疑问，石油是重要原因之一。我认为英国外交部常务次官彼得·雷克茨（Peter Ricketts）的判断很有道理：“这场战争更像是布什和萨达姆之间的个人恩怨战。”

BBC被抓了把柄

“唐宁街备忘录”和安德鲁·吉利根的报道都由“线人”提供新闻线索，都关于英国政府在伊拉克战争中的“粉饰”，不同的是，给安德鲁·吉利根提供新闻线索的政府武器专家大卫·凯利的身份被暴露，他自杀身亡。

记者：你怎样看待安德鲁·吉利根的报道（请参看本书第1章，作者对安德鲁·吉利根的访谈）？

迈克尔·史密斯：安德鲁·吉利根是我的好朋友，他报道政府“在伊拉克是否拥有大规模杀伤性武器的问题上说了谎”，他的“线人”大卫·凯利博士自杀身亡。事发后，安德鲁·吉利根受到了很多指责。我认为，他的报道的出发点是对的，立场也是对的，只是在直播时，他的用词不恰当，令人感觉他在“断章取义”。但是这不是他的错。事发后，BBC应该承认安德鲁·吉利根的报道有小错，但会支持他的绝大部分报道。BBC没有这样做，却支持安德鲁·吉利根的全部报道，结果被人抓住了把柄。后来，安德鲁·吉利根凭借对伦敦市长肯·利文斯通的调查报道获得了2008年年度英国传媒奖的“年度记者”称号——这也是对他以往工作的肯定。

记者：那调查此事的《赫顿报告》呢，调查结果公正吗？

迈克尔·史密斯：那是在掩饰，政府要给自己一个台阶下。

记者：“唐宁街备忘录”的社会影响力如何？

迈克尔·史密斯：在英国，人们早就看透托尼·布莱尔的“粉饰”政策，加上之前安德鲁·吉利根的报道，“唐宁街备忘录”并未引起轰动。“唐宁街备忘录”在美国引起轰动。在美国，民众一向很尊重政府，政府的不光彩的行为被曝光，人们很惊讶，质疑声很强烈。

记者：安德鲁·吉利根和你的“唐宁街备忘录”报道的区别是什么？

迈克尔·史密斯：我的报道有充分的证据。安德鲁·吉利根的报道证据不充分——比如他的采访记录，在他的“Palm Pilot”手机里。而我的证据是实实在在的文件。

记者：美国媒体怎样开始重视这则报道的？

迈克尔·史密斯：因为互联网，这则新闻很快传到了美国。但是最初，美国媒体对此表示沉默。后来，《纽约时报》、《华盛顿邮报》等美国媒体陆续对我进行采访，“唐宁街备忘录”在美国引发大讨论。

记者：不少美国媒体拿“唐宁街备忘录”和“水门事件”作比较，你认为这两个事件之间的区别和联系有哪些？

迈克尔·史密斯：两件事情都是由“线人”提供线索，由报纸曝光的。不同的是，“水门事件”导致美国总统辞职，“唐宁街备忘录”让人们认识到政府的虚伪。“水门事件”中，尼克松的行为明显是在犯罪，但是没有人身亡，而伊拉克战争导致的结果是，每天，美国士兵都在战死。

战地记者要适时避险

截至2008年1月，在伊拉克战死的记者已经有126人。伊拉克被认为是世界上最危险的采访地点。迈克尔·史密斯认为，战地记者要善于自我保护，规避危险。

记者：你做过多年的战地记者，你怎样看待现在的战地报道？

迈克尔·史密斯：通常，战地记者了解信息的方式是跟着部队走，报道自然就有了局限性。好在，美军对记者相对开放，他们会让跟踪报道的记者获得尽可能多的信息。

记者：你最近一次战地报道是在哪一年？

迈克尔·史密斯：2006年10月，我报道了阿富汗战争。因为我现在是自由撰稿人身份，我和报社的全职员工所享有的人身保险不同，如果我出了意外，不会有人养我的妻子，也不会有人帮我付房屋贷款，所以我尽量少做风险太大的事情。

记者：战地报道时，你害怕吗？

迈克尔·史密斯：处于危险境地，最重要的是要知道该做什么，要怎么做，要知道什么是可能，什么是不可能，对你决定要做的事情多一些衡量。比如，是跟部队一起前进，还是自己回营地？哪种风险小？作为记者，没有必要拿自己的生命冒险，你出现在战场的目的是报道，如果你受伤、遇难了，你也就无法继续报道了，你在战场的价值也会随之失去。

记者：战地记者的职责是让读者了解战场上发生的事情。

迈克尔·史密斯：经常是，战地记者本人成了新闻的主角。但是读者并不关心这些。读者通过记者，想要知道的是战场上在发生什么。如果记者一遍遍叙述，“我怎么样，我怎么样”，读者就无法获得真相。

英国通俗报很荒谬

迈克尔·史密斯一家住在牛津郡。从他家到伦敦市区，开车需要两个小时。自从做了自由撰稿人，迈克尔·史密斯不必天天去报社。他用节省出来的时间写书——目前的收入也比之前做报社全职记者时的收入要高。

记者： 要写书，要写稿，如何协调两者的关系？

迈克尔·史密斯： 现在不用去单位上班，每周可以省出25小时上下班路上要花的时间。《星期日泰晤士报》是周报，因此稿件的压力也不是很大。我每周写一篇稿就足够了。我一般在前半周写稿，周五、周六写书，有时会连续写一整天，从早上一直写到第二天凌晨。

记者： 你经常关注英国的哪些媒体？

迈克尔·史密斯： 《卫报》、《星期日泰晤士报》和《金融时报》等。

记者： 你如何看待现在的英国媒体？

迈克尔·史密斯： 因为资金紧张，很多媒体放弃严肃新闻，而追求一些容易产生轰动效应的新闻、娱乐新闻。比如关于超级模特的——办报人认为，这类新闻会吸引年轻的女性读者，我认为这样的想法很荒谬。

记者： 如果可以回到过去，你还会选择做记者吗？

迈克尔·史密斯： 肯定会。

□推荐阅读

《福利先生：救了1万多名犹太人的间谍》（*Foley: The Spy Who Saved 10000 Jews*）

“二战”中，弗兰克·福利（Frank Foley）帮助上万名犹太人逃离德国，但是他一直默默无闻。弗兰克·福利的公开身份是驻柏林的英国签证官，而实际上，他是英国派往德国的间谍。因为这一特殊身份，弗兰克·福利所面临的危险更大，他时刻都有被逮捕的危险。但是他不管这些，他直接去集中营救人，把犹太人藏在自己的家里，为他们提供假护照。迈克尔·史密斯的这本书再现了这个聪明、富有人性的英国间谍的形象。

第9章

玛丽安·帕利斯特：写有“人情味”的新闻

- **用文章帮助人**
- **为采访，哪怕下跪**
- **记者要对采访对象负责**
- **做有人情味的记者**

新闻实务涉及

★ 采访时，怎样做到“入乡随俗”？

★ 如何赢得采访对象的信任？

★ 你尊重采访对象了吗？

★ 在事实面前，你会沉默，不报道吗？

★ 能带着个人感情写文章吗？

★ 怎样采访南非部落首领？

★ 你的采访是否伤害了采访对象？

★ 写好人情味报道，要看哪本书？

□记者档案

玛丽安·帕利斯特（Marian Pallister）

身　　份：《卫报》、《星期日泰晤士报》、《先驱》撰稿人，帮助赞比亚儿童受教育的慈善组织“MALI”的创办人。

获得奖项：“苏格兰年度记者”（Scottish Journalist of the Year），英国年度特稿记者（British Feature Writer of the Year）。

著　　作：《阿盖尔的新鲜事》（*Argyll Curiosities*）、《阿盖尔南部村镇》（*Villages of Southern Argyll*）、《迷失在阿盖尔》（*Lost Argyll*）、《昨天是夏季》（*Yesterday Was Summer: The Marion Campbell Story*）。

●记者印象

喜欢在厕所里备课的女记者

在发给我的邮件中，玛丽安·帕利斯特如此写道：“我现在继续写书，同时要负责协调我们社区的一项历史文化工程，要去教我建议开设的创意写作课，要继续经营我的慈善事业，张罗明年夏天赴赞比亚的助学活动，更别提我的远程教育的学生。我一定疯了！”

玛丽安·帕利斯特是我所就读的大学新闻系的客座讲师，曾经两次获得苏格兰新闻界最高奖项。“对话英国名记”的主意诞生后，我首先想到了她——她也是我最崇敬的记者，我经常想，如果我在新闻事业上的成就，及她的十分之一，我就会很满足了。

她留着微卷的披肩发，娇小玲珑，衣着精致典雅，她的脸很小，眼睛很大，一副弱不禁风的模样，难以想象她奔波于科索沃战场，在柬埔寨铤而走险，在南非疫区调查采访，发回一篇篇重头报道。我一直没敢问玛丽安·帕利斯特的年龄，唯恐泄露了这个美丽女人的秘密。我知道的是，她大学毕业后开始做记者，她开始做记者的时间是1965年。

课堂上，玛丽安·帕利斯特很少提及自己的经历——她是4本书的作者，10年来，她每年都到赞比亚做义工，她创办了援助非洲街头流浪儿的慈善组织。

玛丽安·帕利斯特的衣着打扮有点波希米亚风格，她爱穿长裙，爱戴很大的项链。走到哪里，她总爱提着大包，包里塞满了杂志、报纸。她还有个习惯，爱在厕所里备课，她自嘲：“没有比这里更安静的地方了。”我不禁想，玛丽安·帕利斯特的多少灵感，多少文章是在厕所里诞生的呢？

玛丽安·帕利斯特至今未婚，她独自住在苏格兰西部的阿盖尔（Argyil）区，玛丽安·帕利斯特的3本著作都和阿盖尔的地理、人文、历史故事有关。玛丽安·帕利斯特对自己的私生活毫不隐瞒，有一次，她在课程上谈到“我的男朋友”时，那神采，那表情，仿佛热恋中的小女孩。在毕业之际的烧烤聚会上，玛丽安·帕利斯特牵着男朋友的手，闪亮出场。

玛丽安·帕利斯特给人的感觉很亲切，很温暖——她的文章也充满了“人情味”。

她说：“在写作中，有些情感是无法避免的，我想用文字让读者感受到我所感受过的情感。”

她在一篇非洲见闻中写道：“来自刚果共和国的难民被邀参加了肯尼亚街头流浪儿的晚会，他们带来了他们的音乐，他们的舞蹈。一个小男孩告诉我，如果不是因为这些音乐，他们可能早就不在了。他们从自己的国家里逃出来，一无所有，除了记在脑子里的音调和一两盘磁带。”

玛丽安·帕利斯特随时都会热血沸腾，激昂澎湃，她写文章呼吁英国政府重视对青少年进行本国历史文化的教育：“如果我们不能表达我们的感情，我们的激情，我们的困惑，我们的希望，我们对和平和公正的向往，我们就什么都不是！如果遗弃了我们丰富的语言，我们会像被割了舌头一样成为哑巴，如果我们寻求不到文化的根源，我们就是来自蓝色珊瑚礁的外星人！”

无论是帮助发展中国家意识到公平贸易的真正内涵，还是倡议保护苏格兰濒危语言盖尔语，无论是著文为柬埔寨的难民寻求国际援助，还是帮助在繁华都市广场上露宿的问题青年，玛丽安·帕利斯特身上，时时都体现着西方新闻记者的社会责任感：“社会公平的守望者”，“公众的看家狗”。如果说传递信息是记者的本职，社会责任感就是记者最原始、最强劲、最发自内心、最源源不断的创造冲动。

当然，为了养活自己的理想，首先考虑的是吃饭问题，玛丽安·帕利斯特也不例外。课堂上，她传授给我们自由撰稿人如何多赚钱的“伎俩”——将同一采访，改写成数篇似是而非的稿件，投给不同的媒体；投稿时，要针对媒体，对症下药。她也把她的聪明才智用在了为慈善组织筹款上。她带动热心人动手制作圣诞卡、日历，然后进行拍卖，拍卖收入用于为赞比亚的流浪儿交学费；2007年底，她把自己的生日宴会搞成了捐款酒会，她收到的4000英镑“压岁钱”全部用于慈善事业。

玛丽安·帕利斯特瘦弱的身躯里永远饱含着孜孜不倦的力量，她继续追逐着她的梦想：“我希望用我的报道引起社会的注意，帮助一些人。”

玛丽安·帕利斯特还是素食主义者，只吃鱼，不吃肉。

●**崔莹面对面**

采访在我的家里进行。品尝过我的“中国厨艺”后，玛丽安·帕利斯特开始回忆她做记者的经历：在科索沃，冒着被警察追打的危险，她跟随市民一起上街游行；在柬埔寨和泰国边境的难民营，她了解到很多年轻的女子被泰国士兵强奸，却不能报道；在南非，她只身闯入艾滋病蔓延的村庄，先要给部落首领下跪。

玛丽安·帕利斯特的语速很慢，条理性很强，她惯用华丽的词语、成语，绘声绘色地描述那一幅幅鲜活的新闻场景，她双手紧紧地环握着茶杯，仿佛要把所有的惊喜、愤怒、伤感都隐藏在她握茶杯的力量之中。

有些情感无法避免

玛丽安·帕利斯特最擅长写的是人情味新闻。读她的文字，如身临其境，读者会不由自主地随主人公一起哭，一起笑。在一篇文章的开头，她这样写道：“在我见到阿比丁的前一周，这个村子就停水了。周日，阿比丁不得不走11公里帮家里挑水。而他一点也不以为意，说‘这没什么大不了’。”

记者：你已经做了40多年记者了，为什么会选择这个行业呢？

玛丽安·帕利斯特：上学时，老师这样建议我：“你的英文很好，你应该去做记者。”后来，一位记者来我们学校作报告，我受他的启发：告诉大家世界上正在发生的事情是非常有意义的工作。在大学的最后一年，我在聋哑人协会做义工，协会派我去格拉斯哥的一些很贫困的聋哑人家庭了解情况，在那种情景下，我想，我要做记者，写文章帮助别人。比如，我报道过远东地区的难民问题，那里的孩子忍受着屈辱和虐待，没有人愿意接受他们。我希望用我的报道引起社会的注意，相关部门会采取措施，帮助他们，这就是我的梦想。

◎**小贴士：人情味新闻**

人情味新闻（Human interest story）是西方新闻学中的一个术语，是有“人情味”的故事，能唤起读者共鸣或同情的报道。比如战争时期，某个士兵的生活经历，对自然灾难后，某个幸存者的采访或者某位事业成功人士的个人奋斗经历等。

记者：当时，女性记者凤毛麟角？

玛丽安·帕利斯特：我从1965年开始在英国《卫报》做记者，当时的女记者占少数，但也不少。当时的特殊性是，英国新闻界开始了由《卫报》女记者发起的女性新闻革命——女记者什么都可以报道，而不仅仅是家庭和时尚，比如战争，比如社会问题，比如对女性自身很重要的问题等。我努力争取各种机会，尝试各类报道。20世纪70年代末，在柬埔寨（“红色高棉”统治时期）采访的女记者大都是自由职业者，她们不受任何团体的保护，没有媒体的支持，处境十分危险。而我来自主流媒体《卫报》，对于《卫报》主编而言，这也是一个非常勇敢的决定。

记者：当时，在柬埔寨采访，一定很危险。

玛丽安·帕利斯特：在采访中，经常会有拿着枪的士兵挡住你，他们用枪对着你，问你是谁，来这里干什么。军队说了算，当地人没有多少同情心，红十字会忙于自己的工作，根本不可能指望任何一方协助你采访。有一次，红十字会同意带我们到边境，我们准备出发时，一辆卡车从边境驶了回来。车上有一名泰国士兵，突然朝卡车上的人扫射，扫射完车上的，再扫射司机。红十字会的人说：“对不起，我们不能冒险。”

◎小贴士：恐怖的高棉统治

没有人能够准确地弄清那4年时间里，柬埔寨究竟有多少人“人间蒸发”。在20世纪70年代中后期，遇难者至少是170万名，差不多是这个国家总人口的1/4。

1975年4月17日，“红色高棉”推翻朗诺政府，开始了所谓的元年。这一天是令柬埔寨人刻骨铭心、难以忘却的日子。“红色高棉”的领导人波尔布特，实行“民可使由之，不可使知之”的愚民政策。他发出命令，以战备为借口把城市居民遣散出城，并且欺骗老百姓说美国人要轰炸金边，谁也不准留下，不准携带行李。在士兵的强行驱赶威吓之下，四天之内，所有金边人被迫离开了世世代代居住的家园，成为彻头彻尾的无产者。

“红色高棉”的军人荷枪实弹，强迫城市居民迁往乡下改造，实践所谓的农业乌托邦计划。眨眼间，柬埔寨禁止私有制，没有工业，不准商品买卖，不准货币流通。波尔布特策划的这次200万人的大迁移，事先毫无物质准备，直接导致几十万人的死亡。

“红色高棉”把人分为“旧人”和“新人”。“旧人”主要指农民。“新人”则是旧政权的军政人员、知识分子、僧侣、技术工人、商人、城市居民。“新人”必须接受改造，每名“新人”必须重新登记，交代以前的历史。凡在朗诺政权服务过的人、对新政权不满者、不愿自动离开金边者，一律格杀勿论。接着是清理阶级队伍，有产者、业主、知识分子、教师、医生及其他专业人士都不是无产阶级，属于清理之列，连戴眼镜的人也不放过。然后是种族和宗教迫害，会说外语也是死罪。禁止所有的宗教信仰，关闭或摧毁所有的教堂和庙宇，佛教徒被迫还俗。除了整肃党内异己，普通百姓以越南或苏联间谍、美国特务等罪名遭疯狂屠杀，大多数遇难者全家都被斩尽杀绝。

“红色高棉”视知识为罪恶，不设正规学校，禁用书籍和印刷品。只准唱革命歌、跳革命舞，严禁西方文化传播。人们不能自由流动。全国没有邮政电信，也没有医院。“新人”在“旧人”的监督和管制下，从事超强度的体力劳动，他们被迫学习农活，种地修渠，白天工作十几个小时。据不完全统计，在此期间，至少有100万人因为劳累、饥饿、营养不良和疾病死去。

在高棉统治时期，不少柬埔寨人纷纷逃往邻国的难民营以寻求庇护。玛丽安·帕利斯特采访的便是位于柬埔寨和泰国边境的难民营。

记者：你提到，有时候，记者不得不选择缄默？

玛丽安·帕利斯特：我们发现，在泰国和柬埔寨边境的难民营，柬埔寨难民中的年轻女孩子被集中安排居住在泰国士兵的帐篷附近，这些女孩子每晚都被士兵强奸，而这些士兵原本是来保护她们的。红十字会的人对我们说：“请不要报道这些，因为高棉统治，这些难民的处境很危险，如果士兵撤走，难民被驱逐的话，那将会有成千上万的平民遇难。”那我们该怎么办呢？写文章告诉世界——这些女孩子被派来保护她们的士兵强奸，然后，导致更多的人卷入灾难？我和摄影师商量到很晚，决定接受红十字会的请求，保持沉默。这个决定一直萦绕在我的记忆里，直到今天，我也不知道这个决定是对还是错。

记者：后来，涉及这段历史的报道多吗？

玛丽安·帕利斯特：那样的局势一直持续了20多年。我也不知道后来发生了什么，一些年轻的女性侥幸离开难民营，去大城市做了妓女，另外一些冒险去其他国家，却丢掉了性命。我了解到的是，关于这些事情的报道并不多。人们了解的大都是那些躲过这场灾难的人的经历，但是那些被困在难民营里的人，没有了将来。作为媒体，充当了什么样的角色？我们去这些地方，报道这些问题，然后，我们又去别的地方，报道别的问题，公众会想：“那个问题已经解决，已经不存在了。”无论是水灾、饥荒或者有关战争的报道都存在这样的问题，很少有媒体关注后续报道。作为记者，我们亏欠这些卷入灾难的人，我们应该进行回访，再次关注这些问题。

记者：记者的职责之一是写文章呼吁，帮助人们渡过难关？

玛丽安·帕利斯特：记者要保持客观，要实事求是，要用最真实的文字，从各个角度进行报道，告诉人们那里正在发生的事情。记者将信息传达给人们，人们会自己作决定，作出反应。

记者：写文章的时候，你会带着个人的情感去写吗？

玛丽安·帕利斯特：有些情感是无法避免的。比如，在罗马尼亚，我去了很多孤儿院采访，那些孩子的处境十分恶劣。我是流着泪写完文章的，那种情感现在也挥之不去。

记者：客观报道并不是一件容易的事。

玛丽安·帕利斯特：在科索沃采访时，我们请了一名学生做翻译，结果，我们不了解的是他来自阿尔巴尼亚。在采访来自塞尔维亚的一家人时，这个学生竟然和对方吵了起来，采访无法进行下去，我们不得不离开。我对这个学生说：“我知道你和对方的观点不同，这也是我们去采访的原因。但是如果你不帮我们翻译，我们无法做到客观。”我和摄影师比尔·佛莱明（Bill Fleming）在罗马尼亚采访，当时，很多人不希望政权改变，他们聚集在一起游行示威，当队伍经过警察局总部的时候，一拨拨的人停下来，跪下，然后站起来，继续前进。我们很清楚，就在前一晚，很多记者挨了警察的打，如果那晚再次发生，我们该怎么办？但是，要做到客观，我们须要报道这方面的内容。

为采访，我跪了半个小时

入乡随俗，为赢得采访，玛丽安·帕利斯特不得不在一名年轻人面前跪了半个小时。其实这种跪，不存在位尊位卑的问题，也不存在人格与尊严问题，呈现的是一个充满社会责任感的记者对自己所从事的事业的执著和热爱。

记者：采访中，其他的困难有哪些？

玛丽安·帕利斯特：文化方面的差异。比如，你穿的衣服合适吗？你是否把该遮挡的那部分遮挡住了？你是否尊敬那些应该被尊敬的人了？你能不能用那样的方式和某人对话？无论你喜欢不喜欢，如果你不遵守规则的话，你就得不到你需要的信息。举个例子，在阿富汗，经常有很多身穿紧身牛仔裤，或者无袖T恤衫采访的女记者，但是我能肯定的是，她们采访不到她们想要采访的人，因为这些女记者根本不尊重她们的采访对象。你不得不尊重当地的风俗：无论是宗教信仰方面的，衣着方面的，还是男女交往方面的。

记者：只有尊重当地风俗了，才能得到你想要的答案。

玛丽安·帕利斯特：在南美洲的小村子里，如果那里有老人，无论是男是女，我肯定会跪下来，并按照对方的风俗去做。我会学习当地的手语，学习如何问候部落首领。非政府组织的一名负责人这样教我："两腿跪下，移动着进入首领所在的木屋，鞠躬，拍三次手。在和首领对话时，一直保持跪着的姿势，当你离开时，靠移动膝盖倒移出去。"如果你不这样做，说什么"我不给任何人下跪！"，那你也就无法和部落的首领对话了。说实话，我也不想这样做，也觉得这样做有失脸面，但是，如果我想要得到我需要的信息，告诉世界这里到底发生了什么事情的话，我必须这样做——他所统治的那个村子、那个部落，艾滋病迅速蔓延，出现了大规模的死亡。要采访当地人，就要经过部落首领的允许。在经过一系列的礼节之后，我很有礼貌地问："我可以采访你们的人吗？"他同意了。尽管我在这个年轻人面前跪了半个小时，但是我可以继续我的工作，我可以将疫情报道出去，呼吁外界援助，帮更多的人争取到他们继续生活下去的权利。

记者：你曾经多次被评选为优秀记者，比如你获得苏格兰记者的最高荣誉"苏格兰年度记者"、英国年度特稿记者等称号。怎样的报道为你赢得这些荣誉呢？

玛丽安·帕利斯特：获奖的两篇文章中，一篇是关于英国的国民健康体系（NHS）的，另外一篇是有关年轻人的社会保障问题的。当时，有相当一部分年轻人睡在街道上。那时，十七八岁，刚离开学校的年轻人，很难找到工作，政府也不给他们补助，如果他们的家庭不富裕，他们的生活就很难有保障。

记者：是发生在苏格兰吗？

玛丽安·帕利斯特：格拉斯哥、爱丁堡、阿伯丁等地都存在这个问题。在社会工作者（Social workers）的帮助下，我作了一系列的采访。文章发表后，人们逐渐意识到问题的严重性，有关部门开始重视，开始讨论应该采取什么样的措施。这篇文章获了奖。有意思的是，后来，我采访过的社会工作者，自发建立了名为"包括他们"（Include Them）的慈善组织，继续帮助无助的年轻人。我也是这个慈善组织的会员。

记者：你所采访的社会问题，大都是社会的阴暗面，采访对象会乐意谈吗？怎样去接近那些问题青年？

玛丽安·帕利斯特：你不得不赢得对方的信任。赢得对方信任的前提是尊敬对方。除此之外，你要认识很多的朋友。比如那些社会工作者，如果不是因为和他们认识了很长一段时间，作过关于他们的报道，他们也不会信任我，协助我进行采访。我记得很清楚，那天凌晨两时，他们带我到格拉斯哥的乔治广场，采访那些他们试图帮助的年轻人。当然，如果没有他们，我一个人半夜去采访也不明智。所以，你需要这些中间人，这些中间人须要确定的是：你的报道不会夸张渲染。然

后，他们才会带你去见被强奸的受害者、吸毒上瘾的人、犯罪的青少年等。你要尊敬你所采访的人。如果他们不希望用他们的真名，不希望某段经历被报道，你就不要用，不要报道。如果你的报道不符合实际，小题大做，或者故意煽情，你就损害了采访对象的声誉，你自己的声誉也消失殆尽。以后，别想再作类似的采访了。一个很讽刺的故事是：一名记者走进机舱，问道，“有人被强奸吗？”。可悲的是，类似的故事天天都在发生。有些记者只管把采访对象的遭遇当作新闻故事的原料，文章发表后，给采访对象造成了巨大的心理伤害。还有一些采访对象，有一段痛苦悲惨的经历，在接受记者采访时，他们并没有心理准备。记者不是心理师，不善于对待那样的情感。记者让采访对象重新回忆那段不美好的经历，记者获得新闻故事，走人，而采访对象沉浸在更悲伤的情绪里，而且，比采访之前更脆弱。所以，正确的采访方式是：不能硬采访，须要求助于心理学专家，须要关心采访对象，须要对采访对象负责任。

做有人情味的记者

2008年1月，玛丽安·帕利斯特从赞比亚回来，便在自己的博客中写道：“我们用大量的时间为孩子们辅导功课，他们的提问从人类克隆到公鸡尾巴上的羽毛是干什么用的。周末进行体育比赛，男孩子最喜欢的奖品是闪亮的羽毛笔。我们住的地方有空调，但是没有窗户，每天的食物只有豆子和玉米粉。学校里缺老师，也缺课本，老师自己都没有课本。去年底，在我的生日会上，我筹集了3000英镑，我们用这些钱为孩子们交学费。”除了擅长写有人情味的文章，玛丽安·帕利斯特本人也投身慈善事业，是颇有人情味的记者。

记者：你一直在做慈善工作，这和你的新闻工作有什么关系吗？

玛丽安·帕利斯特：慈善工作是从我的新闻工作中衍生出来的。很多年前，我去赞比亚参加一个有关艾滋病的会议，我偶然提到：我想听非洲的音乐，哪里有这

样的机会？当地人告诉我，周日，人们会聚集在教堂里唱歌。于是，我去了教堂，认识了当地的牧师。恰好，他们在筹建社区电台。在一个贫穷、很多文盲存在的国度，人们可能看不懂报纸，看不懂书，但广播，谁都能听得懂，广播是再合适不过的传播媒介了。而我，正好具备这方面的经验，我决定帮助他们。后来，我每年都自费去赞比亚，在电台义务工作一段时间。我又参与了其他的项目，比如，建立专门收纳艾滋病孤儿的学校，帮助街头流浪儿学技能、找工作的“街头流浪儿工程”等。在我的呼吁下，我们已经有了自己的慈善组织“MALI”（“The Mthunzi”和“Lilanda Initiative”的简写），这两个项目已经被列为慈善项目，很多热心人为这两个项目捐款。从去年（2007年）开始，我们用捐款为孩子们交学费，买课本。我们还组建了南非文化图书馆，南非有很多优秀的作家，我们要把这些作品收集保存下去。

记者：你为什么会对慈善事业充满热情？你的目标是什么？

玛丽安·帕利斯特：简而言之，这项事业也延续着我做记者的梦想——让大家意识到弱势群体，意识到被剥夺了生存权利的人。同时，我们会帮助这些年轻人了解其他国家的文化，了解他们所面临的问题。比如，让他们意识到强加于他们的不合理的贸易条约。在很多发展中国家，因为教育水平的局限，没有那么多精明的律师，能和来自美国、欧盟的律师争辩抗衡，结果，很多商业条约并不利于发展中国家的发展。我们总是很慈悲地说：“靠公平的贸易（fair trade），人们的生活会改变。”而实际上，贸易公平吗？欧洲人这样说：“你们只管出口你们的可可豆、咖啡豆，你们不能做高档的巧克力，这个我们自己做，我们自己从中赚钱。”出口的往往是原材料，但是原材料的利润很少，利润大的产品往往只能在美国、欧洲其他国家生产。在这种状况下，发展中国家的人们永远处于弱势，永远很脆弱。作为记者，我们必须写点什么，做点什么，让人们意识到正在发生的这一切。

记者：记者的职责之一是传达信息。之前，你将弱势群体的信息传达给英国媒体，现在反过来，你将外界的信息传达给弱势群体？

玛丽安·帕利斯特：对，记者的本职就是传递信息，我会用各种各样的方式，帮助人们获得更多的信息。让弱势群体更全面地了解周围的世界，或许，我早该这样做。我们一直很大公无私地说什么“我们应该帮助这些人”，而实际上呢，只有他们自己才能帮助自己。他们有能力帮助自己，他们有智慧帮助自己，他们欠缺的是通过接受教育而改变现状的能力，他们欠缺的是沟通，是外界的信息。

记者：只有教育才能改变这个现状。

玛丽安·帕利斯特：对。我们打算做的是，不仅仅是为他们支付小学和中学的费用，还要支付大学的费用，我们也会尽量帮他们争取奖学金。他们是赞比亚的未来。我希望他们成为律师、医生，或者是从事他们所热衷的其他职业。只有那样，他们和外界的竞争才会是平等的。有句老话这样说：“不让工人抱怨的方法之一是别让工人接受教育，因为他们的知识水平，不足以让他们抱怨。”人们一旦接受了足够的教育，就会去思考，思考他们能做的事情，思考他们如何改变他们的国家。这就是社会的进化——我们寻求的不是社会的革命，而是社会的进化。社会的进化只能通过教育实现，而这，也正是我在呼吁，在争取的。

记者：你现在每年都去赞比亚做义工吗？

玛丽安·帕利斯特：每年有一两次，应该多去的，但是我宁愿将钱花在孩子们的身上，而不是花在飞机票上。我经常在做的是，组织一些会议在当地召开，参观当地的学校，筹款募捐，安排两国年轻人的交换体验等。值得庆幸的是，有很多热心慈善事业的人在和我一起做这件事情。比如一些学生、医生，不过，他们得是可以出力的人，并且他们对那里的生活要有心理准备。比如淋浴，除了我和学生，还有一只青蛙和我们共享淋浴，那只青蛙已经在那里住了很多年了。

记者：是不是因为所见所闻，记者很容易投身慈善事业？

玛丽安·帕利斯特：好多记者都在从事不同形式的慈善活动。比如莱丝莉·里多克（Lesley Riddoch），她是英国著名的记者，她建立了专门培养和援助非洲女记者的慈善组织：非洲的女记者可以通过自己的文字，揭露自己的国家存在的问题，特别是影响女性生存的问题。她还参与了其他的慈善活动，比如“让贫穷成为历史”（Make Poverty History）运动等。面对着你所报道的弱势群体，如果你不被打动，不想做点什么，那你就太没有人情味了。

写启发人的书

玛丽安·帕利斯特对自己扎根生活的阿盖尔地区有种特殊的感情，她写了三本有关阿盖尔的书：《阿盖尔的新鲜事》（*Argyll Curiosities*）、《阿盖尔南部村镇》（*Villages of Southern Argyll*）和《迷失在阿盖尔》（*Lost Argyll*）。她认为新闻记者须要知道自己的根在哪里，而她，也一直在寻觅自己的根。

记者：那你为什么不写有“人情味”的书，而写历史题材类的书呢？我知道，你已经写了三本关于阿盖尔地区的书了。

玛丽安·帕利斯特：在某种程度上，两者是有联系的。阿盖尔的社会发展史和非洲一些国家的社会发展史很类似。比如，都存在压迫、贫穷、社会不公等。我希望这本书，可以帮助人们了解我们自己的文化，我们自己的根。尽管，这类书并不能够哗众取宠。我记得当时出版商问我：“你打算写在机场热卖的小说，还是写一本可以带你到各地巡讲的文化类的书呢？”我很倔强地表示，我要写的是一本可以带我到各地巡讲、给人们启发的书，而不是可以让我、让出版商挣很多钱的书。那样的书，人们读过就扔掉了，有什么意义呢？如果能够两者兼顾，那最好。然而，在目前的社会，又很不现实。如同英国著名的调查新闻时代——约翰·皮尔格的时代已经过去了，这类报道和这类书

虽然会继续有自己的读者，但是并非大众读者。

记者：你如何看待目前英国的新闻媒体？

玛丽安·帕利斯特：说实话，我对英国今天的媒体很失望，我的梦想是，有一天，这个局面会改变。媒体不应该只关注明星，只关注肤浅的琐事，还有更多严肃的问题值得去关注，去报道。

记者：和40年前的媒体相比较，英国新闻界的整体素质在下降？

玛丽安·帕利斯特：那时候，有更多的媒体有社会责任感。也许到20世纪80年代末90年代初，这个局面已经在改变了。罗伯特•麦克斯韦（Robert Maxwell）、鲁珀特·默多克大规模的收购，接管了英国大部分的新闻业，英国的新闻在变质，新闻界的整体社会责任感在下降。《太阳报》的日销量是300万份，然而，报纸的大部分内容是垃圾。而报道严肃新闻的报纸和杂志呢？销量只有几十万份，甚至几万份。

◎小贴士：罗伯特·麦克斯韦，被疑是以色列间谍的出版大亨

罗伯特·麦克斯韦（1923—1991）出生于捷克斯洛伐克的犹太人家庭，英国出版商，英国议会前议员。他白手起家，创建了英国第二大报业集团，不过，该集团在他去世之后陷入危机。

罗伯特·麦克斯韦家境贫寒，1939年，匈牙利进攻捷克斯洛伐克时，他的家人几乎全部遇害。1940年，17岁的罗伯特·麦克斯韦逃到英国，加入英国军队。他在部队中表现出色，1945年，他获得了军方的十字勋章。战后，他最初负责报纸的审查工作，后来，他涉足出版业。1951年，他买下出版科技图书的小出版社派加蒙出版社（Pergamon Press Limited），并将它成功运营为英国最大的出版集团之一。罗伯特·麦克斯韦最大的竞争对手是鲁珀特·默多克。1969年，罗伯特·麦克斯韦试图购买《世界新闻报》，但被对方阻止。到20世纪80年代，罗伯特·麦克斯韦出版集团包括《每日镜报》、《星期日镜报》、《苏格兰每日纪事报》、《星期日邮报》等，他同时拥有全球音乐电视网（MTV）在欧洲一半的股份，创办了麦克斯韦有线电视、麦克斯韦娱乐电视等。

有关罗伯特·麦克斯韦身陷巨债、商业欺诈的传闻不胫而走，但是因为罗伯特·麦克斯韦雇用了很能干的律师，每次他都虎口脱险。英国著名讽刺杂志《私眼》写文章影射罗伯特·麦克斯韦的“不良”勾当，结果被对方告上法庭，输掉了22万英镑。而事实上，罗伯特·麦克斯韦的确依靠借款、欺骗打造了媒体帝国。20世纪90年代末，来自鲁珀特·默多克媒体集团的记者调查发现罗伯特·麦克斯韦非法挪用公司上百万英镑的退休基金。罗伯特·麦克斯韦遭到员工的投诉，丑闻被曝光。

1991年11月5日，68岁的罗伯特·麦克斯韦从他的豪华游艇上意外消失，不久，他的尸体被发现漂浮在太平洋上。有人认为他是自杀，也有人认为他是被杀，他的女儿宣称他由于意外事故死亡。

罗伯特·麦克斯韦去世后被安葬于耶路撒冷的橄榄墓地。在葬礼现场，以色列首相沙米尔（Yitzhak Shamir）评价罗伯特·麦克斯韦：“他对以色列所作出的贡献，无法用语言来表达。”

一本名为《罗伯特·麦克斯韦，以色列的超级间谍：一个出版大亨的一生和被害》（*Robert*

Maxwell, Israel's Superspy: The Life and Murder of a Media Mogu）的书揭露，罗伯特·麦克斯韦曾经是特工，他一直协助以色列进行间谍活动。

◎小贴士：鲁珀特·默多克，用骇人听闻赚钱

鲁珀特·默多克（1931— ）出生于澳大利亚，是世界最大的跨国媒体集团新闻集团的主要股东、董事长兼行政总裁。默多克的父亲曾是一名战地记者，后从事报业，拥有澳大利亚4家报纸。1952年，默多克的父亲死于心脏病，正在英国牛津大学读书的默多克赶回家中处理后事，并子继父业。面对主要竞争对手《广告报》，默多克果断与其合并，《新闻报》开始盈利。1964年7月14日，默多克创办了澳大利亚第一家全国性报纸——《澳大利亚人报》，1972年他又收购了澳大利亚的《每日新闻》和《星期天电讯报》。

1968年秋，以发布黄色内容著称的英国星期日周报《世界新闻报》亟待转手，默多克买下该报的大部分股份。为了让该报重获新生，默多克要求该报大量发布骇人听闻。不久，该报出现转机。鲁珀特·默多克买下《太阳报》，打算把《太阳报》办成《世界新闻报》的每日版。到20世纪八九十年代初期，《太阳报》成为英国销量最大的日报。1981年2月，默多克又收购了英国的《泰晤士报》。

在美国，1976年底，默多克收购了《纽约邮报》，并创办了周报《国民之星》。当他发现《国民之星》无法赚钱后，立刻从澳大利亚搬来救兵，将其改版为名为《星》的彩色杂志，不久，该杂志开始盈利。后来他又买下了《纽约》杂志和《乡村之声报》、《新西部》。1982年，默多克买下《先驱美国人报》，并将其改名为《波士顿先驱报》，第二年又收购芝加哥《太阳时报》。对于所有出版物，默多克总是想方设法将其转变为文章短小、标题鲜明的出版物。2007年5月1日，默多克打算以每股60美元共计50亿美元的价格收购道琼斯集团，当年8月1日，双方达成协议，完成了这一收购。

默多克的野心并不仅仅停留在报纸上，20世纪60年代，他就取得了阿德莱德TV-9电视台的经营权。1985年，美国二十世纪福克斯公司陷入困境，默多克高价买下它的股票。同时，他还借机收购了都市媒体公司的7家电视台，组建了福克斯电视公司。美国法律规定非美国公民不得同时拥有报社和电视台。为了筹建自己的电视网，默多克不得不加入美国国籍。一年之后，福克斯电视公司成为仅次于美国广播公司（ABC）、哥伦比亚广播公司（CBS）和全国广播公司（NBC）的全美第四大电视公司。1989年2月，默多克在英国创办了天空卫星电视台。

在亚洲，1993年，默多克以5.25亿美元的价格收购了香港的星空卫视（Star TV），这家电视台的创办者是李嘉诚的儿子李泽楷。1999年3月，新闻集团北京代表处成立，次年，星空卫视在上海设立代表处。后来，默多克和刘长乐合作，筹建凤凰卫视。默多克拥有该公司45%的股份，刘长乐拥有45%的股份，CCTV香港拥有10%的股份。

默多克结过3次婚。1956年，他与空姐派翠西亚·帕特（Patricia Booker）结合，生下女儿普鲁登斯，1967年，两人离婚。同年，他与爱沙尼亚天主教徒、《每日镜报》19岁的记者安娜结婚，生下女儿伊丽莎白和两个儿子——拉克兰、詹姆斯。1999年，与安娜的离婚协议生效仅17天，68岁的默多克迎娶了32岁的中国女子邓文迪。接着，邓文迪为他生下两个女儿——格蕾斯和克洛伊。

记者：关注严肃新闻的人群也在减少吗？

玛丽安·帕利斯特：并非如此。有很多人继续关注严肃新闻，比如很多人用博客报道严肃的事件，讨论严肃的问题等。他们可能不是记者，是一般的公民。每个人都可以发出自己的声音，都可以说出自己的观点。目前新闻界的变化很多，观点多了，但是记者自己的调查采访在减少，令人欣慰的是，很多人意识到了这一点，在呼吁改变，革新。

记者：如果有记者对人情味报道感兴趣，请你推荐书给他们看，你会推荐哪本？

玛丽安·帕利斯特：马莎·盖尔霍恩（Martha Gellhorn）的新闻作品集值得一读。尽管有些文章看起来有点过时，甚至居高临下，但是她的作品最早唤起了人们的注意，而且她是最早打破女记者只能写家务事的、潜规则的女性。在大危机期间，她到处奔波，采访报道大危机对人们的影响。她的创新是她报道的不单纯是有多少人失业，而且是失业给个体带来的影响。她关注个体，从个体的故事着手，从个体折射出整个大背景，这就是人情味报道。另外一本书是关于杂志的，大卫·里德的《英国和美国（1880—1960）通俗杂志》（*The Popular Magazine in Britain and the United States 1880–1960*）。我对社会史非常感兴趣。从社会史中，我们可以了解到某个事件发生的原因，可以看到经验和教训。而这本书，告诉我们的是为什么某类杂志会在特定的年代诞生，为什么人们会有兴趣阅读，比如，18世纪初，只有社会名流才买得起杂志，有能力阅读杂志，到20世纪，中产阶级是杂志的主要阅读群体等。记者须要知道他们的根在哪里，继而才会了解他们所面对的市场，才会明白公众的需求。

◎小贴士：抛弃了海明威的战地女记者

马莎·盖尔霍恩（1908—1998）是美国记者、小说家、20世纪最著名的战地记者之一。她也是海明威的第三任妻子。1936年的圣诞节，马莎·盖尔霍恩和海明威相识，并于4年后结婚。但因为马莎·盖尔霍恩经常外出采访，长时间不在家，海明威很郁闷。1943年，在马莎·盖尔霍恩赴意大利采访时，海明威写信给她：“你是战地记者，还是我床上的妻子？”马莎·盖尔霍恩也不想生活在海明威的影子里。有一次，在接受采访时，马莎·盖尔霍恩特别强调，请不要提海明威的名字。1945年，两人离婚。马莎·盖尔霍恩的第二次婚姻是和美国《时代》周刊的主编汤姆·马修斯（Tom Matthews），两人的婚姻持续了9

年。某段时间，马莎·盖尔霍恩决定做顾家的女人，她在意大利的孤儿院收养了一个儿子，但是“好妈妈”没当多久，她就把这个孩子丢给了亲戚照顾。后来，这个孩子在寄宿学校里长大。马莎·盖尔霍恩大部分时间用于战地采访，她几乎采访了当时所有的战事，越南战争、中东战争、美国内战等。直到81岁时，她才感觉到，自己年纪太大了，不能继续跑来跑去了，她无奈地感慨：“手脚不灵便了。”1998年，马莎·盖尔霍恩90岁，她患了癌症，因病痛折磨，几乎失明，她在伦敦的住所服毒自杀。她去世后，以她名字命名的“马莎·盖尔霍恩新闻奖”一直延续至今。

□推荐阅读

《英国和美国（1880—1960）通俗杂志》（*The Popular Magazine in Britain and the United States 1880–1960´*）

19世纪末到20世纪60年代，是通俗杂志突飞猛进的发展阶段。20世纪初，铁路系统的逐步完善，为杂志提供了全新的发行模式。之后，印刷纸张的价格下降，纸张表面变得光滑，使云纹印刷成为可能。其他的原因，包括圆压圆印刷技术、机械照排等，都影响了杂志印刷的成本和速度。在书中，作者对这些变化进行了详尽的分析，包括印刷技术的变化，出版模式的变化，杂志和广告客户之间的关系的变化，杂志的编辑原则，杂志内容的变化等。

马莎·盖尔霍恩（Martha Gellhorn）的新闻作品集

《面对战争：战地报道作品集》（*The Face of War*：*collection of war journalism*）

《地面的观点：和平时期报道作品集》（*The View from the Ground*：*collection of peacetime journalism*）

第10章

安·莱斯利爵士：捕杀我自己的蛇

- **日本采访给自己加“官职”**
- **和杨宪益是好朋友**
- **采访时差点被强奸**
- **“战争报道狂”**

新闻实务涉及

★ 驻外记者如何获得新闻线索？

★ 如何赢得采访对象的信任？

★ 被采访人为何愿意接受采访？

★ 女驻外记者的优势和所面临的挑战。

★ 在日本采访，名片怎么印？

★ 驻外记者应该选择怎样的住所？

★ 谁来协助驻外记者采访？

★ 在中东采访，如何伪装自己？

□记者档案

安·莱斯利爵士（Dame Ann Leslie）

出　　生：1941年1月

身　　份：《每日邮报》驻外记者、专栏作家，《每日快报》记者。

获得奖项：2006年12月30日因“对新闻业的贡献”被封为“爵士”（Dame），1999年获得“詹姆斯·卡梅隆国际报道”奖、“报纸说什么”终身成就奖、“爱德加·华莱士（Edgar Wallace）写作奖”等。

著　　作：《捕杀我自己的蛇》（*Killing My own Snakes*）。

●记者印象

旗舰街的传奇女子

年轻时的安·莱斯利已经是旗舰街著名的专栏作家，《每日快报》甚至拿出整整一个版面为她做广告——她的雍容、华贵、美丽、智慧，一直延续到今天。

她在前线和炮兵促膝长谈，她和监狱里的战犯聊他们的母亲，她拒绝了大卫·尼温（David Niven）的求婚，她给了拳王阿里一个拳头。

安·莱斯利是英国现代最优秀的驻外记者之一，尽管她今年（2008年）已经67岁，《每日邮报》的工资册上依然有她的名字。她的文章锋芒不减当年，写美国大选，写布什，写加沙战火——她人虽在后方，心却继续在“前方”。

大概受妈妈的影响，安·莱斯利喜欢把自己打扮得“花枝招展”——超短裙，长靴子，色彩亮丽的外套。不过，这身装扮是费了心思的。面对“美女”，武装警察不知所措，殊不知“美女”的胸罩下藏了采访机、录音带。如果警察坚持要看通行证，“美女”会在随身携带的巨大的包里翻来翻去，拿出小镜子、小梳子、化妆品。嘴里嘟囔：“通行证就在包里的。”警察不耐烦地摆手——“美女”过关了。

当然，安·莱斯利也会把自己装扮成势单力薄的老太太，善良无辜的家庭主妇，一本正经的专家教授，声嘶力竭的泼妇，甚至在“花花公子”面前跳肚皮舞。只要采访需要。

为让战犯开口，安·莱斯利拿出自己女儿的照片，开始回忆。战犯对自己的母亲都很敏感，对别人的母亲却刀下无情，毫无怜悯之心——此时，想到自己的母亲，想到犯下的令人发指的罪行，战犯一边流着悔恨的眼泪，一边向安·莱斯利倾诉。

安·莱斯利的一生和她的事业一样是个“万花筒”。1941年，安·莱斯利出生于巴基斯坦，4岁的时候，她就被送往寄宿学校，她在1947年的印度和巴基斯坦恐怖袭击中差点丧生。她还是学生的时候，就只身前往西班牙一个以毒品交易闻名的渔村，她还和世界艺术大师达利有过一段忘年交。

安·莱斯利成为记者是个偶然。一个一心想远走高飞的牛津毕业生，在一个小酒吧遇到《每日快报》的记者，在对方的“诱惑”下，安·莱斯利入了行，也爱上了这份工作。“你写完文章，文章发表，就完事了，你再写另外一篇文章。我喜欢这种快速的兴奋感。”就是这种兴奋感，激励着安·莱斯利一次次出现在新闻前线。

驻外记者是“谋杀”婚姻的工作，安·莱斯利却和自己的丈夫相濡以沫近40年，还有一个以她为楷模、同样关心国际大事的女儿。一年中，至少有半年时间，安·莱斯利不在丈夫身旁，彼此自然不会厌倦——也许，这就是婚姻长久的秘密？

2008年，安·莱斯利的回忆录《捕杀我自己的蛇》出版。之前，安·莱斯利的经纪人把这本书的版权放到市场上拍卖，出版商支付给安·莱斯利的版权费超过6位数（上百万英镑）。

安·莱斯利一生都在新闻一线奔波，她认为：“如果你对周围的事物没有好奇心，你不要做记者；如果你不是‘青少年’，不要做记者。如果你像我一样永远是‘青少年’的话，就不会认为死亡会发生在自己的身上。”

●崔莹面对面

安·莱斯利的童年在印度和巴基斯坦度过，她10岁被送进英国的寄宿学校，然后，到牛津大学读书，然后从事新闻业——22岁时，安·莱斯利已经是《每日快报》的著名专栏作家。安·莱斯利却辞了职，说要做正儿八经的新闻。《每日邮报》聘她做驻外记者，帮她实现了梦想。40多年来，安·莱斯利前往70多个国家采访，几乎见证了同时期世界上所有重大的历史。

对安·莱斯利的采访约在她家附近的书吧。书吧里摆放着英国的传统家具，有大量存书。在这里，可以上网、喝咖啡、吃蛋糕，书吧还提供午餐。几位“职业女性”安静地坐在那儿，或看书，或敲打着键盘。

采访前，先读国家历史

在我采访安·莱斯利之前，安·莱斯利先发制人，对我进行了简短的采访。她问我的家乡，我的姓——提到我的姓，她想起了她曾经在20多年前，采访过的一位中国摇滚乐明星——崔健。我告诉她，崔健挺有名的。安·莱斯利打趣地说道：“他只对知道他的人有名。”

记者：你去过很多次中国？

安·莱斯利：我和中国有着特殊的联系，我的爷爷奶奶在中国结婚，我的奶奶曾经在上海复旦大学教英语课，我的父亲在中国天津出生。我最近一次去中国，是三四年前，我去了成都。1977年，我第一次到中国，当时，受中国政府邀请，我和撒切尔夫人一起去的。之前，我在香港工作了很长时间，但是很难有机会去内地。特别是在“文革”时期，更不容易。

到目前为止，我总共去过六七次中国，每次都是七八天。中国太大了，每个城市都不一样。我喜欢中国北方菜，也喜欢四川菜，但是我不喜欢广东菜。老话说广东人吃的特点：四条腿的，除了桌椅板凳不吃，什么都吃。

记者：你知道中国的谚语？

安·莱斯利：我读了很多关于中国的书。在去某个国家采访之前，如果你对这个国家丝毫不了解，就是对这个国家的亵渎。在去中国之前，我读了老子、鲁迅等，如果你不读这些书，不了解中国的历史和文化，就不该去中国，特别是这个国家的政治史和文化史，假使你一窍不通的话，你根本不配去那里采访。

记者：关于中国文化，谁对你的影响最大？

安·莱斯利：我和杨宪益先生很熟悉。他的妻子是英国人，他和妻子在牛津大学读书时认识。他向我推荐了很多关于中国文学、历史的书籍。

记者：你会说汉语吗？

安·莱斯利：不行。我没有语言天赋，如同我没有音乐天赋和数学天赋。据说，如果你是数学家或者音乐家，你很容易掌握新的语言。我目前能做到的就是，在60多个国家的餐馆里，用当地语言问候、点餐，仅此而已。

记者：成为记者是你的理想，还是偶然？

安·莱斯利：完全是个偶然。驻外记者是世界上最有意思、最令人兴奋的工作。并且，每到一个新的国家，你都会学到新东西。

记者：你做记者的动力是什么？

安·莱斯利：暴力、非正义存在于世界的各个角落，如果我们不站出来说话，帮助遭遇不幸的人，那我们就不算是文明的人。

采访要靠“关系”

以记者的身份进入朝鲜采访困难重重，安·莱斯利便以纺织品专家的身份申请签证。可是没有律师愿意给她作担保——没能进入朝鲜采访，成了安·莱斯利最大的遗憾。安·莱斯利还是不罢休，她跑到延吉，试图从朝鲜难民那里了解真相。

记者：你曾经在中国的延吉采访过当地的朝鲜难民，如何获得这个新闻线索？

安·莱斯利：我在很多国家工作过，和很多“线人”建立了联系，并且，新闻采访的第一个黄金原则是——保护你的“线人”。因此，对方会很信任我，即使我们很长时间不联系，只要我出现，他们会很乐意帮助我。人们总把驻外记者想象成——飞进战区，飞出战区，报道那些悲惨事件。其实不然，如果想成为好的驻外记者的话，你首先要尽量融入你所报道的那个国家的文化。其次，你要和当地人建立联系——长久的联系，而不是采访完，就结束了。在中国边境生活的朝鲜难民的故事，是我的一个北京朋友告诉我的，他曾经帮助过我，很信任我，并且，他也能够说朝鲜语。

记者：如何赢得采访对象的信任？

安·莱斯利：这取决于你的“线人”，如同中国人办事靠“关系”，采访也须要靠“关系”。实际上，在任何国家都存在“关系”。比如，如果我的“线人”告诉我，他的一个亲戚、朋友在哪里，有什么样的处境，并且，“线人”向他的亲戚、朋友表示，我是值得信赖的人，从来不会给接受采访的人带去麻烦，于是，对方就愿意把他们的故事告诉我——如果为了你的工作，而令对方陷入麻烦的境地，这种行为太不道德了。我们也会经常讨论，应该对“线人”提供的信息报道到什么程度。即使有对方的允许，也不能让对方处于危险境地。

记者：对方为什么愿意把他们的故事告诉你呢？怎样对待不同的采访对象？

安·莱斯利：一是，作为普通人，他们常常会感觉自己的存在不被重视，他们想向“高高在上”的那些人证明，他们说话是“算数”的。对待这类采访对象，记者要抱有同情心，避免让他们陷入危险境地。对于“专业”的意见不同者，同政府、权威对抗者，记者要尊重对方的意见。有些人希望公开自己的身份和姓名，有些人则希望被保密。公开对方的身份，也是一种保护方式，对方在大众的关注下，而不至于秘密消失。《圣经》里讲到：“只有上帝注意到那些死去的麻雀，其他人都没有注意到。”（Not one sparrow can fall to the ground without your Father knowing it.）这也是驻外记者的工作内容之一：关注那些死去的麻雀，报道那些被人忽视、不为人知的故事。

记者：在国外采访时，你通常住在哪里？

安·莱斯利：要看采访对象、采访的事件，决定住在哪里。比如在战区，所有的酒店被破坏掉了，能够找到一个干净舒适的床位就不错了。住当地人家也是不错的主意——我在成都和延吉就是这样。在某些国家，如果你住高档酒店，官方会很容易了解你的行踪，有时，这并非是件好事。

记者：采访老百姓，就住普通的旅馆，采访商人和官员，就住五星级的宾馆？

安·莱斯利：有些国家很“势利”。比如日本，日本就是很重视地位等级的社会。在日本，给对方递名片时，通常是身份较低者、年轻人向身份较高者、年长者递送上自己的名片。我刚开始在日本工作时，不了解这个习俗，我总是主动给对方名片，对方拿到名片后，使劲盯着看。我的名片用日文打印，但是“英国风格”，只标写了我是《每日邮报》的驻外记者。对方看完我的名片后，沉默不语——在日文里，有两种表达方式：敬称和亲密称呼。因为对方看不出我的“职位”，所以就不知道怎么和我对话了。一个日本朋友建议我重新印名片，加一个“官位”。

记者：官位？

安·莱斯利：对，我在名片上加了几个字——“负责国际关系的副主席”，之后，对方就知道怎么称呼我，安排我到哪类酒店住宿，比如帝国大酒店什么的，很有意思。

差点被强奸

女记者的优势是亲和性，很容易和采访对象打成一片。然而，对手并不会因为你是女性，而放过你——安·莱斯利曾经被波斯尼亚的狙击手射中，被津巴布

韦总统罗伯特·穆加贝（Robert Mugabe）的秘密警察跟踪过，被人用刀威胁过。

记者：与男性相比，女记者所面对的挑战有哪些？

安·莱斯利：女记者总要面对被强奸的危险。采访海湾战争时，我就差点被强奸，对方用刀恐吓我……但是我不认为强奸比死还要糟糕。尽管也很不幸，但是至少人还活着。我的一个朋友，她也是战地记者，她在安哥拉（Angola，非洲西南部国家）采访时，被关进监狱，那些歹徒天天强暴她，直到她被释放。这个女朋友告诉我：如果你的家人、你自己能够接受的话，这就不算是灾难了。我的家庭、我的朋友不会认为被强奸就是给他们带来侮辱，即使我被强奸，他们也不会抛弃我。在波斯尼亚就不同了，如果当地的穆斯林女人被塞尔维亚人强奸的话，所有人都会远离她。他们认为这个女人不仅是被强奸，而且丢了家族的脸。

记者：如果有人不顾自己的生命安全，获得新闻呢？

安·莱斯利：我认为，为了获得新闻故事，故意置别人、你自己的生命不顾，都是不道德的。虽然能发一两个头条，但是损害的是你或是他人的一生。我肯定不会这样做。

记者：很多记者在工作中被害，比如丹尼·珀尔？

安·莱斯利：在年轻的时候死去，似乎能名垂青史，但是我并不在乎那样的结果。我所认识的战地记者中，有6名在采访时遇难。显然，并非所有人都出了名。一旦失去生命，你的事业也就结束了。一个死了的战地记者是毫无用处的战地记者。战地记者总会很天真地想死亡从来不会发生在他们的身上，实际上，他们知道危险，但是故意逃避。对于这一点，战地记者宁愿永远天真。因此，如果你对周围的事物没有好奇心，你不要做记者；如果你不是“青少年”，不要做记者。如果你像我一样永远是“青少年”的话，就不会认为死亡会发生在自己的身上。

记者：在外采访，不好的经历是哪一次？

安·莱斯利：我不喜欢沙特阿拉伯（Saudi Arabia），不喜欢伊朗，因为我痛恨那身大长袍和面纱，特别是在夏天，当地气温很高，很多场所没有空调，可我又不得不用那身大长袍把自己裹得严严实实。

记者：非得这样穿吗？

安·莱斯利：在伊朗，我采访的内容使很多伊朗人被关进监狱，被谋杀，那是很敏感的话题。穿这身衣服可以隐瞒我的身份。只露一双眼睛，没有人知道你是谁。天啊，就是太热了！

记者：你在沙特阿拉伯、伊朗都有“线人”？她们都是“女线人”？

安·莱斯利：在伊朗主要是“男线人”，在沙特阿拉伯，都是“女线人”。

我认为，阿拉伯国家的女人恰恰是阿拉伯国家的将来。阿拉伯国家不能仅仅依靠石油。我曾经在中东工作过。阿拉伯国家的男性都偏懒，女性恰恰是一股“地下力量”，她们想法比较进步。

记者：你和当地女性相比，身高差不多？

安·莱斯利：我比较矮，但矮有矮的好处。作为战地记者，个子高的话，很容易成为被袭击的对象。并且，高个子很难与当地人打成一片。

“战争报道狂”

在西方，相当一部分战地记者被冠名为“War Junkie”（对战争上瘾的人），

指的是这些记者从不考虑个人安危，一次次上战场发回报道。安·莱斯利也是“战争报道狂”，她表示，在战地报道，因为太忙，根本没有时间多考虑。她最害怕的时刻是在医院打吊瓶的时刻。不过，那时候，她的任务已经完成了。

记者：在语言不通的国家采访，需要翻译协助？

安·莱斯利：对此，我感到很惭愧。协助我采访的不仅仅是翻译，同时也是了解他们的国家、他们的文化的人。他知道如何帮你提问，帮你和对方沟通。他要能够理解你的意思，也能够了解他们自己的人，自己的语言。很多驻外记者极力伪装所有的采访都是他们自己做的，没有外人帮助。但是我不会，我认为，如果没有“线人”、没有助理的帮助，我的工作根本无法完成。

记者：现在，很多驻外记者通常会从当地的媒体报道找新闻线索？

安·莱斯利：我开始做驻外记者时，很多国家的地方媒体是“无声”的。现代科技方便了记者的采访，也导致很多驻外记者失去了工作。比如伦敦的很多报纸，根本没有自己的驻外记者，编辑就在“Google”上搜一下，其他国家的新闻报道就有了。但是这样的报道，和记者到那个国家，感受到那个国家的气息，写出的报道完全不一样。

记者：在担任驻外记者的同时，你也报道过战争，你怎样看待战地记者的生活？

安·莱斯利：有意思的是，很多战地记者像是被注射了兴奋剂，一次又一次地冒险采访。我在战区采访时，也能够很多个晚上不睡觉，但是回到家之后，就不得不补觉。在战地报道，因为太忙，根本没有时间多考虑。我最害怕的时刻是在医院打吊瓶的时刻。不过，那时候，我的任务已经完成了。

记者：你采访过很多政府官员吗?

安·莱斯利：不太多，我对普通的老百姓更感兴趣，从他们那里，你可以听到更多的真话。在各个国家都是这样。和正式官员进行正式会谈，你很难获得真相。

记者：曾经有报纸邀请你去担任主编，你为什么拒绝了？

安·莱斯利：我不想做某个单位的全职员工，像出租车司机那样在队伍里等待打车的客人。不过，做全职员工的好处是，可以有津贴、养老保险等。我的丈夫会去考虑这一些，我更喜欢自由自在的工作。

妈妈是“交际花”

20世纪60年代，安·莱斯利做记者时，女记者寥寥无几，即使有，她们的工作内容也都是采访某重要的男性的夫人。安·莱斯利认为：“身为女性被认为是工作的障碍，但是这种障碍也是女性自己所默许了的障碍。而我，从来不能忍受这个障碍。”

记者：你和你的先生结婚39年来，一直都很恩爱?

安·莱斯利：是个“奇迹”。我和我的先生是大学时的同学，他也在牛津读书。他在BBC工作，所以他能理解我的工作，能容忍我，但是他也希望我少外出采访。特别是在当时，如果有了孩子的话，我这样的工作，就是很大的麻烦。早期的女驻外记者，大都是独身，更别提要孩子。你要对另外一个生命负责。我很幸运，我的女儿能够接受我整天在外采访。不过，每次去机场，我还是有歉疚感。

记者：你的丈夫很支持你的工作?

安·莱斯利：任何工作都需要家庭的支持，精神上的支持。

记者：但是你和你妈妈的关系似乎不太融洽？

安·莱斯利：我妈妈很令我头疼。可能我对她有点苛刻。她是非常美丽的女人，也很聪明。她也是牛津大学的毕业生，当时，能在牛津大学读书的女孩子寥寥无几。但是她那个时代限制了她——她结婚，生孩子，成为全职太太。可她不怎么关心我，她把我送到寄宿学校。她很自负，自负于自己的美貌。她很爱社交，经常去参加各种各样的聚会。即使我回到家，我和保姆待的时间也比和我妈妈待的时间要长。对我而言，她就像是一个美丽的影子——飘逸的红发，黑色的迪奥长裙，香奈儿5号香水，急匆匆地亲吻我一下，说声“晚安！”走出家门。

记者：是不是要向你的妈妈证明，你才执著于你的事业？

安·莱斯利：也并非是这样。随着时代的变化，女性不再把结婚、养孩子当作生活的全部，女性开始工作，开始拥有自己的事业。我妈妈的“悲剧”，是时代造成的。身为女性被认为是工作的障碍，但是这种障碍也是女性自己所默许了的障碍。而我，从来不能忍受这个障碍。

记者：你的女儿呢？她也是记者吗？

安·莱斯利：不是，我倒很希望她是。她在国际战略研究所（International Institute for Strategic Studies）工作，任一份刊物的主编。研究的话题很大，包括伊朗、核武器等等，她对国际关系感兴趣，我想，是因为我的原因。

记者：是你的丈夫把你们的女儿带大？

安·莱斯利：当我外出采访时，我的先生会照顾孩子，我们也请了保姆。

记者：你在家做饭吗？

安·莱斯利：当然做，但是我的先生不会做。我们两人刚在一起生活时，我会在出差之前，做一大堆饭，然后贴上标签，放进冰箱里冻好，给先生留纸条说明如何解冻，如何热一下等等。结果，等我回来后发现，这些饭原封不动地还在那里。后来，我索性就不管他了。我的先生靠吃巧克力、薯片就能够过下去。

记者：“驻外记者”和“妻子、母亲”，这两个角色怎么样同时做好？

安·莱斯利：好在我是自由职业者，不必天天去办公室，不用花时间和哪个同事相处，搞办公室政治等等。即使我经常去别的国家采访，我和家人相处的时间，比那些天天去“金丝雀码头”上班，下班后筋疲力尽的职业女性要多得多。我有时会接连离家几周，但是采访回来后，至少会休息10天。一个朋友告诉我：“你知道你和你先生为什么结婚这么久，关系还这么融洽？因为一年中，至少有半年时间，你不在他眼前。”也许因此，我们彼此都不会感到厌倦。

酝酿“梅开二度”

40多年前，安·莱斯利初涉新闻圈时，以报道影视娱乐新闻为主，40多年后，她满载着精彩，又回到了起点。与当初不同的是，她更加骄傲，更加自信，她证明了自己——她捕杀了无数条出现在她面前的蛇。

记者：为什么给你的书起名为《捕杀我自己的蛇》？

安·莱斯利：这里影射的是女权主义，我在美国采访新女权主义倡导者时的感触。当时的观念是，要成为好女人，就得像小女孩那样，害怕蜘蛛，打扮得像《在好船棒棒糖号》中的秀兰·邓波儿，要会恭维男人，说什么“强壮的先生，请帮没有力气的我打开这罐草莓酱”。特别是，一个女人，千万不要捕杀自己面前的蛇。而我，恰恰相反，我的一生都在冒险，都在“捕杀我自己的蛇”。

记者：你已经去过70多个国家了，还有哪些国家，你从来没有去过，很想去？

安·莱斯利：朝鲜。过去，朝鲜比韩国繁荣得多，但是因为疯狂的制度，朝鲜成为世界上最贫穷的国家之一。但是去过朝鲜的人告诉我，那个国家非常漂亮，四处都是山，没有多少污染。

记者：你的身体不太好，是工作劳累所致？

安·莱斯利：可能是不规律的生活方式导致。我的免疫系统不太好。2001年，我住了4个月的院。现在每天都要吃两次抗生素。我已经68岁了，因为身体的缘故，肯定不能再去战地采访了，我在考虑以后做些什么。

记者：做什么？

安·莱斯利：可能会跟电影有关。我从来没有去电影院看过电影，所有的电影都是在飞机上看的。以后会去看电影，写影评什么的。

记者：会去采访电影演员吗？

安·莱斯利：我不想采访那些已经被采访了好几百遍的名人。实际上，采访他们的最好方式是到拍摄场地。那时候，他们会放松，会成为另外一个人。并且，很多明星本人就挺无聊。我所采访过的最无聊的两个采访对像是肖恩·康纳利（Sean Connery）和罗德·斯泰格尔（Rod Steiger）。我喜欢詹姆斯·梅森（James Mason），我可以和他谈莎士比亚，谈易卜生和契诃夫。

记者：如果请你推荐关于新闻业的书给记者读，你会推荐哪本？

安·莱斯利：当然是我写的《捕杀我自己的蛇》。另外一本是安德鲁·马尔（Andrew Marr）的《我的行业：英国新闻业简史》（*My Trade*：*A Short History of British Journalism*）。他的书讲的是英国近代新闻史，我的书可博得大家一笑。

□推荐阅读

《捕杀我自己的蛇》

《捕杀我自己的蛇》是安·莱斯利的自传。安·莱斯利出生在拉瓦尔品第（巴基斯坦东北部城市），后又随家人去了印度。她的爸爸是石油商，她的妈妈是典型的“贵妇”，既聪明又美丽。可是，她的妈妈不喜欢她，把她送去了寄宿学校。在家里，唯一给她温暖的是保姆。她靠自己的努力，考进了牛津大学读书，又偶然成为记者。她一直在和命运斗争，一直和当时的男权主义社会抗衡——一直到她成为驻外记者，到70多个国家采访报道。在书中，安·莱斯利讲述萨尔瓦多·达利（Salvador Dali）如何和她一见如故；玛里森（Manson）家人怎样差点毒死她；她如何重击穆罕默德·阿里（Muhammad Ali）的下巴；在柏林墙倒下时，她怎样手舞足蹈。安·莱斯利从不畏惧艰险，她执著地自己寻找新闻故事，报道真相。她的经历展示给大家的是：这就是女爵士的样子。

《我的行业：英国新闻业简史》

如何决定是否是新闻故事？报纸主编每天都忙些什么？记者如何获得独家新闻？电视台选择新闻节目的标准是什么？如何说服人们毫不犹豫地说那些令人厌恶的、尴尬的事情？谁从中获利？记者本人如何看待自己的所作所为？作为新闻业内人士，安德鲁·马尔给出了这些问题的答案，还给出了更多问题的答案。他的这本书为那些热衷于读报纸、听广播、看电视的人提供了新闻幕后的故事。安德鲁·马尔会用他自己的经历告诉你当代新闻业的状况，他向你解释记者如何获得新闻线索，如何写专栏故事，他分析不同报纸主编的风格和影响力，对比广播电视新闻和平面新闻，质疑新闻业内部的堕落和腐败。作者安德鲁·马尔出生于格拉斯哥，从剑桥大学毕业后，他一直担任时政记者，先后在《苏格兰人报》、《独立报》、《经济学人》、《观察家报》和BBC工作。目前，他担任BBC时政新闻节目主编，他参与制作的电视节目包括《全景》（*Panorama*）等。1995年，他的时政专栏被评为“报纸说什么”新闻奖的“年度专栏”，同一年，他被评选为年度英国传媒奖的“年度记者”。2002年，他在“听众和读者之声”新闻奖中，被评选为“对电视业贡献最大的个人”。

第1章

伊万·戴维斯：善于做减法的财经记者

■ 财经记者要具备“简化”能力

■ 让采访对象放松，说出心里话

■ 用经济学家的眼光看问题

■ 对所有报道抱有质疑精神

新闻实务涉及

★ 现代财经记者应该具备什么样的能力？

★ 财经记者需不需要高学历？

★ 现场直播采访要注意什么？

★ 怎样让采访对象说真话？

★ 什么样的采访是成功的采访？

★ 如何准备问题？

★ 什么是记者型的主持人？

★ 对采访对象不礼貌合适吗？

★ 财经记者要读哪几本书？

□记者档案

伊万·戴维斯（Evan Davis）

生　　日：1962年4月8日

身　　份：BBC财经记者、编辑，制作*Clock News*、*Newsnight*，电视节目《龙穴》主持人，电台节目*Today*主持人。

获得奖项：1998年、2001年、2003年获得“工作基金会年度广播记者奖”（the Work Foundation's Broadcast Journalist of the Year Award），2002年获得“哈罗德·温科特（Harold Wincott）年度财经报道奖”（Harold Wincott Business Broadcaster of the Year award”。

著　　作：《政府开支》（*Public Spending*）。

●记者印象

在浴室里采访英国首相?

2008年7月14日，英国《卫报》公布了2008年度“英国媒体最具权力100人”排行榜，BBC原财经记者，现*Today*主持人伊万·戴维斯位于第69位。

读伊万·戴维斯的个人简历，令人感到乏味，他在牛津大学学习的是哲学、政治、经济学，在哈佛大学学习的是公共管理，然后在财政学院做研究员，在伦敦商学院做老师，后来加盟BBC。他的著作之一是《政府开支》。

他是怎样一个一本正经的人呢？英国某报女记者在采访完伊万·戴维斯后的感慨却是：“他太温和，太可爱了，尤其是他脖子上的银项链，让我不禁想起我的宠物狗，我有种用绳子拴着他，带他去散步，喂他食物的冲动。”

除了高大英俊，伊万·戴维斯的“秘密武器”是能够用生动舒缓的语言将令人费解的经济学术语、经济现象，描述得通俗易懂。英国新闻界的前辈杰里米·帕克斯曼对他的评价是“老虎”。

在BBC工作的大批记者毕业于英国牛津大学，这些记者的共同点是曾经参与出版牛津校报*Cherwell*，伊万·戴维斯也不例外，这大概是他后来从纯粹的经济圈投身到媒体圈的原因之一。

在BBC做了8年财经记者之后，2001年，伊万·戴维斯开始担任BBC的财经编辑，参与制作BBC电台和电视台的各类经济节目，特别是*Clock News*。他在BBC内部早已是“顶梁柱”，但让他为大众所熟知的是从2005年开播至今的、有关商业投资的电视节目《龙穴》，伊万·戴维斯担任该节目的主持人。随着这档节目迅速走红，大街上，能够认出伊万·戴维斯的人也越来越多。有意思的是，伊万·戴维斯得到这个主持机会的过程令他也哭笑不得。《龙穴》的制片人询问伊万·戴维斯该选择谁做这档节目的主持人，伊万·戴维斯建议“不要选择个性太强的”。结果，该制片人就对他说：“那就由你来主持吧！”

《龙穴》里的商业大亨对伊万·戴维斯的评价是：“他的提问很有趣，哪怕他提很难的问题，对方也不会感到紧张，他的提问让人感觉到很从容，很舒服。”“从他嘴里说出的话很清晰，很准确，他非常擅长将复杂的问题简化，并一语破的。”

2008年春天，伊万·戴维斯正式加盟被认为是英国最有影响力的新闻节目*Today*。英国《观察家》报的评论员米兰达·索亚（Miranda Sawyer）评价：“伊万·戴维斯能成为*Today*的主持人，这本身就很有趣，因为，伊万·戴维斯本人就很‘时尚’，生活在‘今天’。”

他机智，敏捷，平和，他知道自己在说些什么，他的天赋就是向全国人解释现在正发生的事情。他平易近人，可以信任，认识不认识他的人都愿意和他讨论是不是要买房，怎么贷款，向他唠唠柴米油盐的花费。

伊万·戴维斯在BBC网页上开有自己的博客，名为“伊万经济学”（Evanomics），主题是“以经济为工具，理解真实的世界”。他探讨的话题包括油价上涨，关注老年人，戈登·布朗的预算，如何挑选红酒等。伊万·戴维斯自我评价：“我并不是一个伟大的经济学家，我想大家喜欢我的原因是我能够将事情说明白。”

经济学家评价伊万·戴维斯：“总体而言，目前的经济报道都让人头大，伊万·戴维斯肯定获不了诺贝尔经济学奖，但是他对经济有着自己特殊的理解力和剖析方式，这很重要。”

对于自己的私生活，伊万·戴维斯也从不避讳。英国《独立报》评选的“粉色名单”上，伊万·戴维斯名列第49位，他是英国最有影响力的同性恋，他的另一半是法国建筑师吉约姆·鲍兹（Guillaume Baltz）。

因为脸很圆，耳朵很大，他被英国《卫报》专栏作家查理·布鲁克（Charlie Brooker）称为“世界上最大的泰迪熊”。因为伊万·戴维斯的好脾气，未经他的许可，英国著名的讽刺杂志《私眼》公开推销印有伊万·戴维斯名字的T恤衫。

伊万·戴维斯总是那么温和，他的提问总会让人感觉很舒服，很放松，有人想象着伊万·戴维斯在浴室里采访英国首相戈登·布朗：伊万·戴维斯一边帮他洗头，进行头部按摩，一边问“要看这么多的书，怎么会有时间管理国家？”。伊万·戴维斯采访英国财政大臣阿里斯代尔·达林（Alistair Darling）：伊万·戴维斯递给他一块平滑的搓澡巾，安慰他，“别发愁，并不是你的错”。

伊万·戴维斯的采访风格并非很挑衅，但是他可以获得他想要的答案。

●崔莹面对面

和伊万·戴维斯的会面约在了伦敦尤斯顿火车站。在火车进出站时刻表前，我按约定的时间打电话给他，他没有接听却挂断了，身后有人拍了我一下——高大、英俊、温和的伊万·戴维斯出现在我的面前。

伊万·戴维斯是英国著名的财经记者，因为温和、善解人意的主持风格，他也是众多女性心目中的“万人迷”。和他的单独“约会”，自然令我激动不已。伊万·戴维斯点了可乐和薯片，我们边吃边谈。有意思的是，他是我所采访的众多英国记者中唯一不点咖啡或者茶水的人。

眼前的他，脖子上戴着粗大的银项链，手指上戴着好几枚戒指，衣着也时尚前卫。说话的时候，他在微笑，眼睛在笑，脸上的皱纹也在笑，彬彬有礼得有些过分。

我擅长“简化”信息

过去，人们一接触财经节目就“愁眉苦脸”，恨不得关掉广播，关掉电视，现在，听了伊万·戴维斯的讲解，观众意识到，原来经济学不过是这么点事儿。

记者：很多英国听众、观众评价你是很优秀的财经记者，你觉得你优秀在哪儿？

伊万·戴维斯：我也不知道我是不是很优秀，或者什么让我变得优秀，但是我可以告诉你我工作的原则。很多新闻报道都侧重于包含的新闻事实和新闻信息越多越好，记者也尽可能地采访到更多的内容。但是有时候，信息筛选很重要，这就是我在做的事情。经济报道涉及的内容很多，数据也很多，你可以从报纸、从电视上看到。这些数字令人眼花缭乱，人们就会希望有一个人不要涉及这些具体的新闻事实，而只提供一个新闻事实的形状。这个人要对大量的新闻信息进行筛选，然后挑出最重要的三条信息，解释这三条信息之间的关系。我想，这就是所谓的简化，做减法，将复杂的问题简化，而不是提供越来越多的新闻事实。比如，如果我请你在一张纸上画出英国地图的模样，一种画图的方式是，你会画很多的细节，比如威尔士、泰晤士河口……我认为，最好的画图方式，就是画出一个三角形：这就是英国的模样。不是正方形，不是圆形，而是三角形。这就是我通常在做的，简化信息。

记者：对于你所抛弃的细节，你也同样了解吗？

伊万·戴维斯：我不知道所有的细节，但我知道不少的细节。为了做到准确地简化，你须要了解事件的主旨，你须要知道的是比简化的故事更详尽的内容，你须要了解更大的“图像”，然后，你才可以简化，简化出你所要讲述的“小图像”。

记者：有媒体认为，你的这种“简化”能力是现代记者应该具备的能力之一。

伊万·戴维斯：记者分很多种，如果每个记者都像我这样，肯定不合适。如果每个记者都在做和其他记者一样的事情，那也不合适。我们需要各式各样的记者。有些记者善于表达，有些记者善于写文章，有些记者善于解释，有些记者善于挖掘独家新闻，有些记者工作很卖力，天天晚上应酬，有些记者善于调查蛛丝马迹。这些能力各不相同，但各有各的作用，没有现代不现代之分。如果有谁须要职业建议，我会告诉他，发挥你所擅长的技能。如果你擅长调查，那就去做调查记者，不要成为我这样的，需要很多解释技能的记者。如何成为优秀的记者？你须要做的是，了解你的受众，了解你具备的技能，并把这两方面结合起来。再也没有比尝试去做你不擅长的工作更糟糕的事情了。

记者：那主持呢？你也擅长吗？主持《龙穴》让你从幕后走到幕前？

伊万·戴维斯：主持人只是偶尔客串，BBC经济部的编辑才是我真正的工作。在《龙穴》中，我并不是节目的主力，节目的制片人才是。在节目中，我主要对参加

节目，试图赢得投资的人进行提问，了解他们的感想而已。

记者：但是《龙穴》让你成了名。

伊万·戴维斯：让我更有名气了，哈哈。不过，我更倾向于参与制作经济类的节目，那样我有话说，可以自由发挥。在《龙穴》中，我的作用就是主持，很难加入自己的观点，受到的拘束也很多。

记者：后来，你为什么辞掉BBC经济部的编辑职位，担任电台节目《今天》主持人?

伊万·戴维斯：在《今天》工作也有很多的拘束，但是比《龙穴》的工作更有意思，更具创造性。在访谈嘉宾时，我可以掌控谈话的范围，我可以让这个谈话变得很有趣，含有很多的信息量，具有娱乐性，这也是一种独特的艺术。

◎小贴士：《今天》能“让全国人都听到你的话”

《今天》是在BBC电台4台播出的早间新闻时事节目，该节目已经在BBC播出了51年。周一到周五的播出时间是6时到9时，周六的播出时间是7时到9时。《今天》是BBC的名牌节目，也是最受听众欢迎的电台节目。除了日常新闻报道，节目中还包括对重要的新闻事件主角、政客的直接采访和重要新闻事件的深度调查报道。《今天》是英国最有影响力的新闻节目之一。

1957年10月28日，《今天》首播，当时只是20分钟的话题节目。1963年，《今天》由BBC新闻时事部负责制作播出，倾向于新闻性，长度被调整为两个小时，包括新闻简讯和宗教节目两个部分。

20世纪70年代末80年代初，在编辑肯·古迪（Ken Goudie）和朱利安·荷兰德（Julian Holland）的带动下，《今天》改变了报道政治事件总以伦敦为中心的偏向性。节目主持人兵分两路，约翰·迪普森（John Timpson）在伦敦，布莱恩·雷德黑德（Brian Redhead）在曼彻斯特同时报道。两位主持人的幽默，以及节目的公正性，令节目备受欢迎。布莱恩·雷德黑德风趣地说：“如果你想让全国的人都听到你的话，那这档节目就是在做这件事的。”

《今天》最具影响力的高峰是在20世纪80年代，当时英国首相玛格丽特·撒切尔（Margaret Thatcher）也是该节目的忠实听众。于是，英国的部长们都非常乐意接受《今天》的采访——好让首相听到自己的声音。但是因为主持人提问“刁钻”，节目被指责有偏向性。特别是当时的主持人布莱恩·雷德黑德，他的观点明显偏“左”。不过，直到今天，《今天》的嘉宾专访，仍在英国的政治生活中占有重要的一席。

从2003年开始，每年12月底的最后一周，《今天》邀请嘉宾参与节目的策划和制作。在节目的结尾，嘉宾接受采访，表述自己的经历和感受。受邀嘉宾包括莫尼卡·阿里（Monica Ali）、汤姆·约克（Thom Yorke）、斯蒂芬·霍金（Stephen Hawking）和诺曼·泰比（Norman Tebbit）等。其中颇有争议的嘉宾包括：2005年，大卫·布伦基特（David Blunkett）参与该节目，凭借这档节目和节目主持人约翰·汉弗莱斯（John Humphrys）理论，反败为胜；2006年12月29日，坎特伯雷大主教罗温·威廉姆斯（Rowan Williams）博士，在节目中讲述英国在伊拉克战争中的处境、英国武装部队的命运等；2007

年12月28日，彼得·轩尼斯（Peter Hennessy）谈参观核潜艇“警惕号”（HMS Vigilant）的感受等。

2003年夏天，《今天》记者安德鲁·吉利根（Andrew Gilligan）的报道导致一场轩然大波。该报道称英国政府将侵占伊拉克的证据夸大其词，在公布证据之前，政府已经掌握了证据的全部内容，并做了手脚。安德鲁·吉利根还称，政府可能明知证据之一是错误的。

安德鲁·吉利根的报道引发了英国民众对政府暗箱操作的愤怒。英国政府完全否认该项指控，英国议会决定任命独立检察官对事件进行调查。迫于压力，英国国防部生化武器专家大卫·凯利博士主动表示是安德鲁·吉利根的“线人”。不久，大卫·凯利自杀身亡。2004年1月，围绕该事件的调查《赫顿报告》公之于世。报道指责BBC对新闻处理不当。不久，BBC董事会主席加维因·戴维斯和总经理格雷格·戴克，以及记者安德鲁·吉利根相继辞职。

记者：《今天》的开播时间是早上6时，你是不是每天都要很早起床？

伊万·戴维斯：《今天》是整个团队共同工作的结果，制片人付出的心血比主持人要多。制片人要考虑节目的内容，邀请的嘉宾，节目的编排和剪接等。我一般是早上4时差10分到演播室，做准备工作，简单的练习，然后，6时到9时直播。节目每天需要两个主持人，目前总共有5个主持人。差不多，每周我要早起3天。有时候感觉还好，有时候感觉很疲惫。但是我很喜欢做这个节目，这个节目在英国占有重要的地位。

我也是经济学家

因为学的是经济，伊万·戴维斯主持经济节目游刃有余。伊万·戴维斯也很“自量力”：“虽然我不是多么伟大的经济学家，但是我能够用经济的眼光，把事情说明白。”

记者：在哈佛获得硕士学位后，为什么没有继续读博？

伊万·戴维斯：牛津的“政治、哲学和经济”是我的第一个学位，这个学位在英国很热门，但是，这个学位只是一个基础，为了解更多的经济学，我选择到哈佛大学读硕士。我没有读博士，因为我觉得，目前对于我的工作而言，硕士就足够了。

记者：如果有了博士学位，对你的工作帮助会更大？

伊万·戴维斯：当然不会有坏处，但是要注意的是，一定要避免一头扎进复杂的细节中。因为那样，要从繁冗的细节中摆脱出来就会变得非常难。如果过于学术，就会涉及很深的内容，你会对很狭窄的面作很深的研究。但是我要做的是，站在“大画面”的背后，看整个画面。如果你从高处看整个英国，你不会花很多时间去研究其中的一块岩石。

记者：你经常会采访一些经济学家，他们大都有博士学位，在他们面前，你会感到不自信吗？

伊万·戴维斯：不会，大多数情况下，我所采访的对象要比我知道的多，这也是我采访他们的原因。我要做的，就是能够提出“聪明”的问题，我不需要知道答案。

记者：你在BBC网站上，开有自己的博客“伊万经济学”，一般都写些什么内容呢？

伊万·戴维斯：关于经济是肯定的，另外也有一些经济学家的技巧、能力、思维方式，这些技巧和思维方式在其他领域也用得上。我喜欢用经济学家的眼光看问题，而这个问题不一定是经济方面的问题。将研究经济的“工具”运用到非经济的对象上，这样的研究方式很有效，很有意思，并且也非常合理。我希望我的博客里的文章不必多，但是每篇文章都有自己的思考。我不是那种天天写，每次只写几行字的人，我倾向于每篇文章都比较长，都很慎重。

记者：你认为自己也是经济学家吗？

伊万·戴维斯：我认为自己是经济学家。我不是世界上最出色的经济学家，但是我有我自己的专长。在研究经济方面，我擅长的是将复杂的事物简化。

让对方说出心里话

伊万·戴维斯认为，成功的采访是让采访对象说真话，让大众听得懂的采访，而不是让大家听得云里雾里、故弄玄虚的采访。

记者：什么样的采访是成功的采访？

伊万·戴维斯：首先，采访方式很关键，成功的采访方式可以让采访对象轻松地说出自己的真心话。采访的过程要像是两个人在对话，很放松，非正式的。当人们很努力地考虑要说些什么时，他们所说的往往是他们不想说的，或者故意扭曲的话。其次，最好提对方相对简单的问题，这些问题是节目的观众或者文章的读者也可能提出的问题。

记者：请举例？

伊万·戴维斯：我在做一期关于风险投资的电台访谈节目中，采访一位风险投资商，之前，我问了他很多的问题，比如资本成本、投资回报率等，而其实，这些提问都用不上，因为节目的主题是“风险投资商是什么”。如果提过于专业的问题，你的采访对象就会认为这个采访比他预想的要复杂得多，会把答案说得很专业，很复杂。但是因为采访是给公众听的，你的提问要可以带动公众的兴趣，让公众听得懂，而不是让采访对象觉得他在和银行家对话。

记者：在《今天》的嘉宾采访部分里，问题是你自己想的，还是整个团队在帮你准备？

伊万·戴维斯：节目的制片人可能会建议你：“为什么不问他们这个呢？”但是大多数情况下，我自己提问。记者应该自己考虑提问的问题。我要对采访对象进行了解，我知道应该问什么，什么时候问，怎么问……

记者：如何准备问题？

伊万·戴维斯：对于我们要谈论的话题，我已经掌握了一些常识性的内容，我会随时关注新闻，更新自己的知识。当新的问题出现时，我只须作一些细节上的了解，比如，会查一些材料，会和同事探讨这个问题到底是怎样的问题等。

记者：在直播采访中，你有没有被难倒的时候？

伊万·戴维斯：带着你认为适宜的问题去采访，了解听众的期待，应该不会有太大的问题。如果你实在不了解某个新闻故事，你可以迅速转换到另外一个话题。

记者：有没有让你感到遗憾，疏忽了的提问？

伊万·戴维斯：有过，关于对维多利亚·克里比（Victoria Climbie）的母亲的采访。这位母亲一直埋怨英国社会服务体系没有照顾好她的女儿，她的女儿因为受了亲戚的虐待而致死。而我，却没有想到反问这位母亲，难道她不应该负责吗？她为什么把自己的女儿扔给亲戚？可是，已经来不及了。我心里很难受，别人批评我，而我自己也认为这种批评是对的。

◎小贴士：8岁的维多利亚·克里比因亲戚虐待致死

维多利亚·克里比出生于非洲的象牙海岸，是家里7个孩子中的第五个。在7岁时，她跟着爸爸的姑姑玛丽亚·特蕾莎·考阿（Marie Therese Kouao）来到欧洲。考阿是在海牙出席一个亲戚的葬礼时，见到维多利亚的家人的，她表示，在欧洲，孩子可以接受更好的教育。尽管对考阿并不熟悉，维多利亚的家人还是满心欢喜地同意让孩子去欧洲。

1998年11月，考阿带着维多利亚来到巴黎，并安排她在巴黎上学，自此，维多利亚的噩梦开始了，她开始遭受考阿的虐待和折磨。不到一个月的时间，维多利亚经常旷课，在课堂上睡觉，学校向考阿发出通告，考阿向学校解释，说维多利亚患上了皮肤病。1999年3月25日，维多利亚最后一次出现在学校，她的头发被剃光，戴着假发。之后，考阿带着维多利亚离开了法国。据称，在法国，考阿假借维多利亚的名义，领取了2000多欧元的政府救济金。

她们搬到了英国伦敦。1999年4月24日到7月7日之间，因住房、救济金问题，考阿去了14次社会服务机构，其中7次，维多利亚和她同往。社会服务处的员工注意到维多利亚身上的伤疤，但是并没有在意。1999年6月14日，考阿认识了来自非洲的卡尔·曼宁（Carl Manning），考阿和维多利亚搬进了曼宁的住处。之后，维多利亚开始遭受考阿和曼宁两个人的虐待。

1999年6月18日，一个认识考阿的女子给当地政府打电话举报维多利亚的处境，并表示她的生命岌岌可危。几天后，这个女子再次电话举报，被告知，相关部门已经着手处理此事。1999年7月14日，来自社会服务处的员工找到维多利亚的住处，发现没有人在，此事件不了了之。后来，英国的警察、社会医疗健康体系的员工、当地教堂，都和受了虐待的维多利亚有过接触，都发现了她身上的伤痕，但是都置之不理。教堂神职人员甚至同意考阿的观点，认为维多利亚是"鬼附身"。2000年2月，8岁的维多利亚因饱受摧残致死。去世时，她身上有128处明显伤痕，体重只有24公斤。据悉，从1999年10月到2000年1月，曼宁一直强迫维多利亚睡在浴缸的垃圾袋里。

这一事件震动了英国社会，引发了英国社会对英国青少年工作适当性和有效性的探讨。2003年，英国政府正式对维多利亚·克里比受害事件作出回应，颁布了《每个孩子都重要绿皮书》。

该粗鲁时就粗鲁

有媒体指出，伊万·戴维斯代表了现代记者的形象，不温不火，善解人意，循序渐进地提问采访，将最有价值的信息传达给大众。

记者：你觉得你做主持人的独特性在哪里？

伊万·戴维斯：带有很强的新闻性，记者型的主持人。但是，我有能力做好记者，并不意味着我就是好的主持人，希望是吧！在节目中，现场采访嘉宾的难度很大。

记者： 难在哪里？

伊万·戴维斯： 在直播采访中要留意很多的事项，要看表，要保持一定的礼节，是严厉呢，还是温和，还是有礼貌？是打断对方呢，还是不打断？是提准备好的问题呢，还是听他的回答，从他的答案中找到问题，继续发问？采访向哪个方面引导？要考虑很多。

记者： 你的性格一向很温和，想象不出你粗鲁的样子。

伊万·戴维斯： 我也有很粗鲁的时候，尽管我不擅长。当我不得不打断对方时，他们都很生气。但是，有时候，你不得不粗鲁。

记者： 不过，即使你提令对方感到特别尴尬，特别难回答的问题，对方也不会生气？

伊万·戴维斯： 这可能是我的特点，我的个性。BBC的新闻节目有不同的采访风格，也挺好啊，如果人人都像约翰·汉弗莱斯(John Humphries)或者杰里米·帕克斯曼（Jeremy Paxman），那不是很傻？当然，如果没有约翰·汉弗莱斯和杰里米·帕克斯曼，也不合适。人们可能会认为采访的风格可以选择，我不这样认为。成功的采访是给人信息量的，吸引人的，充满了有价值的内容的采访。有些采访可能会吸引人，但是，内容很空洞；有些采访内容很充实，但是不够吸引人。成功的采访要在两者之间找到一个相对平衡的点。

◎小贴士："失言"的约翰·汉弗莱斯

1943年8月17日，约翰·汉弗莱斯出生于英国威尔士首府卡的夫。1981年至1987年，他担任BBC电视台新闻旗舰节目*Nino O'Clook Nows*的主持人。1987年开始，他担任BBC电台4台《今天》节目的主持人。他同时也是BBC电视台2台机智问答节目*Mastermind*的主持人。约翰·汉弗莱斯的采访一贯直截了当，爱追根究底，在大快人心的同时，接受采访的政客们对他却敬畏三分。

约翰·汉弗莱斯家境贫微，他的妈妈是理发师，爸爸是法式磨光工匠。在15岁的时候，他没有完成高中的学业，就辍学去做了记者。1966年，他加入了BBC。他被派驻美国和南非，担任驻外记者。1973年，他报道了尼克松被刺杀的新闻，1977年，他报道了罗得西亚到津巴布韦的转型。

1981年，约翰·汉弗莱斯被任命为*Nine O'Clock News*主持人，这也标志着英国新闻主持的巨大改革，自此，新闻主持人开始参与节目的策划、制作、播出，而不单单是新闻的播读者。2004年8月28日，约翰·汉弗莱斯在一场报告中批评英国电视的"堕落"，引起一片哗然。他指责《Big Brother》，指责电视肥皂剧中越来越多的暴力内容。2005年9月，约翰·汉弗莱斯的言论再次引发争议——他认为，几乎所有的政客都是撒谎者。

约翰·汉弗莱斯著有图书《失言》（*Lost for Words*），该书特别讽刺了当今的政治语言。约翰·汉弗莱斯指出："有一种致命病毒正损害着英语的健康，患者的症状包括无休止地重复陈词滥调，发明夸张虚伪的空话套话，爱喊空洞无物的口号，须表态时模棱两可，胸无点墨时套用行话，扭曲、篡改英语字词的原意等等。"

◎小贴士：总问"难题"的杰里米·帕克斯曼

1950年5月11日，杰里米·帕克斯曼出生于英国利兹，1977年起，他开始在BBC工作。他的提问犀利刁钻，总是一针见血。在英国，遇到不好回答，令人尴尬的提问，人们会开玩笑说，这是"帕克斯曼式的难题"。

杰里米·帕克斯曼在剑桥大学学习的是英文专业，在校期间，他同时担任剑桥校报《大学代表队》的编辑。杰里米·帕克斯曼最初在BBC的地方台任职，后被调到伦敦。之后，他做了5年的驻外记者，分别在黎巴嫩、乌干达、中美等地向BBC发回报道。1989年，杰里米·帕克斯曼开始担任《新闻之夜》（*Newsnight*）主持人。

1997年5月13日，杰里米·帕克斯曼进行了一次"著名"的采访。杰里米·帕克斯曼提问不久之后成为英国内政大臣的迈克尔·霍华德（Michael Howard）："你是不是威胁他（指的是英国监狱局局长德里克·路易斯）要废除他的权力？"迈克尔·霍华德给出的答案含糊其词，杰里米·帕克斯曼便接连质问了他12遍同一个问题。后来，在《新闻之夜》开播20周年纪念专题节目中，杰里米·帕克斯曼"婉转"地向迈克尔·霍华德解释，那样做的原因是为了拉长采访时间，因为接下来的那个节目还没有准备好。

1998年，联合国派往伊拉克的人道主义协调员丹尼斯·哈利达伊（Denis Halliday）愤然辞职，认为是"联合国造成了'受制裁的一代'（sanctions generation），联合国安理会对伊拉克犯下了种族灭绝的罪行"。杰里米·帕克斯曼在《新闻之夜》采访中反问丹尼斯·哈利达伊："难道你在为萨达姆·侯赛因辩护吗？"

2003年，英国前首相托尼·布莱尔选择通过接受电视观众提问的方式解释进攻伊拉克的原因，节目由杰里米·帕克斯曼主持。在节目中，杰里米·帕克斯曼提问托尼·布莱尔，是否和美国总统布什一起作祷告，托尼·布莱尔回答："不，杰里米，我们不会一起祷告。"

杰里米·帕克斯曼不仅仅是总让政客们下不了台。当《新闻之夜》的主编决定，在节目结尾播出天气预报，而不是金融简讯时，杰里米·帕克斯曼的天气预报也带着他的个性。比如，他曾经这样报道："今晚的天气？现在是4月份，你还能指望什么样的天气？"几周之后，《新闻之夜》的主编决定取消天气预报，继续让杰里米·帕克斯曼播报金融简讯。

2006年，由3000人投票选举的"最吓人的电视明星"中，杰里米·帕克斯曼排名第四。有很长一段时间，以杰里米·帕克斯曼为原型制作的木偶玩具经常出现在讽刺电视节目《Spitting Image》（1984—1996）中，以影射杰里米·帕克斯曼常常自鸣得意，并有点自负的形象。

记者：你的采访风格比较温婉，现代记者的形象是不是要很温和，有很多的耐心，善解人意？

伊万·戴维斯：如果你在寻求一个现代记者的公式，那其实没有唯一的答案。现代记者分很多种。如果我算是一种的话，并不是因为我这样考虑过，然后决定做这样的记者。是因为，我本人就是这个样子的，我在做我自己。显然，我也会考虑用不同的方式做事情，我也不能仅仅做我自己。一个优秀的记者要具备不同的技能，这些技能为他所面对的受众所认可、所接受。

记者：有人这样写道：你在浴室里采访英国首相戈登·布朗，你一边帮他洗头，进行头部按摩，一边问他“要看这么多的书，怎么会有时间管理国家？”。

伊万·戴维斯：那是一个笑话，大概因为我老是对人很和善，有人就编了这样一个带英国式幽默的笑话，不是真的。

要有质疑精神

记者的本性之一是质疑，而这种质疑精神不是学校的老师教授给伊万·戴维斯的，伊万·戴维斯的父母告诫他：“不要完全相信媒体，对于别人的言论，要抱有质疑的、哪怕是与之不同的观点。”

记者：你做记者，是否受了你父母的影响？

伊万·戴维斯：我的父亲是电子工程师，母亲是心理分析师。他们都是在南非出生、长大的，在我出生前，他们就来到了英国。他们没有影响我成为记者，他们影响我的是，不要轻易下决定，考虑问题要深刻，要寻根求实，对于媒体报道不能完全相信，特别是一些肤浅的电视新闻报道，要持有质疑的精神。

记者：你认为，谁是目前英国最优秀的财经记者？

伊万·戴维斯：在BBC，替代我的位置的史蒂芬妮·夫兰达斯（Stephanie Flanders），她是很优秀的财经记者，还有休·皮姆（Hugh Pym），他也不错。有一些很好的财经专栏作者，比如《金融时报》的经济评论员马丁·沃尔夫，《泰晤士报》的阿纳托尔·克莱斯奇（Anatole Koletsky）。财经记者是否优秀，取决于他是否满足了他所在的媒体的受众的需求。我不认为马丁·沃尔夫来BBC工作的话，会和我一样受欢迎，而我，若去《金融时报》，也肯定不会像他那样出色。优秀的财经记者要了解自己的受众，并有独特的传递受众所需要的信息的方式。采访技术，并不存在对和错，重要的是，优秀的财经记者一定要以消费者、受众的需求为中心。

记者：你会修改维基百科（Wikipedia）中关于你的个人信息吗？

伊万·戴维斯：哈哈，我知道里面有很多“粗鲁”的成分，但是没有必要删除掉，我偶尔会修改一些硬错误，比如我中间的名字写错了。人们有随意编写维基百科的自由，我不想充当审查官。

记者：有些内容很有意思，比如文中提到《私眼》杂志社在出售印有你名字的T恤衫？

伊万·戴维斯：我不知道这是怎么回事，但我的确看到有人在穿，看到有人拿我开玩笑，我会感到很开心。这个周末BBC的喜剧片《哈里和保罗》，会模仿《龙穴》，他们会拿我开涮，据说在片中，我的耳朵非常非常大，那也没有关系。

记者：在中国，耳朵大的人有福气，耳朵越大，越有福气。

伊万·戴维斯：是这样吗？哈哈，很高兴知道这一点。

记者：你认为你自己很幸运吗？

伊万·戴维斯：我觉得我很幸运，因为，我在用我所具备的能力做我能够做的事情，这样做的回报很高。如果你具备的能力任何人都具备，你做出成绩就比较难，如果你具有与众不同的能力，你做出成绩的机会就比较大。我认为我很幸运，我的生活很幸福，收入也不错，在很重要的媒体拥有一份很好的工作。能够成为你自己，有一份好工作、相对不错的收入，这就是幸运。

记者：你平时主要关注哪些媒体？

伊万·戴维斯：比如今天，我读的是《泰晤士报》和《金融时报》，我浏览了BBC的网站新闻，我还带着《新政治家》（*The New Statesman*），我打算坐地铁回家的路上看。我喜欢看小报的头几版，看他们都写些什么。尽管每天都很忙，有比读报纸更重要的事情要做，但是，我尽量让自己接触大量的新闻，大量阅读，更新自己的知识面。

记者：你写过一本名为《政府开支》（*Public Spending*）的书，最近在写其他的书吗？

伊万·戴维斯：我有很多的主意，但是目前没有时间实施。除了*Today*和《龙穴》，我还在做3档关于城市和金融的电视节目，我担任主持人。然后，我在BBC电台4台主持一档商业谈话类节目，这档节目每月两期。

记者：如果请你推荐图书给财经记者，或者给想做财经记者的人看，你会推荐哪几本书？

伊万·戴维斯：我会推荐史蒂芬·李维特（Steven D. Levitt）的《魔鬼经济

学》（*Freakonomics*）和蒂姆·哈福德（Tim Harford）的《卧底经济学家》（*The Undercover Economist*），至于微观经济学，你不得不去学习了。对经济学原理的掌握需要一段时间的培训，不可能一夜而成。我建议大家广泛阅读，比如《经济学人》（*The Economist*）杂志也值得读。

记者：退休之后，你打算去做什么？

伊万·戴维斯：我不知道，因为我一点都不想退休。可能会去放松或者阅读。阅读我喜欢的内容，比如我很喜欢的地理学和心理学，我想知道得更多。这两个学科都很有意思，都和经济密不可分。我不是喜欢画画的人，我喜欢旅游，喜欢吃东西。

□推荐阅读

《魔鬼经济学》（*Freakonomics*）

哪一个更危险，手枪还是游泳池？学校老师和日本的相扑手有哪些共同点？为什么毒品商贩还和他们的妈妈住在一起？对于子女，父母到底意味着什么？堕胎的合法性如何影响暴力犯罪率？

这些问题似乎不该由经济学家来研究，而史蒂芬·李维特（Steven D. Levitt）并不是传统意义上的经济学家，他研究的是日常生活中的谜，从欺骗到犯罪，到体育运动，到抚养子女，他得出的结论，彻底颠覆了人们传统的智慧和思维方式。

《魔鬼经济学》由史蒂芬·李维特和著名作家及新闻记者史蒂芬·都伯纳（Stephen J. Dubner）合作完成。通过生动的故事，独特的视角，他们试图传达的是：经济学，归根结底也是一种动机学——人们如何实现他们的愿望，特别是在其他人抱有同样愿望的同时。在《魔鬼经济学》中，作者向读者展示的是不为人知的秘密，比如，黑帮内部分工，房地产中介商的“猫腻”，竞选经费的来源和走向，学校老师作弊的内幕，三K党的组建过程等。

串联起各个故事的思路是，在现代社会，尽管存在复杂，存在欺骗，但是并非不可理解，如果提问正确的话，答案甚至要比我们想象的要有意思得多，这需要的是一个全新的看待事物的方式。

2005年，《魔鬼经济学》首次在美国出版，并连续两年位居《纽约时报》热销书榜首，该书已经被翻译成30多种语言在全世界销售，销量超过300万册。

《卧底经济学家》（*The Undercover Economist*）

清晨，在伦敦滑铁卢火车站买咖啡的人络绎不绝，谁从中赚了大钱？为什么成为有房一族那么难？为什么公共洗衣店可以赚钱，街头卖毒品的却赚不了钱？谁从移民中受惠？中国如何在50年的时间里迅速发展，摆脱贫困？星巴克和其他咖啡供货商如何为咖啡定价？为什么很难买到一部像样的二手车？为什么美国的健康保险体系在走下坡路？……在《卧底经济学家》中，作者蒂姆·哈福德（Tim Harford）用独特的视角，对人们习以为常的现象，作出全新的解释。书中涉及众多经济学的原理，包括供需互动关系、市场失败、外部经济效益、经济全球化、国际贸易、相对有利条件等。抛弃传统的思维观念，蒂姆·哈福德试图告诉读者的是，智慧、力量的竞争，改变的不仅仅是综合国力，而且是人们每日的选择和生活习惯。

第12章

亚历克斯·布鲁默：做“不受欢迎”的记者

■ 午饭上获得新闻
■ 财经文章要通俗易懂
■ 要有批判的眼光
■ 看公司的弱点

新闻实务涉及

★ 从哪里获得财经评论的线索？
★ 如何写财经评论？
★ 怎样发现公司的弱点？
★ 什么样的记者是优秀的财经记者？
★《每日邮报》的财经报道和《金融时报》、《卫报》的财经报道的区别。
★ 财经记者须要具备哪些方面的素质和能力？
★ 推荐给财经记者阅读的书。

□记者档案

亚历克斯·布鲁默（Alex Brummer）

生　　日：1949年5月25日

身　　份：《每日邮报》城市版主编、财经评论员，《新政治家》专栏作家，曾任《卫报》金融版主编、《卫报》主编助理、《卫报》驻美国首席记者等。

获得奖项：纽约海外媒体俱乐部（Overseas Press Club New York）“最佳驻美记者”（1989年），年度英国传媒奖（British Press Awards）“年度金融记者”（1999年），哈罗德·温科特媒体奖（Harold Wincott Press Prize）“年度资深金融记者”（2001年），英国工作基金会（Work Foundation）“年度记者”（2002年），世界领导力论坛（World Leadership Forum）“年度商业记者和年度评论员”（2006年）。

著　　作：《危机：北岩银行丑闻和信用危机的升级》（*The Crunch: The Scandal of Northern Rock and the Escalating Credit Crisis*）、《温斯托克：英国早期实业家的一生和时代》（*Weinstock: The Life and Times of Britain's Premier Industrialist*）、《汉森：英国海盗式商人的崛起》（*Hanson: The Rise and Rise of Britain's Most Buccaneering Businessman*）、《危机：揭露信贷大丑闻背后的事实》（*The Crunch: Uncovering the Truth Behind the Great Credit Scandal*）等。

●记者印象

推倒“岩石”的犹太人

2009年2月23日晚，伦敦政治经济学院举办一场题目为“为什么没人告诉我——评析2008年媒体关于世界经济危机的报道”的讲座——发言人之一是英国“第一经济记者”伊万·戴维斯（Evan Davis），另外一个是《每日邮报》城市版主编、财经评论员亚历克斯·布鲁默。

这个讲座恰逢其时。不久前，英国财经媒体受到政府指责——经济报道最会“火上浇油”，导致银行遭到挤兑、围攻。然而，延迟报道，新闻审查，阻碍公众的知情权，就能阻止经济危机的发生，就能阻止人们对银行家、对金融政策的谴责吗？

亚历克斯·布鲁默认为：“这是风险管理的失败，金融规章制度的失败，而不应该从媒体报道找原因。银行以利润为中心的本性，导致记者很难获得真相，这个工业在用大量的资金，试图歪曲、掩盖事实。并且，公众关心银行到底出了什么问题，我们的言论，我们的报道并非毫无根据，而是在深思熟虑之后进行的。”

亚历克斯·布鲁默的杰作之一是对北岩银行（Northern Rock）的跟踪报道。当其他记者忙于和银行的公关人员“礼尚往来”时，亚历克斯·布鲁默在一旁“冷言冷语”，他一开始就发现这种“借钱放贷”的弊端、高风险。北岩银行被国有化之后，亚历克斯·布鲁默出版图书《危机：北岩银行丑闻和信用危机的升级》，用讲故事的方式娓娓道来，让人们看清了整个事件的内幕。“清晨，按惯例，格雷厄姆·哈瓦斯（Graham Hallworth）打开北岩银行的网页，给客户拨款，可是网页无法显示。当他随手看了一下报纸，读到BBC财经评论员罗伯特·伯斯顿（Robert Peston）关于北岩银行危机的文章后，他开始警觉。一小时后，他又尝试打开网页，还是打不开。他马上开车去北岩银行网点，发现银行门外已经排满了人。尽管工作人员向他保证存款不会出问题，他还是坚持只在账户里留1英镑，取出所有的存款。”

亚历克斯·布鲁默的财经评论文章只会报忧不报喜：《全球银行在经历噩梦》（*Global banking is suffering its worst nightmare*）、《我们耽搁不起》（*Delay is luxury we can´t afford*）、《摒弃所有的旧规则》（*All the old rules have to go*）。他始终坚持自己的原则：用质疑的眼光看每一份公司报表，时刻关注公司的薄弱环节。

亚历克斯·布鲁默本人是犹太人，犹太人被认为是世界上最聪明的商人，他们能够成功的重要原因是他们相信和捍卫商业尊严与道德。并且，犹太人有种天生的危机感和忧患意识。《塔木德》（在希伯来语中，“塔木德”的意思是“伟大的研究”，《塔木德》是一部被犹太人作为生活规范的重要书籍，相当于犹太人的《圣经》）里写道：“每当幸运来临的时候，犹太人总是最后感知，而每当灾难来临的时候，犹太人总是最先感知。”亚历克斯·布鲁默把这两种“素质”完美地展现在了财经报道、财经评论上。

除了写财经类文章，亚历克斯·布鲁默还经常在《犹太新闻》（*Jewish chronicle*，世界最古老、最具影响力的犹太人报纸）上发表文章，评价以色列问题、中东政策等，并常在犹太人聚会上发表讲演。他还被评选为英国最有影响力的犹太人之一。

●崔莹面对面

《每日邮报》城市版主编、著名财经评论员亚历克斯·布鲁默给我回邮件，希望能够在上午“尽量早”的时间接受我的采访。采访地点定在位于戴瑞大街（Derry Street）2号的北岩办公楼（Northcliffe House），这里也是《每日邮报》出版商联合报业集团（Associated Newspapers）总部所在地。

1896年，北岩勋爵创办了全国通俗性报纸《每日邮报》，这份报纸日均发行量214万份，是位列《太阳报》之后，在英国发行量第二的全国性报纸。

因为报纸拥有大量的读者，亚历克斯·布鲁默的身份也变得微妙而特殊，他的一句言论，甚至能够影响第二天的股市。

和商人共进午餐

请客吃饭是一种重要的交际方式，不仅仅适用于中国文化，在英国新闻界也司空见惯。亚历克斯·布鲁默直言不讳地告诉我，他的新闻线索、新闻灵感大都是从午饭中获得的。

记者：能介绍一下你每天的日程安排吗？

亚历克斯·布鲁默：我们正式的上班时间是10时。10时15分，《每日邮报》的所有财经记者在我的办公室开会。我通常8时45分就到办公室了，查邮件，看报纸，考虑第二天的采访选题、版面计划等。早上11时半，《每日邮报》召开选题会，各个部门报选题，有时我参加，有时，城市版的副主编会代表我参加。这个会议约长半小时，会议之后，会召开讨论“头条”的会议，这个会议约长15—20分钟。早上的大部分时间被会议占据了。因此，午饭时间是重要的了解外界信息的时间。一般5天里面有3天，我会和商界人士、银行家、主管金融的政府官员、银行的人共进午餐。下午回来后，我看一下版，决定上哪些稿件，怎么处理——我不在时，副主编已经组好了大部分稿件。然后，我会写我的专栏，我每天都写，每篇750字左右。有时，也负责写报纸头版的倒头条。一般，我们晚上7时下班，但是我经常会忙到晚上八九时才回家。

记者：每周工作5天？

亚历克斯·布鲁默：很忙时，我周日也会来上班。但是通常，我在家里“遥控”，我会给周日值班的主编留言或者打电话，告诉他我的想法。

记者：你从哪里获得新闻线索？从午饭？

亚历克斯·布鲁默：从午饭，从电话。每天下午三四时，我都会给四五个“线人”打电话，给谁打取决于我要写的专栏的内容，也取决于谁给我打电话，谁和我交流他的想法。调查表明，读《每日邮报》的商界人士的数量，比读《金融时报》、《泰晤士报》的都要多。我们的读者也喜欢和我们交流。比如今天下午，一家保险公司的执行董事便会和我通话，谈论他现在的处境。我不用费多少工夫，就能获得很多信息。

记者：你成为财经记者、财经评论员的动力是什么？

亚历克斯·布鲁默：我从1974年开始做记者，一开始就从事财经报道。做了5年之后，报社把我派到华盛顿，报道所有方面的新闻，10年后，我回到伦敦，又开始做起老本行——财经报道。我所学的专业是经济，我也有MBA的学历。我看得懂经济数字，明白经济的运作过程，并且，这样的工作很有意思。我觉得，在所有的工作中，记者的工作是最有意思的了，尽管记者的工作很辛苦，但是有很多乐趣。

记者：你有MBA的学历，是否考虑过到公司工作、从商？

亚历克斯·布鲁默：我尝试过。我在智威汤逊（J. Walter Thompson）广告公司的经济预测部工作过一年，也在德纳罗印钞公司（Delarue）工作过一段时间，但是我不喜欢。我在学校时，就一直想成为记者，我的文章写得好，尽管我的老师并不鼓励我做记者，因为新闻界的竞争很激烈。我很幸运，《卫报》给了我工作机会。

揭北岩银行内幕

如果想了解什么是“信贷紧缩”，一定不能错过亚历克斯·布鲁默的著作《危机：北岩银行丑闻和信用危机的升级》，这本书用通俗易懂的语言再现了这次危机的主角、原因、全过程。

记者：你最早发现并报道了北岩银行信贷危机问题，并出版图书《危机：北岩银行丑闻和信用危机的升级》。你从哪里获得新闻线索，如何跟踪报道？

亚历克斯·布鲁默：一是，当我做记者时，我就和这家公司建立了联系，在这家银行经历危机时，我一直跟踪采访；二是，我采访了参与“救援”（对它进行国有化）北岩银行的主要人物，包括英国财政部、英格兰银行、北岩银行的相关人士等；三是，你可以从公司的相关文件中寻找线

索，比如公司的财务报表、财政部的调查报告等；四是，我的助手帮我采访、收集了北岩银行的很多客户的信息，比如那些在银行存款的人、贷款的人等。

◎小贴士：北岩银行“国有化”

北岩银行是英国第五大房屋贷款银行，同时也是第八大银行，资产及贷款总额约1100亿英镑，在英国信贷市场的占有率达到19%。

一般银行的资金来自客户的存款，而北岩银行则主要从其他金融机构借贷，然后再转借给买房子的人。北岩银行是英国次级按揭市场的贷款大户，给购房者的贷款远远高于房价，有时超出购房者收入的5—6倍。

2007年9月，北岩银行成为全球信贷紧缩影响下英国的第一个受害者，该银行因资金流动性危机而遭受挤兑。9月14日，北岩银行股价一度下跌三成，各分行门前排满等待提款的储户。大批储户通过网络提款，由于登录人数过多，银行网站的服务器不堪重负，无法正常工作。9月17日，北岩银行的股价再跌四成，储户挤兑持续。英国2001年制定的《存款补偿计划》规定，存款2000英镑以下的储户在银行破产时可收回全部存款，而存款超过2000英镑的储户，能够收回90%。存款获得保证后，挤兑稍微舒缓。

2008年2月18日，英国财政大臣阿利斯泰尔·达林（Alistair Darling）宣布对北岩银行进行“国有化”，并任命英国著名的保险公司劳何社（Lloyd's of London）的前舵手罗恩·桑德勒（Ron Sandler）接掌国有化后的北岩。国有化方案公布后，北岩银行在它的网站首页挂出“业务照常”的大字标题，并强调“政府是为了银行客户和纳税人的最高利益将它暂时国有化”。北岩银行表示：客户存款按照政府担保条款仍然得到保障，银行的所有产品包括抵押贷款的协议不变，银行所有分支机构、呼叫中心和运营机构照常工作等。

最近一年来，北岩银行一直谨慎放贷，集中精力偿还政府贷款。2009年1月，有消息称，英国政府正考虑注资100亿英镑给北岩银行，以利用该行提供更多抵押贷款服务。

记者：写书所遇到的困难是什么？

亚历克斯·布鲁默：最大的困难是怎样找到可以写书的时间。每次我请一天假，报社的主编就会问，他去哪里了啊，怎么不来上班啊，我们需要他啊。因为圣诞节到新年期间，有三周的假期，我终于有时间静下心来，整理材料，构思出书的整体框架。后来，每逢周末、节假日，我就一点点写，终于完成了9万字。这本书是在2008年7月出版的。

记者：这本书不在你的工作范围之内？

亚历克斯·布鲁默：不在，但是《每日邮报》连载了这本书，并支付给我稿费。读者也很喜欢这系列文章。并且，《星期日泰晤士报》、《卫报》、《观察家报》都对这本书进行了推荐，并给予很高的评价。

记者： 你还出版过两本人物传记——《温斯托克：英国早期实业家的一生和时代》、《汉森：英国海盗式商人的崛起》。为什么会关注这两个商界人物？

亚历克斯·布鲁默： 温斯托克勋爵（Lord Weinstock）和汉森勋爵（Lord Hanson）是20世纪90年代最著名的商人，这也是我写他们的原因。

◎小贴士：温斯托克勋爵

阿诺德·温斯托克（Arnold Weinstock，1924—2002），英国通用电气有限公司（GEC）董事长。

阿诺德·温斯托克出身于移民英国的波兰籍犹太人家庭，后在伦敦经济学院接受教育。1944—1947年，阿诺德·温斯托克仅仅是个小文员。1949年，他和英国工业家迈克尔·索贝尔爵士（Michael Sobell）的女儿耐塔·索贝尔（Netta Sobell）结婚。1954年，他加入岳父的公司。1963年，这家公司和通用电气公司合并，阿诺德·温斯托克任董事长。通过兼并很多弱小的边缘企业，并无情地抛弃他无法在其中达到领导地位的所有领域，阿诺德·温斯托克让英国通用电气公司得到了发展和壮大，使它变成了一家有生存能力的企业。阿诺德·温斯托克喜欢赛马，1970年被封为爵士。

◎小贴士：汉森爵士

20世纪60年代，詹姆士·汉森（James Hanson，1922—2004）和戈登·怀特（Gordon White）合作，建立了一家贺卡公司。同时，詹姆士·汉森开始购买兼并其他公司，包括肥料公司、砖石生产公司等。1983年，詹姆士·汉森被封为爵士。1986年，汉森爵士购买了帝国集团——一家处于亏损状态的英国烟草公司。到20世纪80年代，他的公司员工人数超过了9万，他的集团公司名列英国最有价值的公司的第八位。詹姆士·汉森以“公司袭击者”著称，他反对欧盟。在和癌症搏斗了很久之后，82岁的汉森在家中去世。

记者： 你认为经济类文章的写作和其他新闻写作有什么区别吗？

亚历克斯·布鲁默： 记者应该有能力写任何题材的文章。我做驻外记者时，写政治、写体育、写中东的战争、写人物。财经记者也不只会写经济，比如，在我写的温斯托克勋爵和汉森勋爵的书中，还有关于他们和音乐的章节、他们和体育的章节等。

要能预测未来

“凡事预则立，不预则废”，记者须要对未来进行预测，但这种预测一定要是负责任的预测。优秀的财经记者不是帮人吆喝、贴金的记者，而是抱有质疑眼光、敢于对抗权威、“不受欢迎”的记者。

记者：你获得了很多财经报道方面的奖励、荣誉称号，你认为原因是什么？

亚历克斯·布鲁默：我觉得我是很好的财经评论员，我获奖是因为我的评论。也就是说，我擅长分析局势，并且，能够得出一个合理的、令人信服的结论。我也很擅长预测新闻，预测经济走势，虽然预测的不总对，但是大多数情况下，我的预测是正确的。比如，关于信贷紧缩，我写的评论已经先人一步。我的预测也是正确的——目前的形势不乐观，而且事实是，形势比人们想象的还要糟糕。比如之前，关于北岩银行的信贷紧缩问题，我的分析和预测也很准确。对于金融报道而言，这种分析能力很重要。你不能仅仅回顾事件，不能仅仅再现公司的公关人员给你介绍的情况，你要能够用自己的头脑去分析，去思考，能够预测未来，并且这种预测建立在确凿的根据之上，做到客观、理性、公正。

记者：如何写财经评论？

亚历克斯·布鲁默：你要用批判的口吻，要看到对方的弱点，没有几家公司没有弱点。财经记者的职责不是赞扬他们所取得的成绩，而是质问对方最难的问题。比如北岩银行，多年来，一直被很多财经记者誉为模范公司、金融界最优秀的公司。但是从一开始，我就对此抱有质疑的眼光。在过去的六七年里，我一直在我的专栏文章里，质疑北岩银行所采用的这种商业模式：证券化的筹资方式。尽管我对此不是十分了解，但是我预感到这样的模式极其不安全，结果，我的预言是正确的。并不是我的运气好，我比谁聪明，而是因为我看到了这种商业模式的弱点。很多财经记者只注重和公司保持良好的关系，忙于帮它们塑造形象，但是，财经记者的工作不应该是这个样子的，财经记者要有批判的眼光，尽管这可能令财经记者不受欢迎。

记者：怎样才能发现公司的弱点，需要公司内部的人给记者“通风报信”？

亚历克斯·布鲁默：有时候，的确需要公司内部的人帮助你，他们会对公司产生质疑；有时，公司外部的人会帮助你，比如股票经纪人、投资银行的人等。内部、外部都需要“线人”。

记者：什么样的财经记者才是优秀的财经记者呢？

亚历克斯·布鲁默：优秀的财经记者一定不能只接受获得的表面信息，要永远质疑公司的每一个声明，要渗入，要剖析，要给对方施加压力，要问原因；优秀的财经记者永远不要胆怯、害怕，经营公司的人总以为自己就是宇宙的主宰，优秀的财经记者要善于挑战他们的权威，要质疑他们的所作所为，因为他们也是普通人，他们像我们任何人一样会犯错，他们总是试图展示给外界光彩的一面。

记者：你通常对什么样的财经报道感兴趣？会关注哪些公司？

亚历克斯·布鲁默：目前，整个银行系统存在很多问题，值得报道。我个人对世界金融问题更感兴趣。我对国际货币基金组织（IMF）、对世界银行，以及它们各自在世界经济中的作用很感兴趣。我对几家大公司也很感兴趣，它们是玛莎商业集团（Marks and Spencer）、特易购（Tesco）超市、森斯伯瑞（Sainsbury）超市等，因为这些公司和人们的生活息息相关。我还关注过对冲基金（hedge funds），这种投资方式也很有意思。

评论通俗易懂

在一篇财经评论中，亚历克斯·布鲁默写道：“IBM告别PC就像联合利华告别皂粉一样。”亚历克斯·布鲁默的文字诙谐幽默，他希望财经评论能够形象生动，通俗易懂。

记者：《每日邮报》的财经报道和《金融时报》、《卫报》的财经报道有区别吗？

亚历克斯·布鲁默：《每日邮报》商业报道的特点是，我们更关注私人股东（private shareholders）。我们写新闻故事时总会考虑，这件事对私人股东会造成什么样的影响。《每日邮报》财经报道的版面比《金融时报》、《卫报》都要少，所以，新闻故事更精炼，更紧凑。一般而言，凡是能从其他金融报纸看到的财经报道，你都可以从《每日邮报》看到。我们尽量涉及所有的大公司动向，重大的经济新闻等。我们涉及的国际金融事件相对较少，但是目前，不报道美国、远东、亚洲的经济状况，几乎是不可能的。比如，丰田公司已经对外公布，因世界经济不景气，汽车市场萎缩状况超过他们原来的预期。目前，我们在关注的就是英国、欧洲，以及全世界的新车销售低迷的状况。

记者：《每日邮报》的报道风格呢？你的专栏文章是否要做到通俗易懂？

亚历克斯·布鲁默：并非大街上所有的人都知道“股息收益”所指，大多数人不理解“股价”的含义。让普通人理解金融问题并非易事，我们尽量做到通俗易懂。尤其是写报纸头版的倒头条时，我们十分十分小心，尽量不使用专业术语。但是也不要低估读者的智力水平，大多数读者比我们想象的要聪明。我们会解释，比如，我们有一个栏目叫《30秒钟》，就是向读者解释商业、经济术语。今天早上，我们决定解释的经济术语是“流动性陷阱”，指的是当一定时期的利率水平降低到不能再低时，人们就会产生利率上升而债券价格下降的预期，货币需求弹性就会变得无限大，即无论增加多少货币，都会被人们储存起来。发生流动性陷阱时，再宽松的货币政策也无法改变市场利率，使得货币政策失效。这个栏目已经办了好几年，这些术语都可以在《每日邮报》的网站上查到。

记者：你认为，就目前的状况看，三四年后，英国会出现通货膨胀吗？

亚历克斯·布鲁默：这个问题很有意思，也有很多人在问。是否会出现通货膨胀，这取决于经济衰退的程度。如果往回看，在经济发展的最“低槽”阶段，问题不是通货膨胀，是通货紧缩。物价下降，并且很难预测到下降的底端。我认为，通货膨胀有可能会出现，但是目前，最令人担忧的是，我们累积了大量的借款，这些借款从哪里融资。我的疑虑是，一旦我们渡过难关，经济开始复苏，税收肯定会上涨，而且上涨的程度很大，借款会很快被消平。因此，通货膨胀也并非一定会出现，对银行的救援会通过金融市场自我调节、愈合。特别是今后的五六年内，银行都会很谨慎地发放贷款。

从低职位做起

兴趣是最好的老师。受父亲的影响，亚历克斯·布鲁默的小儿子也在媒体圈工作。亚历克斯·布鲁默认为，英国的新闻传统依旧很保守——再优秀的记者也须要从低职位“起飞”。

记者：财经记者须要具备哪些方面的素质和能力？

亚历克斯·布鲁默：财经记者一定要精通数理方面的知识，要能够看得懂百分率、价益比、股息收益等经济术语，并且，写作能力要强。最重要的是，你要对财经报道、对商业感兴趣。

记者：同现在新闻专业的就业形势相比，你是否觉得你那个年代更容易成为记者？

亚历克斯·布鲁默：毕业后，我先是在一份关于投资的行业报待了半年，我有了一些写作经验，但是不多。进入《卫报》后，我也是从实习生做起的。实际上，英国的报纸一直在招聘毕业生，有时是秘书职位，有时是私人助理，一开始都是最基本的职位，然后对方可以一步步得到提升。比如，坐在角落里的那个年轻的女士，她以前就是某人的私人秘书，然后她成为旅游版的图片编辑，现在她被提升为旅游版的副主编，整个过程，也只有两年的时间。我们部门的一个年轻人，他大学一毕业，就进报社了，一点工作经验都没有。经过培训、见习，一两年的工夫，他现在已经是《每日邮报》城市版的副主编。只要能够抓住机会，并且努力的话，谁都可以做到。进报社的门比较难，只要你不嫌弃开始做最底层的工作，进门之后的机会还是很多的。

记者：你平时都关注哪些媒体？

亚历克斯·布鲁默：我会读《纽约时报书评》（*New York review of books*）、《纽约客》（*New Yorker*）、《经济学人》（*The Economist*）、《旁观者》（*The Spectator*）、《新政治家》（*New Statesman*）（我在《新政治家》中写有专栏文章），我还会看《华尔街日报》（*Wall Street Journal*）。

记者：你的家人中，有人做记者吗？

亚历克斯·布鲁默：我有3个孩子。大女儿在博物馆工作，是博物馆的策展人，主要策划关丁教育方面的展览。我的二儿了在读博，他的研究方向是20世纪70年代的英美关系。我的小儿子的工作和媒体有关。他是自由职业者，曾经为BBC工作，也为其他电视节目制作公司工作。一年前，他很忙，现在可做的工作不多了。

记者：因为经济危机？

亚历克斯·布鲁默：是的，因为经济危机。他现在有点后悔辞掉BBC的工作，成为自由职业者，因为当时，外面的活儿很多，但是现在，经济危机导致工作机会越来越少。我希望他能够回到BBC，那样的话，相对保险，因为BBC毕竟是国有公司。

记者：一切都是关联在一起的。

亚历克斯·布鲁默：是这样。

记者：如果请你推荐图书给财经记者读，你会推荐哪几本书？

亚历克斯·布鲁默：我会推荐约翰·肯尼斯·加尔布雷思（J. K. Galbraith）

的《1929年大崩盘》（*The Great Crash*），查理斯·P. 金德尔伯格（Charles P. Kindleberger）的《狂热、恐慌与崩溃：金融危机史》（*Manias*，*Panics and Crashes*：*A History of Financial Crises*），以及布莱恩·伯瑞（Bryan Burrough）和约翰·赫莱尔（John Helyar）合著的《门口的野蛮人：雷诺纳贝斯克收购案》（*Barbarians at the gate*： *The Fall of RJR Nabisco*）。

□推荐阅读

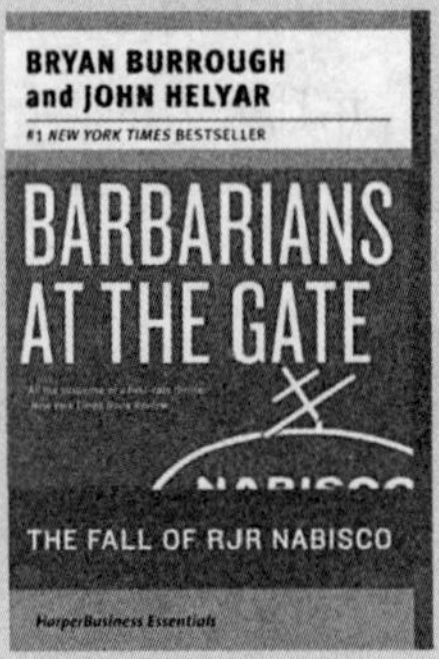

《门口的野蛮人：雷诺纳贝斯克收购案》（*Barbarians at the Gate*： *The Fall of RJR Nabisco*）

《门口的野蛮人》叙述的是发生在1988年的雷诺纳贝斯克收购案，这个涉及189亿美元现金、总金额为250亿美元的“杠杆收购”过程。杠杆收购，一般简称为LBO。所谓LBO，就是一小组高级经理人，通过与华尔街的合伙人协作，利用借来的大数额资金从公众持股人手中购买公司的股份，改变公司所有者结构。批评者认为这种行为无异于对所有者的巧取豪夺，是一种盗窃行为。

作者布莱恩·伯瑞和约翰·赫莱尔是《华尔街日报》记者，他们用翔实的文字再现了这个公开事件的内幕，以及华尔街金融界操作的风风雨雨。主角们尔虞我诈，情节有如小说。书中充满了金融交易、社会大众的舆论压力、决策性会议、数不尽的社交晚宴与董事会议，展现了一部立体的金融社会史。许多著名的商学院选择这本书当教材，讲述商业伦理乃至投资银行学的主题。这本书引发人们思考：为什么这些人如此关心电脑中的资料而不是工厂的产品？为什么他们热衷于拆散一家公司而不是去建设它？

《1929年大崩盘》（*The Great Crash*）

众所周知，金融史上最严重的危机发生在1929年夏天之后。1929年10月24日，“黑色星期四”，纽约股市暴跌，指数如同瀑布般飞流直下，据说当天华尔街有11名知名投资人自杀身亡。此后，“黑色星期一”和“黑色星期二”接踵而来。这场史无前例的股市大暴跌从1929年延续到1932年，导致1500万人失业，并成为美国整个20世纪30年代大萧条的导火索。《1929年大崩盘》全面、系统、准确地评述了这一段令人窒息的日子，旨在“揭出病根，引起疗救的注意”。这本书畅销不衰的原因，要归于历史在不断重演的特性。英国《独立报》

评价，这本书所描述的部分经济大萧条的场景，仍在今天的金融风暴中清晰可见。约翰·肯尼斯·加尔布雷思的部分观点也同样能够解释当今金融困局发生的原因。他认为，经济大萧条发生的原因之一在于收入分配不均。有钱人将金钱用于奢侈品或企业投资，而一旦这些少数人口袋中的金钱大量流失，那么经营奢侈品的企业和它们所投资的公司将难以继续生存。并且，公司结构的金字塔化也是经济大萧条产生的原因。

该书作者约翰·肯尼斯·加尔布雷思是美国经济学家，先后在哈佛大学和普林斯顿大学任教。1941—1943年担任美国物价管理局副局长，1961—1963年任美国驻印度大使，1972年被选为美国经济学协会主席。

《狂热、恐慌与崩溃：金融危机史》（*Manias*，*Panics and Crashes*：*A History of Financial Crises*）

查理斯·P. 金德尔伯格的《狂热、恐慌与崩溃：金融危机史》被人们称为“文献经济学”的杰作，涉及经济学方法论，特别是经济史的作用问题。

故事从1619—1622年普鲁士铸币危机和1636—1637年的“郁金香”热讲起。作者在书中列出了历史上发生的各次危机的概要，并对危机进行分析，提出自己的观点。查理斯·P·金德尔伯格认为金融市场在大多数情况下会正常运转，只是偶尔会失控，须要从最终借款人——中央银行那里得到帮助。然而，最终借款人的行为也有很大风险。一种是消极怠惰甚至是无所作为，另一种是最终借款人存在鼓励投资人冒失行事的行动。金德尔伯格认为，这两种风险都应引起注意。因此，最终借款人应当存在，但它的行为方式应该受到质疑。作者要提醒人们的是：贸易相对自由、汇率相对稳定、地区性自主权相对较高的全球经济有利于防范金融危机。

第13章

菲利普·斯蒂芬斯：时政评论员就像是演员

- **言论要具备长远眼光**
- **时时考虑和读者对话**
- **花很多时间和政客吃饭**
- **和英国前首相交情很深**

新闻实务涉及

★ 时政记者的职责是什么？

★ 时政评论员所面对的挑战是什么？

★ 媒体和政府的关系。

★ 从哪里获得时政新闻线索？

★ 记者和政客能成为好朋友吗？

★ 建议时政记者读的书。

★ 什么样的专栏文章受欢迎？

□记者档案

菲利普·斯蒂芬斯（Philip Stephens）

生　　日：1953年6月2日

身　　份：《金融时报》主编（伦敦）、《金融时报》时政评论员。

获得奖项：2002年获得大卫·华特奖（David Watt Prize）的"杰出政治新闻奖"，2005年被评选为政治学习协会的"年度政治记者"，2008年被评选为年度英国传媒奖的"年度时政记者"。

著　　作：《政治与英镑》（*Politics and the Pound*）、《托尼·布莱尔：世界领袖之路》（*Tony Blair: The Making of a World Leader*）。

●记者印象

"与魔鬼共餐"

两年前，在美国皮马航空博物馆（Pima Air Museum）参观时，我被空军一号（airforce 1）深深吸引住了，吸引我的不是飞机的外观，不是飞机的历史——它曾经是约翰·肯尼迪总统的专机，而是机舱内的记者专席，什么样的记者才能和总统同乘一架飞机，巡游天下呢？采访完《金融时报》的主编、时政评论员菲利普·斯蒂芬斯，我知道了答案。

与其他报社主编不同的是，菲利普·斯蒂芬斯并没有很"官僚"地让秘书带我进他的办公室，他在报社前台的接待室找了我一圈，他以为我是男士。他很绅士地带我进电梯，简单介绍了《金融时报》的办公室设置，我们在一间安静的会议室里坐下。菲利普·斯蒂芬斯很沉稳，很随和，他将我发给他的邮件打印出来，放在手边。

没谈几句，菲利普·斯蒂芬斯告诉我，这个周六，他要跟随英国的政客去中国参观，和中国的领导人会晤。他还曾经随从英国前首相托尼·布莱尔乘坐专机，进行国事访问，去唐宁街十号（英国首相的官邸）赴首相府的晚宴。

英国时政记者安德鲁·马尔（Andrew Marr）在《我的行业：英国新闻业简史》（*My Trade: A Short History of British Journalism*）中介绍，记者到首相府吃饭的传统从撒切尔夫人执政时期起就已经存在了。首相府的晚宴请柬令记者们兴奋不已，因为看到首相摘下面具、放松的机会并不多，而且，首相府的饭也称得上是美味佳看——最重要的是，就餐的所见所闻、逸事会成为记者笔下的调料。

除了首相府的晚宴，政客和时政记者圈中还盛行时政记者到大臣、政客家做客——著名的“星期日午餐”就由此而来。当“官夫人”洗盘子，孩子们在院子里的草坪上嬉戏时，重要的信息就从政客的口中流出。有时，资深时政记者、报纸主编、大臣，会聚集在科茨沃尔德丘陵，一起打高尔夫球，或者到乡间散步，之后不久，关于某大臣和首相不合的报道、某大臣辞职的真正原因的报道陆续见报。

菲利普·斯蒂芬斯很坦白地告诉我，他也经常请政客吃饭，饭费由报社报销——对于时政记者而言，请客吃饭是工作内容之一。能否获得独家新闻的关键不在于你是否守在威斯敏斯特（英国国会上下两院所在地）的时间足够长，是否对政客们的辩论全神贯注，关键在于你和政客的关系是不是够铁，对方是不是愿意向你通报内部消息。

但是也别以为几杯红酒、几顿饭，就可以帮你写出让同行垂涎欲滴的新闻。政客们说的话，可不是记者想听到的。菲利普·斯蒂芬斯劝诫记者最好站在“门外”——可是，如果你离政客太远，不了解政客，不知道他们在想什么，你也不可能知道正在发生什么。如果离政客太近，又可能会和政客坐上同一条船。

记者和政客保持多远的距离，才安全？危险是什么？记者怎样做，才不会被政客利用，才不会被人指责？要恪守什么样的原则？如何跟“敌人”划清界限？菲利普·斯蒂芬斯认为：“最诚实的记者的做法是，先和政客建立亲密的关系，对方提供给他新闻线索，然后记者出卖对方，这样做的安慰——至少公众知道政府大门里面发生了什么事情。”

菲利普·斯蒂芬斯最佩服的记者是雨果·扬（Hugo Young），并一直希望能够成为他那样的记者。时政评论员不是选手，而是观察者，他的文章不是为政客而写。有时，和政客、政府官员交流会令人愉悦，但是毕竟是在“与魔鬼共餐”。

用雨果·扬说过的话作为警醒：“我只能想起三个政客算是我的好朋友。对于新闻记者而言，好朋友就是毒药。这是个怪圈，我也摆脱不了。我很少邀请政客去我家，因为如果我这样做的话，之后，我就很难在报纸上发表与他们的观点相反的文章了。”

●崔莹面对面

安德鲁·马尔在《我的行业：英国新闻业简史》中写道：“大多数时间，时政记者们看到的不是话剧，而是最无聊的辩论——社会安全问题、在山坡上放牧的税务问题，时政记者们很难不走神，可还是要等待着政客们有可能脱口而出的‘兴奋

点’，记下来。这让我想起在没有几条鱼的河里进行飞绳钓。”

菲利普·斯蒂芬斯也是“钓鱼者”，与其他时政记者不同的是，他钓到了大鱼。他从不掩饰和英国首相、英国政府的“亲密”关系，这种关系成了他手中的“利器”——他的专栏文章权威、公正、眼光独特。英国媒体这样评价菲利普·斯蒂芬斯：如果英国首相戈登·布朗想知道自己还有没有戏，他就应该去看菲利普·斯蒂芬斯在《金融时报》写的专栏文章，菲利普·斯蒂芬斯是最流行的政治观点的前导。

2008年9月3日上午，在随英国政客赴中国进行政府间的访问前，《金融时报》（伦敦版）主编、资深时政评论员菲利普·斯蒂芬斯接受了我的采访。

每次“演出”都不能比上次差

每周二和周五，《金融时报》会按时刊登菲利普·斯蒂芬斯的专栏文章。文章内容涉及美国选举、英国的经济危机、时政新闻。他的专栏有固定的“粉丝”。

记者：你学的是历史专业，后来写经济新闻，再后来，报道政治，这是怎样一个过程？

菲利普·斯蒂芬斯：我已经在《金融时报》工作了25年了。我在牛津大学学的是历史专业，大学毕业后，先在一家出版公司工作过一段时间，然后到了路透社。1983年，我开始在《金融时报》工作。最初作日常经济报道，然后“按部就班”地做到资深经济报道记者、报纸的经济主编。顺理成章，我从写经济转型写政治，因为这两个方面的联系非常紧密。我担任了5年《金融时报》的时政主编，我的主要职责是负责政府和有关威斯敏斯特的时政报道。那是在玛格丽特·撒切尔和约翰·梅杰执政期。后来，我只写专栏，关于英国政治的专栏。再后来，我参与报纸的管理，担任《金融时报》（伦敦版）的主编。同时，我继续写专栏，内容包括英国政治、国际政治。

记者：时政记者的职责是什么呢？

菲利普·斯蒂芬斯：在英国，大多数报纸有各自所支持的党派、各自的联盟，因此，时政记者可以发出各种各样的声音，他们的意见很嘈杂，很混乱。如果说英国报纸的时政报道很客观，很中立，不带感情色彩，这似乎不太可能。但是《金融时报》和其他报纸不同，我们不和任一党派结成联盟，我们所面对的读者是商人，他们感兴趣的也是不带偏见的报道。他们根据政客的言行，自己决定如何投资，做什么样的生意。《金融时报》试图做到报道中立、准确，但是在时政评论部分，我们也希望有不同的声音。我们的时评板块，就像是一个论坛，大家可以各抒己见，当然，辩论要有逻辑性，可以自圆其说。我可以写文章批评政府的某项政策，《金融时报》的马丁·沃尔夫（Martin Wolf）也可以写文章发表和我完全相反的观点。

◎小贴士：和政府“做买卖”的时政记者

英国前保守党财政大臣肯尼斯·克拉克（Kenneth Clarke）评价《太阳报》时政主编特雷沃·卡瓦那赫（Trevor Kavanagh）是英国政界最有影响力的新闻人之一，他并没有说谎。

特雷沃·卡瓦那赫出生于1943年1月19日，17岁开始在英国萨利的地方报工作。1965年，特雷沃·卡瓦那赫移民到澳大利亚，担任《悉尼每日镜报》的时政记者，这份报纸是鲁珀特·默多克旗下的报纸。1978年，特雷沃·卡瓦那赫回到英国，在《太阳报》工作。5年后，特雷沃·卡瓦那赫当上了《太阳报》的时政新闻主编。特雷沃·卡瓦那赫是玛格丽特·撒切尔的坚定支持者，1997年，当报社决定放弃对保守党的支持，转向支持托尼·布莱尔的工党时，特雷沃·卡瓦那赫强烈反对这个决定，但是他没能说服鲁珀特·默多克，他只能在工作中执行这个“改革”。

和其他右翼观点者不同的是，特雷沃·卡瓦那赫反对任何形式的死刑。特雷沃·卡瓦那赫和英国政府的高层官员保持着密切的关系，2001年英国普选日期公布之前，他就获得了这个信息，并提前公之于众。据称，英国政府和《太阳报》之间有秘密“交易”——只要政府提前告知报纸选举日期，报纸会一直支持政府。

2004年1月，特雷沃·卡瓦那赫获得的另一则独家报道是：《赫顿报告》正式公布之前，一秘密知情人电话告知他报告的细节，特雷沃·卡瓦那赫抢在其他媒体前，将包含有准确细节的报告发表。不久，在英国媒体最有影响力的个人的评选中，特雷沃·卡瓦那赫名列第八。他的前一位是鲁珀特·默多克，后一位是《太阳报》的主编丽贝卡·韦德（Rebekah Wade）。

记者：做时政记者、时政评论员的挑战是什么？

菲利普·斯蒂芬斯：作为时政记者，特别是《金融时报》的时政记者，所面对的挑战是不随波逐流，不人云亦云，时政记者要能够独立地进行思考和判断。如果你去威斯敏斯特、去英国议院，那里的氛围会让所有的记者选用类似的新闻点，写出类似的报道，时政记者很难做到“作出自己的判断”。作为时政评论员，所面对的挑战是——你在公众面前完全暴露自己的观点，像是演员，读者是观众，他们喜欢观看不同风格的表演。你的文字就是你的演出，每次的演出都不能比上次差。并且，如果你出了错，说错了话，也无处可藏。

记者：“表演”的难点在哪里？

菲利普·斯蒂芬斯：在评论目前正在发生的事件和事件发展的走向、趋势之间，选择一个平衡点。谈论今天的新闻总是很有诱惑力，但是对于严肃的报纸而言，读者希望获得的是事件发展的长期走向。政府今天遇到麻烦了，能愈合吗？一年后的政府有什么样的作为？目前英国保守党赢得了不少人的支持，他们有什么具体的执政方案吗？作为时政评论员，既要关注现在发生的新闻，又要有长远眼光。

从饭桌上获得新闻

在英国，时政记者的“特权”之一是——请政客们吃饭，报社报销！原来，请客吃饭不仅仅是东方的文化传统，也是西方时政记者工作的一部分。

记者：你所评论的话题从哪里获得？

菲利普·斯蒂芬斯：我花很多的时间和部长、政客、政府公务员吃饭，也花很多的时间和商人会谈交流，这样可以获得有“碰撞性”、有“互动性”的信息和建议。我会参加很多的新闻发布会，跟随政客去访问。比如下周，我将和英国的政客一起访问中国。访问期间，我可以了解中国政客对欧洲、对英国的看法，以及英国政客对中国的看法。

记者：你经常陪同政客出差？

菲利普·斯蒂芬斯：当我担任《金融时报》时政主编时，我经常和英国首相同乘一架飞机，外出参观访问。现在，出差主要是参加一些研讨会，与学者、思想家和有智慧的人交流，当然，我也会聆听别国政客的想法。

记者：你会和政客成为好朋友吗？

菲利普·斯蒂芬斯：英国时政评论员雨果·扬，是我所崇拜的记者，也是我学习的榜样。我记得，当我开始做记者时，他说过这样一句话：“我只能想起三个政客算是我的好朋友。对于新闻记者而言，好朋友就是毒药。这是个怪圈，我也摆脱不了。我很少邀请政客去我家，因为如果我这样做的话，之后，我就很难在报纸上发表与他们的观点相反的文章了。”雨果·扬很少邀请政客去他家吃饭——他可以自由自在地发表言论，说哪个政客无药可救，哪个政客把事情搞得一团糟。我一直在效仿他的原则。我和很多政客很熟，但是我尽量把个人的朋友和工作关系认识的朋友，区分对待。

◎小贴士：有惊人记忆力的时政记者

雨果·扬（1938—2003）是英国最受尊重的政治记者，他先后担任过《星期日泰晤士报》的时政新闻主编和《卫报》的资深时政评论员。2003年，当他去世时，人们对他的评价是“自由主义左派教皇”（the Pope of the liberal left），在他在世期间，再也没有比他更受敬重的记者了。作为记者，雨果·扬成功的秘密之一是他熟知各个圈子的信息，所有人都愿意向他倾诉，包括各大党派的政客、资深政府公务员、审判官、各类公众人物等。不过，和他交谈过的对象万万不会想到的是，和雨果·扬通完电话、吃完饭、聊完天，雨果·扬会马上记录下对方说过的话，只字不差，同时，雨果·扬也会把自己当时说过的话，对对方的印象如实地写下。比如，1991年，雨果·扬和当时的财政大臣诺曼·拉蒙特（Norman Lamont）会面，他对对方的评价是：“他还是一个很胖很矮的男人，但是很结实的胖，而不是虚胖，很谨慎，令人愉悦，令人放弃戒备心。”10多年后，雨果·扬对布莱尔首相府工作人员主管乔纳森·鲍威尔（Jonathan Powell）的印象是“有点难缠，有点天真，不复杂……但是有备而来，能控制局面”。

雨果·扬的第一个采访对象、英国前内务大臣道格拉斯·赫德评价：“他的成功部分归结于，他和接受采访的对象进行了一次平等的对话，他有自己的反馈，这在两个人的对话之中很正常，但是不会打断对话的流畅性，他也不会歪曲他所听到的话。”

雨果·扬对所有的问题都充满了好奇和激情。比如英国在欧洲的地位和命运、如何维护公民的自由权等，他也一直在寻找真相，并作出评价。1989年之后，雨果·扬一直担任史考特信托协会（Scott Trust，拥有《卫报》等其他媒体）主席，协助协会购买了《观察家报》。

记者：你会给政客送礼吗？

菲利普·斯蒂芬斯：不会。我不会接受政客的礼物，也不会给政客送礼，因为那样做的话，你的观点的“独立性”就会受到影响。这也是《金融时报》记者的原则。其他报社的时政记者可能会和政客关系很密切，彼此是好朋友，比如支持英国保守党的《每日邮报》，他们的一些记者和保守党成员关系密切；比如《每日镜报》，他们的记者偏向和工党成员成为好朋友。但是《金融时报》不这样做，我们不和任何党派结盟，不在任何党派的“口袋”中。

记者：你邀请过政客到你家里做客吗？

菲利普·斯蒂芬斯：也就一两次，不多，也不经常。

记者：如果你邀请政客吃饭，吃饭的费用由报社报销？

菲利普·斯蒂芬斯：无论是午餐还是晚餐，报社都会承担这部分费用。在英国，所有报社的时政记者都有这个方面的开销，只是不同的报社所规定的数额不同。当然，你也不能总买昂贵的香槟，花很多的钱，消费要合理。在英国，和政客吃饭是工作所需，在餐桌前，记者可以更坦率地和对方交谈。如果在他们的办公室，其他官员也在场的话，气氛会很正式，记者很难获得新闻。

记者：记者和政客应该保持什么样的关系呢？

菲利普·斯蒂芬斯：最诚实的记者的做法是，先和政客建立亲密的关系，对方提供给他新闻线索，然后记者出卖对方，这样做的安慰是——至少公众知道政府大门里面发生了什么事情。

媒体有批评政府的传统

几年前，一位美国政治作家写了这样一则故事：最初，时政记者在政客的家门口等着，等政客吃完饭，采访他们；后来，时政记者和政客一起吃饭，在餐桌上采访他们；再后来，时政记者"吃"政客。时政记者的权力越来越大，很多时政评论员甚至自以为是，无论政府做什么、怎么做，都会嘲笑政府。

记者：我发现，几乎所有的时政评论员都爱嘲笑政府？

菲利普·斯蒂芬斯：英国记者，或者说是所有的西方记者都有倾向于批评政府的传统。首先，记者有向公众作解释的社会职责——政客向公众表态、颁布某项政令，记者会质疑、测试政客的表态、颁布的政令是否有力、可行，而结果多半是否定的。其次，批评某人要比表扬某人容易得多，批评政府的文章比写政府做得对、我们要同情政府的文章好写。当然，如果政府的决定是正确的，我们应该发表公正的言论支持政府。

记者：你的专栏具备什么样的风格？

菲利普·斯蒂芬斯：如果你是专栏作家，在专栏中体现你自己的观点变得尤其重要。你和读者之间的信任和关系是日积月累而来的。最难的是，你要和读者进行对话。你有自己的语言风格，辩证的风格，但是你也不得不考虑用不同的表现方式。比如有时，你的观点很鲜明，你故意只给出支持你的观点的论据；有时，你的观点很温和，你会向读者解释有哪几个争辩方，他们的观点各是什么，各自得出什么样的结论，彼此之间的平衡点在哪里；有时，你可能只想娱乐大家，让大家开怀一笑。

记者：你本人和英国前首相托尼·布莱尔的交情很深？

菲利普·斯蒂芬斯：为此，在过去的很多年里，我一直备受指责。我的确和他很熟，在他很年轻、从政不久时，我就认识他了。他成为英国首相之后，我也经常和他交流。我记得，有一次，托尼·布莱尔邀请我去他的乡间别墅契克斯（Chequers）参加晚宴，那是场很私人的晚宴。我最后决定不去，如果我去的话，别人就会趁机说："你和他怎么怎么。"我只和托尼·布莱尔在唐宁街10号吃饭，都是很正式的会餐。

记者：你写了关于托尼·布莱尔的自传体图书《托尼·布莱尔》，写这本书花了很长的时间吗？

菲利普·斯蒂芬斯：因为我和托尼·布莱尔认识很久了，我一直在关注、报道他，我的脑子里有很多关于他的信息，然后，我又对托尼·布莱尔进行了一系列的补充采访，包括对他周围的人的采访。这本书写得很快，花了几个月的时间就完成了。

记者：你对他的回答满意吗？

菲利普·斯蒂芬斯：作为政客，无论托尼·布莱尔犯过多大的错，他的"优点"之一是他在私下说的话和在公共场合说的话是一致的。我认识一些政客，他们在私下说的话从来都不算数，如果你在公共场合问他们相同的问题，他们肯定会告诉你不同的答案。

我的"画布"在变大

政治评论虽然枯燥，菲利普·斯蒂芬斯却做得津津有味。他认为，对他而言，再也没有比做《金融时报》的时政记者更好的工作了。

记者：你担任时政记者、时政评论员很长时间了，对你而言，从事这一职业的乐趣何在？

菲利普·斯蒂芬斯：我对政治很感兴趣。我一直在《金融时报》工作，因为这份报纸的报道范围涉及全世界，有很多新的话题。10年前，我只写英国的政治，加一点欧洲的政治，现在我写美国的政治、英国和中国的关系等。我可以描绘的“画布”在变大。说实话，有时候，我厌倦了英国的政治：很多问题在重复报道。但是英国之外的国家对我而言很新鲜，我对这些国家也很感兴趣。特别是随着亚洲的崛起，欧洲其他国家、美国如何调整自己，这些都是很有意思的问题。我想，我从事的是最理想的工作了——有人给我发工资，让我去寻找真相，去和人交谈，写下我的思考，再也没有比这更好的工作了。

记者：时政评论员的收入是不是很高？你是按照发表专栏文章的篇数领取稿费？

菲利普·斯蒂芬斯：同其他记者相比，时政评论员一般是资深记者，收入相对较高。《金融时报》给我发工资，不再额外支付稿费。我和报社有协约，比如每周写两篇专栏文章等。也有些评论员，按照发表文章的篇数领取稿费。但是在英国，大多数专栏作家和报社签约，比如著名的专栏作家西蒙·詹斯金（Simon Jenkins），他同时为《卫报》和《泰晤士报》写专栏，他和两家报社分别签约，约定每年为对方写多少篇专栏文章，获得多少酬金。协约通常为一年，到期可以续约。

记者：你想过从政吗？

菲利普·斯蒂芬斯：年轻的时候，可能吧。

记者：退休之后，你打算去做什么？

菲利普·斯蒂芬斯：应该会继续为报纸写专栏文章，另外写书。我应该会继续工作，但是也会尝试去做从来没有做过的事情。

记者：如果有人想学习如何做好时政记者、时政评论员，你会建议对方读哪本书？

菲利普 · 斯蒂芬斯: 可以阅读一些优秀的时政评论文集。比如雨果 · 扬的《与魔鬼共餐：政治新闻》，安德鲁 · 马尔的回忆录《我的行业：英国新闻业简史》也值得一读。

记者： 你平时主要关注哪些媒体？

菲利普 · 斯蒂芬斯： 主要是《泰晤士报》、《卫报》、《国际先驱论坛报》、《纽约时报》和《华盛顿邮报》等。

□推荐阅读

《与魔鬼共餐：政治新闻》（*Supping with the Devils*：*Political Journalism*）

雨果·扬是英国《卫报》的时政专栏作家，也是英国最有名望的时政评论员之一。他的作品包括玛格丽特·撒切尔的自传《我们中的一员：玛格丽特·撒切尔的一生》（*One of Us*：*Life of Margaret Thatcher*）等。《与魔鬼共餐：政治新闻》是他时政专栏文章的选集。其中涉及撒切尔夫人、约翰·梅杰、托尼·布莱尔执政期的主要政治事件。雨果·扬认为自己的角色是解释者，而不是游说者。他所追求的并不是对民众的影响力、对政客的影响力，而是希望广泛的民众了解问题的本质，可以自己作出判断。选集内容按照主题分类，包括英美关系、英国和欧洲其他国家的关系、教堂的地位和作用、法律和裁判等。雨果·扬故意和政客保持距离，以防对方影响他的言论的公正性。他这样写道："我之所以没有和撒切尔夫人站进同一阵营，是因为我尊重我自己的原则，正是这一标签，让我从来没有妥协。"撒切尔夫人也喜欢和雨果·扬争辩，并花了大量的时间与精力与他周旋。结果是，撒切尔夫人赢得了雨果·扬的崇拜，但不是喜欢。雨果·扬对约翰·梅杰的评价是：一个好人，但是在不合适的时间出现在不合适的地点。书中还提及英国的移民问题、史蒂芬·劳文斯（Stephen Lawrence）被谋杀事件、信息自由、宗教信仰自由、猎狐对英国未来的影响、艺术的力量等。文学评论家马修·派瑞斯评价雨果·扬："雨果·扬是最公正的时政评论员。他一针见血，评断尖锐，对不同意见的观点持有者很宽容，读他的文章，受益匪浅。"

第14章

波莉·汤因比：我和穷人站在一起

- **放弃学业体验穷人生活**
- **想改变社会不平等**
- **防止媒体垄断**
- **言论影响社会政策**

新闻实务涉及

★ 体验采访有什么好处？

★ 记者和政客的关系。

★ 英国新闻界的现状。

★ 社会新闻报道和时政新闻报道的关系。

★ 如何获得新闻线索？

★ 推荐给时政记者的书。

□记者档案

波莉·汤因比（Polly Toynbee）

生　　日：1946年12月27日

身　　份：《卫报》专栏作家、时政记者，曾任BBC社会新闻部主编、《观察家报》记者、《独立报》副主编、《华盛顿月刊》主编、英国人文协会主席、英国社会政策协会主席。

获得奖项：乔治·奥威尔奖，年度英国传媒奖中的“年度专栏”奖，政治学习协会设立的“年度政治记者”奖，“报纸说什么”新闻奖中的“年度评论员”。

著　　作：《不公正的奖赏》（*Unjust Rewards*）、《艰辛的工作：英国低收入者的生活》（*Hard Work: Life in Low-pay Britain*）、《丢失的孩子：被收养的孩子寻找自己的母亲的故事》（*Lost Children: Story of Adopted Children Searching for Their Mothers*）、《我们现在的生活方式》（*Way We Live Now*）、《医院》（*Hospital*）、《工作着的一生》（*A Working Life*）、《剩余者》（*Leftovers*）。

●**记者印象**

用文字改变世界

波莉·汤因比不是第一个，也不是最后一个体验穷人生活、写书出版的人。在她之前有英国作家乔治·奥威尔的《巴黎伦敦落魄记》、德国调查性报道记者根特·华莱夫（Günter Wallraff）的《人下人》，在她之后有美国记者芭芭拉·艾伦瑞克（Barbara Ehrenreich）的《镍币与银币：美国生存体验实录》（*Nickel and Dimed: On (Not) Getting by in America*）。隐瞒、欺骗、伪装，而这样做的意义，如根特·华莱夫所言：“你必须先伪装一番，才能深入社会；你必须欺骗与做戏，才能挖掘真相。”——真相，吸引着波莉·汤因比和穷人们站在了一起。

波莉·汤因比家境殷实，她不甘于按部就班地做千金小姐，在令人艳羡的牛津学府就经常异想天开，并出版了一本恐怖小说。可她的心里还是跃跃欲试——她一定迫不及待地想要了解外面的世界，她一定怨恨没有生活的积累、大脑一片空白，她一定感觉到词穷的痛苦。于是，她毅然决然地放弃牛津学业，去过普通人的生活，去了解真相。

她没有生活的压力，她工作的动机“不纯”，她在为自己“镀金”，她是“伪君子”，然而，她的声情并茂的文字，为“高高在上”的人打开了一扇门。

波莉·汤因比发现，穷人处处受气。当她回到阴暗、潮湿、没有装修过的房子里，她不得不借钱装修房子，因为她的工资要两周后才能拿到；她不能去看病，因为上班时间不允许外出；她无法换工作，因为她抽不出时间去面试；她连去投票的时间都没有，因为到投票站投票意味着要乘坐一个小时的公交车、排队，除非请假，那么这段时间的工钱就没有了。波莉·汤因比带着读者走过一段段真实的“旅程”。在目睹了一系列不公正、不合理的社会问题之后，波莉·汤因比满怀文化圣战者的激情——为穷人说话，为穷人做事。

波莉·汤因比公开表明自己的“左翼”观点，她关心英国底层20%的民众，她反对贫富悬殊，追求社会公平和“均贫富”，认为贫困是由于“社会不公正”而造成的，国家、社会应对个人的不幸负责。她梦想一个和谐的、公正的社会，在经济政策上主张加强国家宏观控制，扩大税收，特别是针对富人的税收，扩大公共福利，甚至举办国家公共工程来解决经济危机和失业问题。波莉·汤因比的观点和英国工党的主张不谋而合，伦敦市长鲍里斯·约翰逊开玩笑说：“如果工党有个善良的好妈妈的话，那她就是波莉·汤因比。”

波莉·汤因比认为，在英国“贫穷无处不在，在你隔壁的街道纺织地毯的人，给你收拾房间的小时工，咖啡店、餐馆的服务员，扫大街的人”。波莉·汤因比的梦想是用文字改变社会：“认为发表几篇文章就可以改变世界的想法很天真，很傻，但是如果记者都联合在一起，整个新闻界都联合在一起的话，当局就会重视这些问题，解决这些问题——世界可以慢慢地，逐渐地被改变。”

在波莉·汤因比的“理想国”，犯罪率很低，国家教育质量大大提高，医院是让人感觉很舒服、很愿意待的地方，银行家和保姆拿一样多的工资，狐狸在乡间快乐地嬉戏（反对猎狐）……

10多年来，波莉·汤因比在《卫报》的时政专栏观点犀利，视角尖锐，吸引了大批追随者，并被认为是英国最有号召力、最有影响力的专栏。在英国最有影响力的50人排名中，波莉·汤因比排名第30位。该排名榜的第4位是英国女王，第13位是《哈利·波特》的作者J.K.罗琳。

有人嘲笑波莉·汤因比自相矛盾，比如她从不担心超市里的标价，她每年飞到意大利的别墅度假，却为穷人“鼓”与“呼”——波莉·汤因比认为，出身富有并没有罪，重要的是和谁站在一起。波莉·汤因比相信：“地球上唯一的力量是我们自己的力量，并且这种力量由我们自己来决定，让我们团结在一起，一起改变这个地球。”

●**崔莹面对面**

在英国“编辑情报公司”评选的英国“舆论领袖”排名榜中，波莉·汤因比名列前茅，波莉·汤因比在《卫报》的专栏也被评选为英国最有影响力的专栏。波莉·汤因比的文字充满了文化圣战者的激情，总能令人热血沸腾。不喜欢她的右翼派，对她的评价却是“《卫报》家的疯女人”。

2008年10月15日中午，我正在伦敦的萨奇画廊（The Saatchi Gallery）看名为“革命在继续”的中国当代艺术作品展，波莉·汤因比打来电话。她告诉我，她不打算去《卫报》了，让我直接去她家采访。她告诉我她家的位置，并告诉我从我所在的位置坐哪条地铁线，或者坐哪几路公交车可以到她家附近，最后嘱咐我——坐公交车便宜。为了节省时间，我选择了坐地铁，尽管地铁票价是公交车票价的两倍。我奇怪的是，这个“中产阶级”的女人怎么对伦敦公交车这么熟悉？要知道，在伦敦，公交车上少有免费的报纸——办报人普遍认为，坐公交车的都是穷人。不过，想到波莉·汤因比曾经体验过穷人的生活，曾经挤过公交车，也就不足为奇了。

波莉·汤因比的家位于伦敦西南部的新月格鲁夫（Crescent Grove），很幽静的三层小楼。走廊里堆满了古老的家具，有些陈旧，室内光线暗淡，让人感觉如同走进了博物馆。波莉·汤因比把探进花园的“太阳房”改造成了她的办公室和她的孙子的儿童乐园。里面有电脑，有传真机，有堆得乱七八糟的书，有儿童玩具，有单车，几乎没有可以落脚的地儿。波莉·汤因比把旧沙发上的书一推，请我坐下。显然，她没有时间做家务，也没有雇小时工做家务，结果就是这样了。

在杂乱的房间里交谈的好处是，让人感觉很从容，很亲切，和主人没有距离感。

牛津辍学，去过“穷日子”

波莉·汤因比是英国著名文学评论家菲利浦·汤因比（Philip Toynbee）的女儿，历史学家阿诺德·约瑟·汤因比（Arnold Joseph Toynbee）的孙女，也是英国历史经济学泰斗阿诺德· 汤因比的侄孙女。令人羡慕的出身，并没有约束住年轻、

狂放不羁的波莉·汤因比，她毅然决定放弃牛津大学的课程，去过普通人的生活。

记者：请介绍一下你在新闻圈的工作经历。

波莉·汤因比：1977年，我来到《卫报》，最初做记者。从1998年开始，我担任《卫报》时政评论员。中途，我离开报纸，加盟BBC，做过他们的社会新闻主编，后来又回到《卫报》。

◎小贴士：一直在亏损的《卫报》

1821年，《卫报》创刊于曼彻斯特，后迁往伦敦。《卫报》原名《曼城卫报》，1959年改称《卫报》。每周一至周六，《卫报》在伦敦和曼彻斯特出版印刷，2005年由大开型改为全彩柏林型版式（瘦版大报）。2007年8月的统计表明，《卫报》每日发行量为35万份，而其他日报的发行量分别为：《每日电讯报》89万份，《泰晤士报》64万份，《独立报》24万份。英国的《观察家报》是《卫报》的姐妹报。近年来，《卫报》一直亏损。《卫报》着重报道的领域包括世界主义观点、文艺报道和评论、外国通讯等，公众视《卫报》的政治观点为中间偏左。《卫报》、《泰晤士报》和《每日电讯报》同为英国三大著名的高级报纸。

记者：你在牛津大学读的历史专业，没有读完，就辍学了？

波莉·汤因比：是的，我没有读完。那是在20世纪60年代，那是个很疯狂的年代。在牛津上学时，我出版过一本小说，也写了很多的文章，但是我感觉生活经历太少，内心很空洞，我想我须要体验普通人的生活，于是就开始尝试不同的工作。我在生产糖果的工厂的流水线上包装糖果，我去咖啡馆做服务员，我去钢铁厂做勤杂。后来，我把工作的经历写成书，书在1971年出版。

记者：因为你来自“不普通”的家庭，所以你对普通人的生活充满了好奇？

波莉·汤因比：可能吧！我来自中产家庭，我对英国工人阶级的普通的生活一点都不了解，除了好奇，我也真的想了解。并且，在那个时期，工会非常重要，如果想写出好文章，必须了解工人们的生活。

记者：你写了怎样一部小说？

波莉·汤因比：有关大灾难爆发、世界末日的小说——氢炸弹爆炸，人类将被全部毁灭。

记者：你写的科幻恐怖小说和你现在做的事情完全不同？

波莉·汤因比：最初，我很想成为小说家，我想把写新闻稿作为谋生方式，我的理想是成为伟大的作家。但是后来，我发现我更喜欢做记者，并且，我认为我更适合做记者。我喜欢到处跑，喜欢跟人打交道，喜欢观察他们的生活。

记者：你的父母支持你的决定（辍学）吗？

波莉·汤因比：不怎么支持。他们的观点都很“左”，他们都很激进。他们担心的是我放弃了学业，他们不喜欢我这样做，但是他们支持我的决定。

记者：当时，你清楚自己想要做的事情吗？

波莉·汤因比：不清楚。但是我知道我想成为作家，可不知道是什么样的作家。

相隔30年的两次体验

只有亲身体验，才能准确感知穷人的生活。穷人生活的艰辛，不是高高在上的人靠想象就能了解到的。只有对穷人生活有了最切身的感触和最准确的认识之后，才能写出好的作品，提出好的建议，促进更公平更合理的社会政策的出台。这正是波莉·汤因比“体验穷人生活”的价值所在。

记者：体验过劳工的生活之后，你开始到报社工作？

波莉·汤因比：我开始在《观察家报》做记者。有一次，主编问我：“为什么不写写你在工厂工作的经历？”我说不行，因为我没有做笔记。主编就给我时间，让我重新体验工人的工作。我加入“娘子军”（women's army)，我在蛋糕店工作，在汽车修理厂工作，在医院工作。不久，《工作着的一生》（*A Working Life*）诞生了，那本书是1971年出版的。30年后，我又重新体验工人阶级的生活，了解30年里，人们的生活发生了怎样的变化。2003年，出版图书《艰辛的工作：英国低收入者的生活》（*Hard Work: Life in Low-pay Britain*）。结果，我发现变化并不大。更令人惊讶的是，我回到以前工作过的那家医院，做同样的工作，领了工资后，我把工资单拿到伦敦财政研究所问专家：按照今天的生活消费水平，同30年前相比，我的工资是涨还是降了？他们折算后告诉我，同30年前相比，现在我领的工资比30年前领的工资每周要少36英镑。这就是人们从来没有意识到的——30年前，工会的力量相对强大，没有这么多的人通过中介公司找工作；今天，通过中介公司找到工作的民众，处处受盘剥，处境非常糟糕。

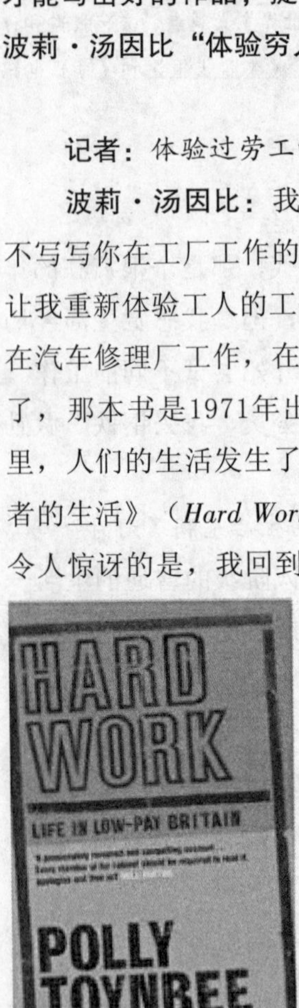

记者：当你在体验各种各样的工作时，遇到的最大的困难是什么？

波莉·汤因比：最糟糕的工作是照看老人。你同时要照看6个老人，很累人，要操很多的心。你必须很有耐心，你必须投入真情。身体累，精神上也累。然而回报呢？虽然你做着这么辛苦的工作，但你并不受人尊重，收入也很低。我的很多女同事，她们心地善良，她们应该得到更多的回报。

记者：那段时期，你是否继续和家人保持联系？

波莉·汤因比：是的，我租住的地方离我家只需步行10分钟。我偶尔会回家看孩子，看孙子、孙女。但是基本上，我每天都在工作，然后回到住处就算账，很认真地算账，计划着如何花钱，看怎么花才能维持到下一周。这样做的意义在于，要很诚实地弄清楚，这些钱到底够不够花，到底能带给你什么样的生活。这也是我体验调查的原因。很多人抱怨："那些低收入的人为什么老入不敷出，因为他们管理钱的能力差。"其实不是这样，即使你很小心地花钱，你也会负债累累，因为你挣的钱根本就不够花。

记者：你一共体验了多长时间？之间有没有泄露身份？

波莉·汤因比：原本计划40天，但是，我想体验更多的工作，所以时间加长了，总共差不多是3个月的时间。来自世界各地的人，聚集在伦敦，大家的工作都很糟糕，收入都很低，但每个人都像是一个大家庭的一员，人们会互相帮助，互相关心，但是并不多问对方以前的经历。

记者：3个月的体验，给你带来什么样的变化？

波莉·汤因比：瘦了吧！适当干些体力活，比整天坐在桌前更有利于身体健康。

记者：20世纪末，美国记者芭芭拉·艾伦瑞克也曾乔装改扮，做服务员、超市店员，并把这段生活经历写成书，揭示美国贫苦劳工阶级的生活。她的书《镍币与银币：美国生存体验实录》，和你的书有关联吗？

波莉·汤因比：我的书《艰辛的工作：英国低收入者的生活》出版于2003年，和我的第一本书《工作着的一生》有关联。我认识芭芭拉·艾伦瑞克，她的书的英国版本的序言是我写的。她的书很有意思，她和我做的事情非常相似。

◎小贴士：卧底记者芭芭拉·艾伦瑞克

1941年8月26日，芭芭拉·艾伦瑞克出生于美国，是美国著名的作家、记者和社会活动家，获得过细胞生物学的博士学位。作为自由撰稿人，她曾经为美国《时代》杂志、《进步者》杂志、《纽约时报》、《大西洋周刊》写稿。

20世纪90年代，芭芭拉·艾伦瑞克乔装改扮，花费数月去做服务员、超市店员、清洁工，同时，她把这段生活经历记录下来，在2001年出版了图书《镍币与银币：美国生存体验实录》。这本书以诙谐的文字揭示了美国贫苦劳工阶级的生活，被评为《纽约时报》当年畅销书。在书中，芭芭拉·艾伦瑞克指出：美国社会文化一贯过于强调“个人意志”在改变生存状况过程中的决定性意义，而闭口不提社会福利、贫困救助等政府责任。这本书后来成为美国许多大学的必读书。

在持续关注底层民众的同时，芭芭拉·艾伦瑞克又把目光转向了美国的中产阶级、“人到中年”的专业人士，关注这样一个群体在就业、从业过程中的挣扎。有上一次的成功经验后，芭芭拉·艾伦瑞克仍然采用亲身体验、真实记录的写作方法。出人意料的是，中年专业人士找工作的经历格外艰难，他们甚至连进入职场的机会都没有。她于2005年出版的图书《穷途末路的美国梦》（*Bait and Switch*：*The*（*Futile*）*Pursuit of the American Dream*）也正是这群人的真实写照。

芭芭拉·艾伦瑞克在书中指出：企业文化和社会传统一样，把危机的症结归咎于每个人自身的缺陷。人人理应反省自己的错误，甚至是个人思维模式的问题。总之与企业、与社会无干，与他人无涉。竞争、惶恐、失业的风险，所有这些心理压力或实际的经济损失，都由个人承担。这样的社会文化，大概是许多人，哪怕是美国人自己都始料未及的。芭芭拉·艾伦瑞克再次揭开了“美国梦”真实的一面。

2006年，芭芭拉·艾伦瑞克创立非营利组织“联合专业人”（United Professionals），这是个白领工作者的组织，成员“不分职业，不分就业状态，过去都认为拥有学历就可以通往安稳的中产阶级的生活，现在却发现，他们的生活被无法控制的力量所操纵、所打乱”。这个组织的目的是保护美国的中产阶级，帮助他们克服来自社会福利制度、个人生活健康等方面的压力。

记者：两本书的区别呢？

波莉·汤因比：区别很大。芭芭拉·艾伦瑞克是很出色的作家，她的描写令人生畏，她的经历令人吃惊。看过她的书，你了解到，在美国生活的人简直没有一点安全感。在美国，失业人员的处境远远比英国失业人员要差。我的书提醒人们的是，英国的社会福利制度非常薄弱，但是无论如何，所有生病的人都可以得到照顾。如果你是低收入者，如果你有孩子的话，你可以不交税，可以申请政府补助。在美国，没有这个福利体系，人们为沃尔玛工作，拿很低的工资，几乎无法维持正常的生活。在英国，至少有最低工资标准。

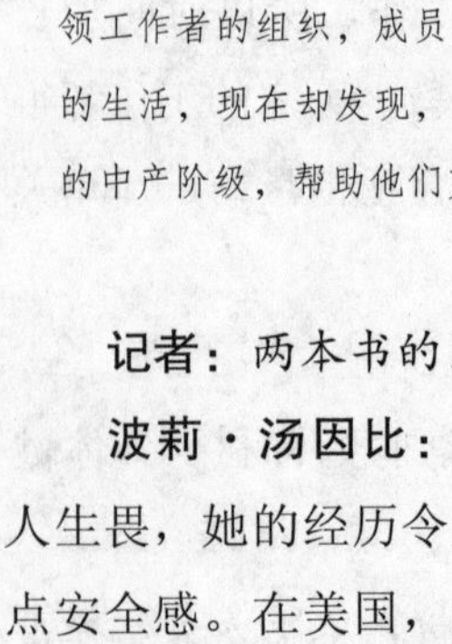

记者：你认为，在最近几年里，英国的社会福利制度有所完善吗？

波莉·汤因比：有所好转。因为英国有最低工资标准，这个规定令很多人受益。低收入者可以减免税收，10年前就不是这样，这也是变化。但是同时，问题也继续存在。英国工党对社会不平等问题重视不够。政府花了很多精力在穷人身上，拉了他们一把。但是贫富差距，社会不公现象普遍存在，而不只关于社会最底层和最高层之间的悬殊。我最近写的书《不公正的奖赏》（*Unjust Rewards*）就提到了这个问题——社会财富高度集中，垄断。

改变社会不平等

在波莉·汤因比的“理想国”，没有贫富差距；孩子一出生，就有平等的、良好的免费教育；媒体充分行使“第四权力”，不受任何制约；重病中的人们可以选择安乐死。“老有所终，壮有所用，幼有所长，鳏寡孤独废疾者皆有所养。”

记者：你是否认为，记者的职责之一是帮助政客改善社会？

波莉·汤因比：我希望是这样。记者最基本的职责是报道事实。在英国，记者的作用举足轻重，但是记者的影响力多半是消极的。英国的报业80%被三个右翼媒体大亨拥有，其中两家是外国的，他们不用在英国交税。但是他们决定了媒体整体的格局，他们提供给读者的观点是片面的。同欧洲其他国家相比，英国右翼媒体的声音要大得多。结果是，任何一届工党政府都要面对势力强大的敌对媒体。比如默多克，拥有40%的英国报纸；比如罗瑟米尔子爵（Viscount Rothermere），拥有《每日邮报》；比如神秘的巴克莱兄弟（Barclay Brothers），拥有《每日电讯报》。他们都反对欧盟，支持英国保守党。有时，如果英国工党工作做得好，他们会给一点支持，但是大多数时间，他们会用自己的媒体的声音阻止工党任何偏左的举动。他们总是和雇主站在一起，和劳工阶层对立；他们总是站在有钱人一方，和穷人对立；他们总是提倡无规则无秩序，一切由市场决定；他们总是希望减少富人的税收，建议政府管得越少越好……在这样的环境下，工党政府很难，或者说必须很勇敢才能站起来，反对对他们不利的舆论。媒体中，偏左的声音很小，偏右观点的人控制媒体，控制舆论。英国工党的政府官员、工党成员，他们喜欢阅读我的文章，喜欢偏左观点的言论，他们总是能和我的观点不谋而合。但是大多数时间，他们惧怕偏右的观点，惧怕偏右的权势，会向偏右立场的人妥协。

记者：那记者能做什么呢？

波莉·汤因比：目前英国的新闻界有点像是19世纪80年代的美国西部，无章可循：报纸与报纸之间相比的是谁的销量大，谁能“制造最大的响声”。报纸主编也没有什么社会责任感，没有什么道德感，他们就想多赚钱。比如那些通俗小报，它们没有一点顾忌。当然，也有极少数的报纸比较特殊，比如《卫报》、《每日电讯报》、《泰晤士报》，它们在考虑销量的同时，也会注重报纸的质量。

◎小贴士：波莉·汤因比的语录

●政府可以将国民幸福指数作为自己的工作目标吗？现在有科学证明这是可行的，政府最好每年都统计国民幸福指数，如同统计GDP。

●不平等令所有的人伤感，尤其是穷人。减小贫富差距，这是政府应该解决的问题。富人挣的钱越多，并不意味着会越快乐，富人对于金钱的追求和消耗已经成了一种习惯。

●大多数人不怕死，怕的是如何死去。

●我的母亲恳求医生停止她的生命。她身体很虚弱，甚至没有吃止疼药的力气。当她知道没有多少时间的时候，她让我保证，她可以在她选择的时间离去，但是不可能，我束手无策。

●人们希望有决定自己在什么时候死去的权利。很多人却不得不无助地目睹着想死的亲人痛苦地、缓慢地死去。

●（对吸毒者）怎样才有效？在监狱里接受戒毒治疗有效，但那为时已晚：建立一个幸福的家庭，有一份好工作，或者年纪变大，很多罪犯最终放弃了犯罪。

●地球上最好的照顾和关爱，也无法阻止个体最终的死亡。

●文明之间存在冲突，不是伊斯兰教和基督教的冲突，而是理智和迷信的冲突。

记者：你做记者的激情从何而来？

波莉·汤因比：是为了给大家呈现更清晰的社会，并希望大家知道，不公平的社会现象不是一成不变的，是可以变通的。在英国，有一大帮人坚持：市场决定一切，如果你试图改变的话，一切都会坍塌。现在呢？看市场给银行带来了什么样的结果？（英国经济危机）事实恰恰说明了市场不是全能的——市场仅仅是为人们服务的，而并非主人本身。政府在人们的生活中能够起到重要的作用。如果由政府作决定的话，人们分得的财富会更平等。记者恰恰可以说服民众，这样的社会体系是大家应该支持的，是大家所需要的。

记者：你对英国政府用公款救银行的方案（British Bank Bail-Out Plan）非常支持了？对银行进行国有化，是否意味着对自由市场的抛弃？

波莉·汤因比：是非常正确的决定。但是我不认为这意味着政府会控制整个银行系统，并对它进行大的改动。问题的关键是，如何利用好市场。一直以来，有一种观点是：不要干预市场，让市场按照它的科学规律自己起作用。但是这回，我们必须合理地控制好市场，调整市场，否则，那些贪婪的人会从中获利，不公平的现象会发生。

百姓小事就是国家大事

和其他时政记者不同的是，波莉·汤因比不会泡在英国国会大厦，看政客们之间的唇枪舌剑，或者陪政客出差开会、访问、座谈——波莉·汤因比习惯于从下面找线索，从最底层找新闻。政治是国家大事，更是和民众的柴米油盐相关的百姓小事。

记者：在英国最有影响力的50人排名中，你的排名是第30位。如何做到让别人信服你的观点？

波莉·汤因比：我也不知道我能够影响谁。我想，应该是读我的文章的那些人。但是我的观点被采纳的并不像我想象的那样多，我希望，我的影响力会更大吧！

记者：你最初担任社会新闻记者，后来成为时政记者，这两者之间存在什么样的关系？

波莉·汤因比：刚到《卫报》时，我报道社会新闻，写失业、写无家可归的人、写问题青年、写教育和健康问题、写女性问题等。这也是后来BBC邀请我过去担任社会新闻主编的原因。后来，我回到了《卫报》。社会新闻报道的内容和时政报道的内容是非常接近的。比如健康问题，和政策有关，是政治；比如教育，关于教育政策，也是政治。但是我和其他时政记者的区别是，对方从威斯敏斯特（Westminster，英国国会大厦）发出报道，我从真实的世界，从普通老百姓的角度去报道。比如，考试制度怎么改革？关于某项新政策的实施效果如何？所以，从社会新闻记者转型做时政记者、时政评论员并不难。我个人认为，从真实的世界报道政治，比到政府新闻发布会上拿新闻稿要好得多。我从来没有在威斯敏斯特看政客们辩来辩去，那里对我没有吸引力。唯一对我有吸引力的是，政治对现实世界的作用。

记者：那你会经常和政客一起吃饭吗？

波莉·汤因比：我认识很多政客，大多数情况下是通过工作认识的。比如他们有的主管教育，有的主管健康等等。我和他们很熟，在文章里也会提到他们。但是我和其他时政记者不同的是，他们可能和政客保持很好的关系，一起吃饭，一起度假，获得一些内部消息；而我，关注的是政策本身，看政策是否可行，人们对某项政策的反馈，某项政策对人们的影响等。

记者：你目前最关注的问题是什么？

波莉·汤因比：目前英国的处境很糟糕，经济危机，很高的失业率，如同20世纪80年代，经济危机给整个社会带来了破坏性。当时的很多青少年，没有机会接受很好的教育，没有完成学业，经济危机发生时，他们首当其冲。我担心，在目前的社会环境下，很有可能会产生新的“迷失的一代”。结果是，问题青年增多，他们自暴自弃，社会的犯罪率会升高。我最近打算写一系列文章，提醒政策制定者——除了花很多的钱在失业人员身上，我们也不能忽视对青少年的教育和扶持。

记者：你的线索、观点从何而来？

波莉·汤因比：我和学者交谈，和忙碌在社会第一线的工作人员交谈，和慈善组织的志愿者交谈。他们了解正在发生着的事情，他们告诉我他们的想法、他们的建议。有时候，我也去职业介绍中心等这类各种各样的人员聚集的地方，在那里，你可以亲自感受到正在发生的事情。

记者：你同时也是英国人文协会的主席，须要做哪些工作呢？

波莉·汤因比：这只是个荣誉职位，没有薪水。我一直写文章反对宗教信仰，反对宗教学校，反对主教参与制定国家政策、法律。英国是唯一在立法系统中包含了宗教元素的发达国家。这太保守，太不可思议了。实际上呢，在英国，去教堂的人很少，有宗教信仰的人很少，绝大多数英国人是无神论者，我自己也是无神论者。宗教信仰对社会有破坏性。目前，宗教信仰是种植在我们体制里的，而不是我们的内心。

记者：你曾经获得“年度反伊斯兰教奖”（Islamaphobe of the Year），你去领奖了吗？

波莉·汤因比：这个奖项很可笑，获得这个奖的除了我，还有乔治·布什。其实我反对所有的宗教信仰，不仅仅是伊斯兰教，也包括基督教。

记者：记者的职业精神在衰退吗？

波莉·汤因比：对记者而言，质疑精神很重要，记者应该竭尽全力找出真相，不能想当然。在英国，大多数记者也这样做。但是一涉及媒体所有者的利益，他们就沉默了。报纸的所有者也只愿意雇用和自己观点相同的人，所以才会有那么多偏右观点的声音，这些人原本就是报纸雇用的代言人。所以，并不是记者本人不诚实，是报纸的所有权导致的失衡。偏左的声音只存在《卫报》、《独立报》、《每日镜报》。而且我认为：英国记者有种反政府的本能——凡是政府的决定，都是错的。

记者：如何解决呢？要不，将所有的媒体都“国有化”？

波莉·汤因比：那会很可怕。我们应该采用和美国一样的所有权法。美国的媒体的处境就比英国好，他们更公正、更客观。在撒切尔夫人执政之前，对于个人能够拥有多大比例的媒体，英国有严格的法律规定。撒切尔夫人打破了这个规定，允许默多克拥有英国40%的媒体。我希望有法律规定，他必须把部分媒体卖给其他人。虽然你也控制不了他会把媒体卖给谁，也可能是其他的右翼观点者，因为英国的富人大都是右翼观点的人。这样做，虽然不能彻底改变现状，但是至少可以打破部分垄断。

做政客没成功

有人认为波莉·汤因比是"伪君子"——她继续拿高薪，继续过她的中产生活，继续送她的孩子去昂贵的贵族学校——波莉·汤因比并不觉得这有什么难为情，她继续斗志昂扬地为穷人争取权利，说："我的使命是和穷人站在一起，反对富人。"

记者：你在专栏里，多次流露出"痛恨富人"的情绪，为什么？

波莉·汤因比：我不痛恨富人，我痛恨的是富人挣很多很多的钱，但是交很少的税。在英国，高低收入者都要交纳40%的税。同其他欧洲国家相比，英国的富人所交的税是最低的了，当然，卢森堡除外。改善的方式很简单：高收入的人交纳更高的税。比如，年收入超过10万英镑的人要额外交纳10%的税——其他很多欧洲国家就是这样规定的。

记者：这样的建议，为什么直到现在也没有实施呢？

波莉·汤因比：因为工党是胆小鬼，他们惧怕有钱人，惧怕他们的报纸。那些右翼观点认为——如果加重对富人的税收的话，就是对企业家的攻击，会扼杀企业家的激情和动力。

记者：你通常站在穷人的立场上，为他们写文章，呼吁，争取权利，可是你本人来自中产家庭？

波莉·汤因比：是的。我认为，这跟你是谁没有关系，重要的是你代表谁，你和谁站在一起。我出身于中产家庭，从事着中产的工作。如果我是圣教徒的话，我会把我所有的东西都捐赠给别人。但是这能够改变多少呢？我的使命是和穷人站在一起，反对富人。

记者：穷人自己不能站出来说话吗？

波莉·汤因比：撒切尔夫人在职期间，削弱了英国工会的势力。直到今天，工会的政治地位都很薄弱，很难发出自己的声音。人们不知道工会的领导人是谁，他们也很少在媒体上露面。目前，只有英国公共部门的人参加工会，私有企业几乎没有人加入工会。

记者：你自己尝试过成为政客吗？

波莉·汤因比：很短的时间，但是不成功。那是在20多年前，我参加了一个很小的党派，我是那个党派的委员会成员。最后，那个党派解散了。因为在英国现行的选举制度下，小党派很难生存。英国差不多就是两党制。

记者：对不公正的现象，你很容易动怒，你认为，只把这些情绪写成文字，是否很局限呢？

波莉·汤因比：总比那些很窝囊的政府官员强。在没有上台之前，所有的人都满怀理想、希望，但是得到那个职位后，他们成了局内人，他们就封起嘴巴，什么话都不说了。

记者：在你通过文字发动的所有“战役”中，哪个是最令你感到满意的？

波莉·汤因比：我想，我的书《艰辛的工作：英国低收入者的生活》是最令我骄傲的作品了。这本书的销量很大，社会影响力也很大，特别是对年轻人的影响。很多学校将这本书列进必读书目——对一些来自中产家庭的孩子，他们想了解社会的话，这本书非常适合。我来自中产家庭，我体验了各种低收入的工作，这种经历会促使其他来自中产家庭的人去想象：如果是他们，他们将遇到什么样的经历？如同和我一起走过一段旅途，更深刻地感触别人的生活。

记者：你的言论通常能起到作用吗？

波莉·汤因比：最有建设性的是对学前儿童的教育问题——政府有必要扶持建立学前儿童中心或者设置什么课程班之类的。每次见到政客，我都给他们提这个问题。戈登·布朗身边的一个政客很礼貌地告诉我：“你的建议已经被采用了。”我的观点是：“如果你真的决定消除贫困的话，越早越好，从孩子5岁之前，那还有希望。”我的言论应该有些效果吧！

记者：英国也存在这样的现象，很多人靠政府的救济金生活？

波莉·汤因比：这类人大都是吸毒上瘾的人、酗酒的人、患抑郁症的人、没有生活能力的人。这类人很难找到工作，他们是被社会、被雇主淘汰的一批人。政府不得不养着他们，但是他们的日子并非很好过，刚好可以生存。

记者：你平时读哪些报纸？

波莉・汤因比：《卫报》最多，也读《独立报》、《金融时报》，虽然《金融时报》的观点有点偏右，但这是份很负责任的报纸，会直截了当地告诉你事实，比较可信。我也读《每日邮报》，尽管我不喜欢，但是它的影响力很大，我不得不看。

记者：你会建议想成为优秀的社会记者、时政记者的人读哪几本书呢？

波莉・汤因比：乔治・奥威尔(George Orwell)的作品，比如《动物庄园》（*Animal Farm*）和《1984》。

◎小贴士：乔治・奥威尔

1903年6月25日，乔治・奥威尔出生于印度。当时，他的父亲在当地的殖民地政府供职，用他自己的话说，他家属于“中产阶级的下层，或没有钱财的中产家庭”。1904年，乔治・奥威尔被母亲带回英国。他自幼天资聪颖，11岁时就在报纸上发表文章，14岁考入著名的伊顿学校，并获取了奖学金。但从他后来的回顾中可以看出，他从小学起就饱尝被富家子弟歧视的苦涩。

1921年，乔治・奥威尔从伊顿学校毕业后考取了公职，到缅甸当了一名帝国警察。在那里，被奴役的殖民地人民的悲惨生活无时无刻不在刺激着他的良知，他深深感到“帝国主义是一种暴虐”。身为一名帝国警察，他在良心上备受煎熬，遂于1927年辞职。后来，他写下《绞刑》（*A Hanging*）、《缅甸岁月》（*Burmese Days*） 和《猎象记》（*Shooting an Elephant*），用这些纪实性作品，对帝国主义的罪恶作了无情的揭露。

为了用实际行动进行忏悔，也为了自我教育，他从1928年1月起，就深入到社会最底层，体验劳工的生活。在巴黎、伦敦两地，他当过洗盘子的杂工，住过贫民窟，并常常混迹在流浪汉和乞丐之中。次年，乔治・奥威尔写下了关于这段经历的纪实性作品《巴黎伦敦落魄记》（*Down and Out in Paris and London*），真切地描述了生活在社会底层的人民的苦难。他不能容忍劳苦大众在英国处于一种“被忽视的”地位，他曾这样深情地写道：“他们才是真正的英国人。”

1936年，有一位进步出版商聘请一位属于“不是受害者自己，而是见证人”的作家，去英国北部的工业区对工人的穷困状况作实地调查。乔治・奥威尔欣然而往。他通过亲眼所见，并参考恩格斯《1844年英国工人阶级状况》等历史文献，完成书稿《通往威根码头之路》（*The Road to Wigan Pier*），书中记述了大量的事实，深切地反映出工业区人民生活的悲惨和世道的黑暗。

1936年7月，西班牙内战爆发。同年年底，乔治・奥威尔与新婚妻子一同奔赴西班牙，投身于保卫共和政府的光荣战斗。乔治・奥威尔在前线担任少尉，喉部曾经受过重伤。他为记述西班牙内战而写的《向卡特洛尼亚致敬》（*Homage to Catalonia*）一书，成为关于这场内战的权威性文献。

但是，这场正义的战争，由于左翼共和政府内部分裂，最后失败。没有死于法西斯枪弹下的乔治・奥威尔，竟差一点丧生在共和政府内部党派之争的倾轧中。这个惨痛的经验对奥威尔影响巨大。他说自己“从1930年起就是一个社会主义者了”，而这时候，他又开始考虑“捍卫民主社会主义”的问题。这个思想出发点，一直影响到他后期的两部名作——《动物庄园》和《1984》的创作。

1950年1月，乔治·奥威尔病逝，年仅47岁。他为后人留下了大量的作品，他的《动物庄园》和《1984》更是影响广泛，以至于为了指代某些奥威尔所描述过的社会现象，现代英语中还有一个专门的名词叫“奥威尔现象”（Orwellian）。

□推荐阅读

《动物庄园》

1944年，乔治·奥威尔出版了著名的讽刺小说《动物庄园》。小说讲的是，有个庄园主对他饲养的动物进行虐待，于是动物们以要求平等为理由发动革命，推翻了庄园主的统治。可是，革命的胜利成果后来被猪窃取，获取了领导权的猪拥有了越来越大的权力和越来越多的特别待遇，逐渐脱离了其他动物，它在动物中推行极权统治，动物们的生活反而比以前更糟糕。猪的口号是：“所有的动物生而平等，但是有些动物比其他动物更平等一些。”显而易见，这篇小说是在讽刺斯大林统治下的苏联。

《1984》

小说的主题是《动物庄园》的延伸，依然是反对极权主义。这本书和英国赫胥黎的《美丽新世界》，以及俄国扎米亚京的《我们》并称为反乌托邦的三部代表作。最初书名为《欧洲的最后一个人》（*The Last Man in Europe*），出版商建议换一个书名，乔治·奥威尔没有反对，但是他选择这个特定年份为书名的原因不为人知，也许是把写作这本书的那一年（1948年）倒置，以此预测未来。书中描述的世界：1984年，世界被三个超级大国瓜分——大洋国、欧亚国和东亚国。三个国家之间的战争不断，国家内部社会结构被彻底打破，均实行高度集权统治，以改变历史，改变语言，打破家庭等集权手段钳制人们的思想和本能。到处都是监视器，每个人的生活都在党的思想警察的监视下，历史完全按照党的需要被改写。生活在大洋国的外围党员温斯顿·史密斯（Winston Smith）从心里厌恶“老大哥”（Big Brother，代表大洋国的领袖，权力的符号）。一日，他偷偷从一家陈年杂货铺处买了一本日记本开始写日记——原则上党不允许写日记，不允许表达个人思想。当他和在小说司工作的茱莉亚（Julia）违反党的政策开始秘密偷情时，思想警察悄悄盯上了他。温斯顿·史密斯成为思想犯，在经历了专门负责内部清洗的“友爱部”的思想改造之后成为“思想纯洁者”，自愿被处死。书中的经典语录包括：“战争即和平，自由即奴役，无知即力量”，“老大哥在看着你”，“所谓的自由就是说二加二等于四的自由”，“思想罪不会带来死亡，思想罪本身就是死亡”，“在遮阴的栗树下，你出卖了我，我出卖了你”，“谁控制过去就控制未来，谁控制未来就控制过去”。

第15章

罗勃·麦基本：内容为王，采访就是王冠

■ 名人报道多“杂耍”

■ 采访要讲外交手段

■ 多问幽默的问题

■ 多媒体采访是趋势

新闻实务涉及

★ 如何与名人建立联系？

★ 公关人员是否掌握采访权？

★ 通俗报纸花钱买采访。

★ 采访的原则是什么？

★ 采访对象不爱说话怎么办？

★ 如何准备问题？

★ 如何赢得名人的信任？

★ 多媒体采访的趋势。

□记者档案

罗勃·麦基本（Rob McGibbon）

出　　生：1965年

身　　份：作家，自由撰稿人，为《太阳报》、《世界新闻报》、《每日邮报》写稿。

著　　作：《艾米纳姆的真实故事》（*Eminem – The Real Fucking Story*）、《西城男孩的故事》（*Westlife – Our Story*）、《后街男孩，在路上》（*Backstreet Boys – On The Road*）、《辣妹内幕》（*Spice Power – The Inside Story*）、《男孩地带的真实故事》（*Boyzone – The True Story*）、《接招乐队》（*Take That*）、《纯红乐队的故事》（*Simply Mick*）、《菲利浦·斯科菲尔德》（*Phillip Schofield – The Whole Amazing Story*）、《街头顽童》（*New Kids on the Block – The Whole Story By Their Friends*）等。

●记者印象

有准备的采访

在“采访库”（Access Interviews）成立一周年之际，该网站评选出和采访有关的各类奖项，包括“浏览次数最多的采访”、“最原创的采访”、“信息过量的采访”、“不可思议的曝光采访”和“期待已久的坦白采访”等。网站创建者罗勃·麦基本津津乐道：“采访并非是件容易的差事，记者要善于找人，要有耐心，要愿意委屈自己，要收集数小时的材料，要小心提问，要一遍遍地翻听录音作记录……”

罗勃·麦基本深知采访的痛苦和乐趣，这也是他建立“采访库”的原因——将原创的、精彩的采访纳入网站，在媒体和记者之间搭桥，并且，网络用户可以在此轻而易举地搜到自己感兴趣的名人采访内容，而不至于迷失在谷歌（Google）的上百万条信息里。

罗勃·麦基本做了20多年记者，他几乎遍采英国、好莱坞明星，出版了12本娱乐圈名人的自传，堪称职业“娱记”。他还有一个“能耐”是，在新人没走红之前，他就能预料到对方会星途灿烂，抢先为对方“写书立传”。比如辣妹（Spice Girls）、后街男孩（Back street Boys）、西城男孩（Westlife）等，早就在他的采访名单上了。

在不写书、不写稿的时间里，罗勃·麦基本的爱好是设计问候卡。这个灵感来得很简单，罗勃·麦基本总是买不到满意的卡片，找卡片的时间要比自己画一张卡通画、随便写几句话的时间还要长。终于有一天，他突发奇想，干吗不把这些卡片印出来，拿去卖呢？他脑子里出现了一个叫萨莉（Sallg）的女孩子形象，萨莉爱减肥，喜欢追求时尚。萨莉在纸上变活了。

罗勃·麦基本的幽默因子不仅塑造了萨莉，也体现在他的采访过程中。在采访出版商费力克斯·丹尼斯（Felix Dennis）时，罗勃·麦基本直截了当地问："你的脾气有多坏？""谁是你一生中最出色的情人？""你为何到现在都不结婚呢？"罗勃·麦基本抛给小说家杰弗里·阿切尔（ffrey Archer）的问题是："你吸毒吗？""你向上帝祷告吗？"罗勃·麦基本采访《星期日泰晤士报》前主编、BBC时政电视节目主持人安德鲁·尼尔（Andrew Neil）的提问是："你的爱情生活如何？""你觉得你们这一代幸运吗？"不过，在采访中的大部分时间里，罗勃·麦基本在倾听——他认为，采访的窍门是"少说话，多倾听"，记者不要担心冷场，多等一秒钟，获得的信息会更多。

罗勃·麦基本的经历和风格，不禁让人联想起"问倒总统先生"的英国脱口秀主持人大卫·福斯特（David Frost）。1974年，美国总统理查德·尼克松因"水门事件"被迫辞职，之后一直对媒体保持沉默。1977年夏天，脱口秀主持人大卫·福斯特对理查德·尼克松进行了连续四天的访问。理查德·尼克松原本打算利用这个机会展示自己的成就，改变人们对他的负面印象，但是大卫·福斯特和他的团队也不示弱，到处收集材料，寻找蛛丝马迹，希望理查德·尼克松俯首认罪。结果是，在证据面前，理查德·尼克松也慌了神，终于承认滥用职权的行为。

记者一定要打有准备的仗。见到我，罗勃·麦基本对我说的第一句话是："我在网上搜了一下你的名字。"

●崔莹面对面

在"You Tube"上可以看到罗勃·麦基本采访《马克西姆》（*Marxism*）出版商、诗人费力克斯·丹尼斯的视频。视频开始，罗勃·麦基本说道："大家好，我现在费力克斯·丹尼斯伦敦的豪宅，等待采访费力克斯·丹尼斯，已经等了一个半小时了，他还没有要出现的迹象，其实他正在楼上用液体午餐（喝酒），我上次采访他，等了四个小时。"——费力克斯·丹尼斯终于出现了，罗勃·麦基本的提问幽默、尖锐，费力克斯·丹尼斯的回答口无遮拦，采访很成功。

罗勃·麦基本已经做了20多年人物访谈记者，他写了12本关于娱乐圈名人的传记；他经常向报社报料，帮人卖新闻；他办了一个名为"采访库"的网站，打算把

1859年以来所有的采访收纳进网站；他继续为《太阳报》、《世界新闻报》写稿；他设计问候卡，在网络上销售……

找到罗勃·麦基本位于迈克尔（Michael）路2号的公司有点不容易——他的办公室在一个大厂房的二层。罗勃·麦基本和艺术家妻子艾玛住在切尔西（Cheslsea）。

和父亲一起写书

罗勃·麦基本写的第一本书是《街头顽童》（*New Kids on the Btock*），这本书由罗勃·麦基本和他的父亲一起完成。1990年，父子俩自费出版了这本书，这本书在市场上引起轰动，在《纽约时报》畅销书排行榜上名列第十，在英国销量也位居榜首。之后，两人又合作出版了另外三本娱乐圈人物自传。

记者：你设计了萨莉为主角的问候卡，在网上销售，这展现的是记者哪方面的才能？

罗勃·麦基本：设计问候卡是因为好玩，我设计了28款贺卡，每款内容都很搞笑，不过，估计这个“生意”要好几年之后才能赚钱。这和新闻无关。

记者：你已经做了20多年记者，请简单介绍你从业的经历？

罗勃·麦基本：1985年，我开始在伦敦做记者，我工作的报纸叫《温布尔顿新闻》（*Wimbledon News*），这份报纸是地方报，销量也很小。几乎所有记者都要经过这样的阶段，从小报纸做起。我报道过各种各样的“小”新闻，包括打架斗殴事件，对地方政客的采访等。一年后，我开始在全国发行的“大报”《太阳报》工作。然后，我成为自由撰稿人，为《太阳报》、《每日邮报》、《世界新闻报》写稿，主要写名人访谈。后来，我开始写书，比如《街头顽童》等等。最近几年，在继续写书写稿的同时，我开始做“采访库”网站。

记者：你的父亲也是记者，他影响你做记者？

罗勃·麦基本：是这样，我的父亲在《每日快报》工作，父亲给了我很多从业建议，并把我介绍给新闻界的朋友。工作之初，很容易犯错，如果有人指导你，你就会少走弯路。不过，在任何领域，只有你真正优秀，才能幸存下来。我开始在《太阳报》工作时，只有20岁，那里的工作压力很大，竞争很激烈，如果适应不了，你就得走人，现实很残酷。

记者：为什么离开《太阳报》？

罗勃·麦基本：1989年冬天，我有了一个想法，想写《街头顽童》一书，但是《太阳报》的主编凯尔文·麦肯齐（Kelvin McKensie）不同意，我只能辞职。并且，成为自由撰稿人的好处是你可以拥有很多的自由，写自己想写的文章。

◎小贴士：《太阳报》，英国第一通俗小报

《太阳报》是英国的通俗小报，英国发行量最大的报纸，《太阳报》的出版方是鲁珀特·默多克拥有的新闻集团。2008年1月到6月的销量显示，《太阳报》每日平均销量为312万份，日均读者数量为790万。读者中，56%是男性，44%是女性。星期日版的《太阳报》名为《世界新闻报》（*News of the World*）。

《太阳报》以报道明星丑闻、哗众取宠的新闻出名，从1970年开始，该报的"第三版女郎"一直保持到今天，内容是18岁到27岁之间、不穿上装的年轻女性的照片。在政治立场上，《太阳报》一直亲工党。很多读者厌恶《太阳报》的裸体女郎，认为这类照片是对女性的侮辱，2005年，伦敦的一所学校禁止《太阳报》出现在校园里。

《太阳报》支持英军进攻伊拉克，反欧洲一体化，反法国、德国。《太阳报》称英军为"我们的大男孩"（our boys）。伊拉克战争初期，《太阳报》把反战的法国总统希拉克谑称为"蚯蚓"（le Worm），然后专程把当天的《太阳报》译成法语在巴黎街头派发。

THE Sun
£300K DREAM TEAM
PLAYBOY PRINCE COPS A FEEL
'Plotter' joined search on 7/7
Airport chaos to ease today
DIRTY HARRY
PICTURE EXCLUSIVE

《太阳报》的报道经常捕风捉影，甚至凭空捏造。1987年，《太阳报》在一篇文章中称同性恋歌星艾尔顿·约翰和男性童妓发生性关系。在另外一篇文章里称，因为狗叫让艾尔顿·约翰睡不着觉，他将他家看门狗的声带取出。艾尔顿·约翰将两篇报道一起告上法庭，赢得100万英镑的名誉赔偿费。此事件是英国历史上名人状告媒体，获得巨额赔偿的案例之一。

记者：你和你的父亲合作写书？

罗勃·麦基本： 我们一起收集材料，各自分头采访，各写各的，然后把双方的内容整合在一起。在文风方面，我们尽量相近。听起来是有些疯狂。

记者： 你已经写了10多本书了？

罗勃·麦基本： 12本。2000年之后，我就没有继续写书了。我用10年时间关注娱乐圈，完成了关于辣妹、西城男孩、后街男孩等娱乐圈名人的书，现在我已经40多岁了，不适合做娱乐新闻了，我想做点别的。目前在考虑写一个小说，还有一个剧本。

记者： 怎样才能成为一名好记者？

罗勃·麦基本： 第一，你一定要热爱你的工作，要有工作的激情，要有毅力；第二，你一定要从最基本的工作做起，比如搜材料，准备采访提纲，作采访记录等；第三，多读书，读报，了解各类最新的信息。

记者： 你做记者的动力来自哪里？

罗勃·麦基本： 金钱？当然不是。如果你希望赚很多钱的话，就不要做记者，去银行，去做会计，去做律师，那些职业的收入会更高。目前，英国新闻业的状况很糟糕，很多报社裁员，记者失业。想做记者的人，一定是有着非常强烈的新闻理想的人：他们喜欢写字，喜欢报道，喜欢旅行，喜欢和不同的人打交道，喜欢用文章影响别人。

做报纸和名人之间的桥梁

哗众取宠的新闻可以赢得读者一时的眼球，但真相大白后，读者、同行都会鄙视这类“假新闻”。罗勃·麦基本认为记者的眼光要长远，要和名人保持良好的关系，因为采访不是一次，是很多次。赢得名人信任的前提是把文章写好，做诚实的记者。

记者： 你为什么对名人报道感兴趣？

罗勃·麦基本：这是由我所工作的报纸的特点决定的。《太阳报》是通俗小报，报纸中的名人报道占很大的比例。当时，我很年轻，二十二三岁，报社让我报道娱乐圈新闻，采访名人，因为年轻人很容易混入那个圈子。在工作中，我积累了很多采访资源，这也是我为什么后来一直做名人访谈的原因。

记者：如何采访到名人？

罗勃·麦基本：首先，你要和名人的经纪人、新闻宣传部门建立联系。几乎所有的电视台、电视制片公司都有自己的新闻宣传部，它们会安排记者采访它们的演员、主持人等，在提高名人知名度的同时，宣传电视节目。和我建立了联系的单位包括BBC、ITV和Channel4。比如滑稽连续剧《只有傻瓜和马》（*Only Fools and Horses*）播出之前，电视台会举办新闻发布会，在新闻发布会上，我对主演德尔老男孩（Del Boy）的演员大卫·杰森（David Jason）进行了采访。采访的文章可能在《太阳报》上发表，也可能在《世界新闻报》上发表。

记者：《太阳报》和《世界新闻报》倾向报道名人的负面新闻？

罗勃·麦基本：所有的通俗小报都倾向于报道煽情的、有轰动效应的新闻，揭露名人隐私，曝光名人绯闻等。但是我的工作是做报纸和名人之间的桥梁，报道名人想说的内容，而不会小题大做，夸张渲染，我会把文章写得生动有趣，报纸愿意刊登，读者也愿意阅读，类似“杂耍节目”。

记者：比如？

罗勃·麦基本：很多年前，我写过一个患绝症的名人和癌症抗争的故事。我会把文章的基调写得很积极，很乐观，在文章结尾，我这样写道，“痛苦会过去，我会微笑着面对将来”，而不是，“我只有6个月的时间了”。这样的文章，名人爱读，读者也会接受。记者经常帮名人表达。我擅长的是，我能够帮采访对象——无论名人还是政客——明确他们想说出的话。他们看过文章之后，会认可，并告诉我：这正是他们的意思。

记者：你报道过名人的“小道消息”吗？

罗勃·麦基本：没有。有些记者捕风捉影，无中生有，或者错误地引用名人的话，破坏名人形象的同时，也毁了自己的声誉，我不会那样做。我是自由撰稿人，我必须和名人的经纪人、名人搞好关系，这样，对方才会愿意接受我第二次、第三次采访。在这个圈子里失去了声誉，就意味着失去了新闻线索。作为自由撰稿人，你不得不考虑一些“外交手段”。

记者：你和公关人员是怎样的关系？

罗勃·麦基本：记者和公关人员始终都在抗衡。现状是，大多数情况下，记者不得不和公关人员合作，因为他们掌握着信息、新闻的“通道”，他们决定哪个名人接受哪个记者的采访。比如乔治·克鲁尼（George Clooney），他一年中总共接受10次左右采访，公关人员决定谁来采访他。

记者：如何与公关人员保持好关系？

罗勃·麦基本：原则是不做傻事，不伤害任何人。如果你的报道出了错，对方会认为你不够“职业”。所以，你的报道必须准确，必须公正，你可以提尖锐的问题，名人也喜欢有挑战性的提问。并且，如果对方提前声明提问不要涉及个人隐私，记者也不要追问。

记者：如何赢得名人的信任？

罗勃·麦基本：唯一途径是做最真实的自己，诚实、直截了当。

我帮人卖新闻

“采访库”网站并不包括实际内容，它为出版商、广播电视单位、作者提供了交流的平台。并且，可以吸引更多的网络用户浏览他们的独家采访。

记者：报纸花钱买采访，你遇到过这样的情况吗？

罗勃·麦基本：我经常参与这样的“交易”，这种行为被称作是花钱买“兴奋点”（Ups）。经常是，有人找到我，说自己有个轰动性的新闻故事，他想靠这个故事卖钱。对方会委托我找报社的主编谈，看哪家报社出价高。在英国，很多新闻故事是报纸从公众那里买来的。不仅仅是名人的新闻，也有普通人的故事，只要是轰动性的事件。卖故事的人可能是刚出狱不久的罪犯，比如最近，《世界新闻报》支付贝瑞·乔治（Barry George）5万英镑，买他的故事。

◎小贴士：贝瑞·乔治，冤坐8年牢

贝瑞·乔治出生于1960年4月15日，2001年7月2日，因涉嫌杀害BBC主持人吉尔·丹多（Jill Dando）被捕。吉尔·丹多是英国广播电视台新闻节目主持人，长得很像戴安娜王妃，于1999年4月在自己家门前被人谋杀。2008年6月9日，此案件被重审，2008年8月1日，贝瑞·乔治被判无罪释放。

贝瑞·乔治出狱后，《世界新闻报》支付5万英镑，天空电视台支付3万英镑，购买对贝瑞·乔治的独家采访权。在采访中，贝瑞·乔治首次透露，案发时，他在哪里，他为什么曾经带着刀和绳出现在戴安娜王妃寓所附近，他为什么赢得“危险人物”的名声，他为什么曾用假名等。贝瑞·乔治曾有造假、冒犯女性的前科，不过，贝瑞·乔治表示，他早已痛改前非。

记者：为什么对方愿意通过你和报社交易呢？

罗勃·麦基本：因为他们是个体，同我沟通，比直接打电话给《太阳报》、《世界新闻报》更容易，更安全。并且，我有经验，可以帮对方找到愿意出好价的报纸。

记者：你拿多少回扣？“交易”的10%？

罗勃·麦基本：一般是10%的中介费，10%的报道费。

记者：你创建了“采访库”网站，这个想法是怎么来的？这个网站吸引人的原因是什么？

罗勃·麦基本：建立这个网站的想法是我在工作中产生的。在采访前，我总要搜关于某个名人的资料，我发现，很多资料是重复的，是从别人的采访内容中摘编的，真正有价值的采访并不多。记者的采访是独一无二的，是报纸、杂志报道的重要来源。如果文章的内容为王，采访就是王冠。我建立的网站，就是将各种各样有价值的、原创的名人采访收集在一起，如同一个资料库。这个网站的运营方式有点像“You Tube”，并含有搜索引擎。这个网站有助于提高记者的知名度，也有助于网络用户全面地了解某位名人。比如，如果你对丹尼尔·雷德克里夫（Daniel Radcliffe）感兴趣，你可以在这个网站上搜到不同的记者对他进行的采访。

记者：是否会侵犯文章版权？

罗勃·麦基本：不会侵犯版权，因为这个网站会引导读者到文章的出处，找到文章的第一作者，其实是保护了文章的版权。也可以按照记者的名字搜索，比如搜我的名字，结果是我的名字之下，有45篇采访，是我为不同的媒体写的。

记者：目前，网站的“生意”如何？

罗勃·麦基本：网站创建9个月了，目前的浏览量还不错，比如昨天，有2500人浏览，每月，网站的浏览量保持在5万到6万次之间。

记者：这个网站创建人员包括哪些？

罗勃·麦基本：两名技术人员，两名员工负责收集、上传信息，我来编辑。将来，网站上会添加记者个人的信息、联系方式等。

少说话，多倾听

作为英国年度传媒奖的评委，罗勃·麦基本分辨得出成功的采访和失败的采访。对于他而言，最糟糕的采访是没有采访到的采访——他从英国飞到美国，等了对方一周，结果对方爽约。

记者： 你认为，采访的技巧是什么？

罗勃·麦基本： 我的采访原则是：少说话，多倾听。有些记者忍不住说："我同意你的观点"，"我想"。都是废话，千万别那样做！记者的目的是引导采访对象说话，而不是和采访对象对话，当然，要让人感觉是在和采访对象对话，要让采访对象感到舒服、放松。并且，读者想知道的是采访对象的观点，而不是记者的观点。有时，记者不得不偶尔表述自己的观点，为的是促进谈话的进行。并且，记者一定要仔细倾听对方的回答，并从对方的回答中找线索，提下一个问题，而不是照着念问题单。

记者： 对方不爱说话怎么办？

罗勃·麦基本： 记者要"勇敢"保持沉默，一定要耐心多等一会儿，让对方首先打破沉默。比如，我会问罗伯特·德·尼罗（Robert De Niro）："听说你主演的上部电影很糟糕，你认为呢？"他回答："我觉得挺好。"然后沉默，他可能会接着说："我心里也不好过，我有点生气。"然后欲言又止，记者要冷静，要安静。如果对方还是不愿意说，记者不妨勇敢点，直接问："你主演的上部电影就是很糟糕，为什么？"

记者： 你喜欢采访哪一类人物？

罗勃·麦基本： 我喜欢坦率、回答直截了当的采访对象。我采访了很多名人，有些名人很有趣，有些就特别无聊。去年（2007年），我采访了关·史黛芬妮（Gwen Stefani），她简直太无聊了，什么都说不出来，我痛恨这样的采访对象。我最近刚采访了杜兰杜兰（Duran Duran）乐队，乐队成员很有趣，很诚实。我采访过一些政客，有些非常狡猾，故意回避我的提问，我不得不和他们斗智斗勇。我经历的最有挑战性的采访是对小说家杰弗里·阿切尔的采访。采访中，他拒绝谈论他蹲监狱的经历，我就绕着圈地引导他谈那个方面的内容。当时的氛围很紧张，采访持续了一个半小时。我问他："杰弗里，我不得不问你的案件，你怎样看待最后的结果？"他回答："没什么可说的。"我反问："你说什么？"杰弗里再次回答："没什么可说的。"我把这些内容真实地写在文章里，这样读者可以了解真实的杰弗里·阿切尔。原本不成功的采访也会变得可读性很强，很有意思。记者的提问在不冒犯对方的情况下，要清晰直接，当然，记者也要清楚什么时候"撤退"，不是为了对立而对立。我想，汤姆·克鲁斯（Tom Cruise）应该是很有意思的采访对象，他的科学论派（Scientology）的观点，他的名气，但又一想，这样的人控制力强，永远都像是在演戏，能给你什么信息呢？

◎小贴士：杰弗里·阿切尔，靠写小说“东山再起”

杰弗里·阿切尔曾经是英国保守党副主席，20世纪80年代，因涉嫌买通妓女，坐了四年牢，他的罪名是发假誓。

杰弗里·阿切尔出身寒微，在牛津大学学习体育，他曾经是英国奥运队的长跑队员，在奥运会上为国家赢得过金牌。年轻的杰弗里·阿切尔在牛津大学广结贵族名流子女，为自己的将来铺路。杰弗里·阿切尔加入保守党，30岁不到，便成为国会议员。

在事业蒸蒸日上时，杰弗里·阿切尔却卷入召妓事件，导致政治仕途提前结束。杰弗里·阿切尔遭妓女勒索，他约妓女在伦敦维多利亚车站见面，交给她一个信封，里面是几千英镑现金。结果交易过程被小报记者拍下。在审讯时，杰弗里·阿切尔发了假誓，被判入狱四年。

出狱后，杰弗里·阿切尔住在西班牙，开始创作，作品包括《该隐和阿伯》（*Kane & Abel*）、《第四权》（*The Fourth Estate*）、《十二条红鲱鱼》（*Twelve Red Herrings*）、《虚像》（*False Impression*）、《囚徒之生》（*A Prisoner Of Birth*）、《别有洞天》（*A Twist in the Tale*）和《平等中的首席》（*First Among Equals*）等20多部小说。

杰弗里·阿切尔混迹政坛多年，在他的小说里经常能看到知名公众人物的影子，比如撒切尔夫人、萨达姆·侯赛因、媒体大亨鲁珀特·默多克和罗伯特·麦克斯韦等。杰弗里·阿切尔称，他的多部小说的素材来自监狱里的生活经历：“尽管以前我对海洛因、可卡因一无所知，可现在我变得见多识广，监狱中毒品文化普遍流行而且是最大的问题。”在还未出狱时，他就通过媒体宣布，已经在监狱的单人房间里完成了30万字。

杰弗里·阿切尔的作品广受欢迎，几乎是出一本，热一本，凭借版权，他已经是亿万富翁。

记者：如果采访对象很“无知”呢？

罗勃·麦基本：那简直就是一场噩梦。那你不得不试着从各个角度问同样的问题，多少会有些收获。

记者：你会问让对方难堪的问题吗？

罗勃·麦基本：你一定要问能够“刺激”对方的问题，比如，关于吸毒、关于两性关系等。在采访费力克斯·丹尼斯时，我问他是否继续吸食可卡因，是否继续召妓，和女朋友的关系如何等。

记者：如何准备这些问题？

罗勃·麦基本：我以前采访过他，采访之前，我看了他写的书，以及其他记者写的关于他的文章。我把问题整理成几个方面，一方面关于他的生意，一方面关于他的写作，一方面关于他的性生活和吸毒，一方面关于他的政治观点等。采访过程中，这些问题不一定会被按顺序提出，要根据对方的回答，引带出这些问题。

记者：你最糟糕的采访经历？

罗勃·麦基本：1991年，我去洛杉矶（Los Angeles）采访查德·麦奎因（Chad

McQueen）。查德·麦奎因是很不错的演员，但总是精神不振，因为他一直生活在父亲的阴影里。我见到他时，他喝醉了，他让我第二天过去采访他。第二天，他给我打电话说很累，让我再等一天。就这样让我等了一周。最后，我出现在他家门口，打算告诉他，不能再拖了，因为我很快要回英国了。结果，管家告诉我，查德·麦奎因已经离开了。这是我一生中最糟糕的采访——最糟糕的采访就是没有采访成的采访。

记者：你会和你的采访对象成为朋友吗？

罗勃·麦基本：很少，我偶尔和他们联系，但是他们并非是可以到你家、和你一起去度假的朋友。通常，我们会在一年后再见面，作采访。我的好朋友大都是记者，记者很有意思，他们自己很有意思，他们也希望知道你的有意思的事情，希望了解你。

采访是两个人的相处

英国各大报纸、电视几乎全都增添了网络视频新闻——这意味着，记者在采访的同时，除了录音、听对方的回答、追问，还有了一项新的任务：录像。多媒体采访已经成为不可抗拒之势，冲击着英国新闻界。

记者：你的文字风格呢？尽量幽默？

罗勃·麦基本：风趣幽默的文笔令文章变得生动。并且，在采访时，适当的幽默，可以让对方和你更好地互动。对方的回答可能一点都不幽默，但是你的提问可以幽默。采访的本质就是记者和采访对象之间的相处，记者要真诚，要直接，对方才会信任你，愿意和你聊，当然，记者不可以为了幽默而幽默，要掌握一个度。

记者：目前，英国自由撰稿人的生存状态如何？

罗勃·麦基本：非常艰难。自由撰稿人的生活原本就不容易，现在，自由撰稿人的处境更糟糕了。报纸收入减少，编辑部减少约稿，稿费也降低。比如《每日邮报》，现在给我开的稿酬是以前的一半。我不得不考虑，值不值得给它们写文章，还是找其他报纸合作，给出价高的报纸写。目前，报界正处于转折点，很多报纸扶持发展网站，但是网站还没有赚钱。我想，等网站能够赚钱了，记者的工作机会会重新增多。

记者：那是否意味着记者要掌握新的技能，比如多媒体采访？

罗勃·麦基本：已经开始了，英国很多报社陆续开始对记者进行多媒体采访的培训，比如如何录制视频等，虽然多媒体采访还没有普及到每一名记者身上，但这已经是趋势。作为我个人，我还不太适应。当录像机或者录像师在旁边时，你会感觉是在表演，这些都是让你自己、让采访对象放松的障碍。采访对象会很警惕，回答也会有顾忌。如果你采访名人，名人对录像的效果要求很严格，要光线合适，要化妆，不会随便让记者录像。对于传统的文字记者而言，这是一个挑战，但是对于年轻的记者而言，这很正常。视频录像会成为采访的一部分。

记者：如果你可能的话，回到20年前，你还会选择做记者吗？

罗勃·麦基本：我会，可能采访的内容不一样。有时，我有点后悔当初离开《太阳报》，去写书，但是我的收获是写了一本很成功的书。我后悔写辣妹、后街男孩的书吗？有点，但是这些书让我赚了很多的钱。做记者可以让你保持宽泛的视野，你可以尝试做各种各样有趣的事情，遇到各类有趣的人，我觉得很充实。

记者：你希望自己成为名人吗？

罗勃·麦基本：我不想为了成为名人而成为名人，如果因为事业出名，那我会很开心。我希望成为费力克斯·丹尼斯、威尔·塞尔夫（Will Self）和迈克尔·赫塞尔廷（Michael Heseltine）那样的名人。不过现在，我只想做我自己，了解自己，知道自己是谁。

◎小贴士：费力克斯·丹尼斯，“杀了人”的富豪

费力克斯·丹尼斯出生于1947年，是英国的杂志出版商、慈善家和诗人。他所拥有的丹尼斯出版集团，以出版计算机类、和人们的业余爱好有关的杂志为主，其中包括男性杂志《马克西姆》（后被卖掉）和新闻文摘杂志《这一周》（*The Week*）。

16岁生日还没有到，费力克斯·丹尼斯辍学离家，开始尝试各种各样的工作。他参与出版反主流文化的杂志《Oz》。1971年，因在杂志中刊登裸露女郎的照片，有伤风化，丹尼斯和另外两位《Oz》编辑遭到起诉。审讯数周后，三人被判罪名成立。不过，丹尼斯的罪罚是三人中最轻的——一个月的监禁。法官给出的解释是：“丹尼斯比另外两位编辑年轻，不如他们聪明。”据说就是因为这样的评价促使费力克斯·丹尼斯发奋图强，建立了巨大的媒体帝国。

费力克斯·丹尼斯注意到李小龙的电影广受欢迎，便出版了李小龙自传，很快就赚了钱。费力克斯·丹尼斯又创办《功夫》杂志，《功夫》杂志迅速走红，并以11种语言在20个国家发行。

此后，费力克斯·丹尼斯不断地通过倒卖杂志积累财富。1979年，丹尼斯以低于25万美元的价格买下《个人电脑世界》杂志，三年以后被他卖到600万美元；1985年，丹尼斯创办科技杂志《MacUser》，一年后卖出2000万美元；费力克斯·丹尼斯创办邮购公司，随后即以1元美金的高价出售。不到十年时间，费力克斯·丹尼斯跻身世界富豪之列。2007年，在《星期日泰晤士报》评选的英

国富人榜上，费力克斯·丹尼斯名列第95位。

费力克斯·丹尼斯的书《如何致富》（*How to Get Rich*）在全世界热销。费力克斯·丹尼斯称这是一本“反励志”书，书中传达的基本信息是：只有那些能把自己变为工作狂、让亲者痛仇者恨的人，或是拉得下恶脸的人才有望积累起巨额财富。在那些靠个人奋斗致富的男人和女人内心深处，都藏着一丝冷酷。

费力克斯·丹尼斯的业余爱好是写诗和种树。他已经出版了数本诗集，包括《半杯满的玻璃杯》（*A Glass Half Full*）、《当杰克遇到吉尔》（*When Jack Met Jill*）、《孤独的狼》（*Lone Wolf*）、《我的心无家可归》（*Homeless in my heart*）等，他的习惯是每天花3—4小时写诗。并且，费力克斯·丹尼斯热爱绿化祖国，他买下一大片地，正着手建造英国最大的树林。

2008年4月2日，在接受《泰晤士报》记者吉妮·道格瑞（Ginny Dougary）采访时，费力克斯·丹尼斯“透露”他曾经杀过人——他看到他的朋友在欺负女人，便把他推下了悬崖。这个消息成为《泰晤士报》的头版头条，在英国引起轰动。后来，费力克斯·丹尼斯解释，接受采访那天，他喝醉了，胡说八道。

记者：如果请你推荐书给年轻的记者读，你会推荐哪几本？

罗勃·麦基本：克里斯托弗·西尔维斯特（Christopher Sylvester）的《企鹅采访录》（*The Penguin Book of Interviews*）、哈罗德·埃文斯（Harold Evans）的《好时光，坏时光》（*Good Times, Bad Times*）、伊夫林·沃（Evelyn Waugh）的《独家新闻》（*Scoop*），文章风格方面，我推荐A. A. 基尔（A.A. Gill）的《基尔在旅行》（*A. A. Gill is Away*）。我的建议是，记者要了解你要供稿的报纸和杂志。我从《太阳报》主编凯尔文·麦肯齐那里学到的是，记者一定要读自己的报纸。比如，你想给《星期日泰晤士报》写稿，那就每周都买这份报纸，每次都花3个小时阅读，了解对方的风格。

□推荐阅读

《基尔在旅游》（*A.A. Gill is Away*）

《星期日泰晤士报》专栏作家A.A.基尔的旅途见闻录。A.A.基尔以写餐馆点评出名，他的文笔幽默风趣，但是尖酸刻薄，并能够一针见血，充满挑衅性。在书中，A.A.基尔表示："要像对待人一样对待一个城市，去倾听他，去问问题。"他认为印度的美在于这个国家的贫穷，旅行者去看的就是这个国家的贫穷。在非洲，一个陌生的布尔人猎手同A.A.基尔攀谈，告诉他："你会想念非洲，因为这里是生命的起点，来到这里，如同回家。"

《企鹅采访录》（*The Penguin Book of Interviews*）

由克里斯托弗·西尔维斯特编辑，书中包括了1859年以后，编者认为最优秀的报纸采访。

《好时光，坏时光》（*Good Times, Bad Times*）

《星期日泰晤士报》主编哈罗德·埃文斯回忆自己在《星期日泰晤士报》工作的经历，讲述了《星期日泰晤士报》调查性新闻报道的发展过程。书中包括《星期日泰晤士报》的调查报道团队"洞察力"所报道的大事件，探究了鲁珀特·默多克和撒切尔夫人之间的关系。

《独家新闻》（*Scoop*）

作者伊夫林·沃是英国讽刺作家，《独家新闻》讲的是，20世纪30年代，威廉·布特（William Boot），一个很无知的，一向小心谨慎地写獾的生活习惯的记者，被错误地派往想象中的一个非洲国家Ishmaelia充当驻外记者，报道当地将要发生的革命运动。可他一无所知，他也看不懂主编从伦敦发来的电报，但是他最后获得了独家新闻。

第16章

马丁·希克曼：时刻准备发动运动

■ **无畏的报道精神**
■ **“坏新闻”更实用**
■ **揭黑御用文具商**
■ **压力集团提供线索**

新闻实务涉及

★“消费新闻”报道记者的职责。
★“消费新闻”报道记者所要具备的素质。
★如何获得“消费新闻”的新闻线索？
★媒体为何倾向报道“坏新闻”？
★报纸发动运动的主题从何而来？
★什么样的事件适宜被发展成运动？
★报纸发动运动的原则、运动的寿命。
★推荐给“消费新闻”报道记者阅读的书。

□记者档案

马丁·希克曼（Martin Hickman）

身　　份：《独立报》“消费新闻”报道记者，曾任路透社记者、英国报业协会新闻社记者。

成　　就：成功地发动了“抵制银行不合理罚款”运动、“减少多余的包装”运动、“提高鸡福利”运动和“餐厅小费无条件归员工”运动等。

●记者印象

爱“管闲事”的记者

《每日邮报》发动“增加收垃圾频率”运动、“少吃垃圾食品”运动，《旗帜晚报》发动“保护小卖部”运动，《独立报》倡导“提高鸡福利”运动。英国报纸倡导的五花八门的运动让人联想起中国校园中形形色色的活动。学校组织活动的目的是丰富学生的课余生活，培养学生的独立人格，促进学生成长；报纸发动运动的目的是强化公民意识，体现媒体的社会责任感，当然，还树立了报纸形象。

英国报纸热衷运动的历史悠久。著名报纸《每日快报》的标志“红十字军”，首现于1933年，并沿用至今，代表了报纸倡导自由言论，时刻准备奋战、掀起运动的决心。

“消费新闻”报道记者马丁·希克曼便是“红十字军”中的一员。他时刻扛着开战旗，热血沸腾——只等主编一声令下。他的笔就是他的武器：《大家都参与，“减少多余的包装”运动开始！》、《辣椒放进塑料袋，香蕉放在托盘上，我们到底需要多少包装？》、《运动的目的是减少如山的垃圾》、《超市相应决定减少多余的包装》、《政客联手支持运动》、《减少浪费，刻不容缓》、《小节约的大意义》……从2007年1月22日到5月1日，《独立报》倡导“减少多余的包装”运动，围绕这一运动，马丁·希克曼发表了37篇文章。“运动”的艺术在于，运动不是说教，不是夸大其词，而是摆事实，讲道理——这便体现了记者的功力。媒体的社会责任感激发了公民意识，运动如火如荼。运动如同战役，有预热，有高潮，有起落，有转折。马丁·希克曼表示自己从不担心没得写，担心的是，写得太多，怕人烦。

运动一定要胜券在握，哪怕是“拉锯战”。《独立报》发起的“抵制银行不合理罚款”运动持续了将近两年，运动的矛头指向财大气粗的银行。据估计，每年，英国银行收取客户透支罚款的总额在12亿英镑到47亿英镑之间。据1999年英国颁布的《消费者合同不公平条款》（*Unfair Terms in Consumer Contracts Acts*）中的相关规定，这笔罚款属于不合理罚款。运动如星火燎原，2007年上半年，运动已经促使英国五大银行（汇丰银行、巴克莱银行、苏格兰皇家银行集团、哈里法克斯银行和英国莱斯银行）退还客户罚款4亿英镑。运动规模远远超出银行的想象——即使明知自己不占理儿，银行也不得不求诸法庭，至少可以“缓期执行”。此间，马丁·希克曼写了70多篇文章推进运动。因为代表着成千上万的消费者，马丁·希克曼从来没有感到自己势单力薄，他越战越猛。他直言：“想到我的报道对社会有益，我就会很骄傲。”

马丁·希克曼做的另外一件让他同样感到骄傲的事情是：为英国23万名餐馆服务员讨小费。英国《最低工资法》（*Minimum Wage Law*）没有关于小费归属问题的相关规定，因此，餐馆便利用这一漏洞，“剥削”服务员。有些餐馆把消费者留的小费算入营业利润；有些餐馆老板把小费据为己有；有些餐馆干脆不给员工发工资，员工的收入只有小费。马丁·希克曼调查采访了英国的名餐馆、快餐厅，把一线服务员的声音传给读者，传给社会。迫于社会、舆论的压力，不少餐馆陆续“改过自新”。

美国的丹尼·埃利奥特（Danny Elliott）在《负责的新闻业》中写道：“无论大众媒介置身于怎样的社会中，它们都对社会负有责任，而且每种媒介都要对依赖它们而获知信息的公众、团体负责。不管是私有制媒介，还是政府所有制媒介，不管有无新闻控制存在，也不管这种新闻控制是来自新闻机构本身，还是来自外部力量，责任都是存在的。”这种责任便是秉持公道，激励人们运用理性维护自己的利益，促进社会进步。

●崔莹面对面

《独立报》是英国最年轻的报纸之一。创刊25年来，因观点独立、报道独树一帜，很快在英国新闻界挤占出自己的一席之地。又因勇敢和毅力，《独立报》曾经两次被评为“报纸说什么”新闻奖的“年度报纸”。

为《独立报》赢得荣誉的自然少不了记者观点犀利、见解新颖、对世俗和权威具有挑战性的新闻报道和报纸所倡导的一系列伸张正义、秉持公道、造福社会的“运动”（campaign）。

马丁·希克曼是该报“消费新闻”报道记者，也是无数次运动的主力。看网站介绍，他报道的领域涉及饮食、金融、能源和时尚。网站照片上的他，英俊帅气，有明星风范。2008年9月2日早上，在《独立报》餐厅，我见到了这位魁梧英俊，又写得一手好文章的名记。

曝光要胆大心细

英国著名老报人、《卫报》前主编彼得·普瑞斯顿（Peter Preston）认为：“作为个体，记者的职责是报道事实。”当真相被掩盖时，如何获得这些信息？马丁·希克曼认为，除了要具备“大无畏的精神”，还要“证据确凿”。

记者：你是怎样成为记者的？

马丁·希克曼：我已经做了15年记者了。我的专业是新闻学。毕业后，先在地方报纸工作，然后加入英国报业协会新闻社（Press Association）、路透社（Reuters），又来到了《独立报》。我已经在《独立报》工作了8年，最初担任新闻编辑，在过去的4年时间里，一直担任《独立报》的“消费新闻”报道记者。

记者：“消费新闻”报道记者的职责是什么？

马丁·希克曼：主要报道和大众消费有关的问题。比如购物、产品质量和安全等，涉及饮食、服装、个人理财、能源等和人们的日常生活息息相关的话题。

记者：“消费新闻”报道记者须要具备哪些素质呢？

马丁·希克曼：“消费新闻”报道记者须要具备任何记者所应具备的素质。需要好奇心、坚韧不拔的毅力、努力地工作，须要对你所曝光的对象有无畏的精神，不可以因为你所针对的对象强大而放弃挑战，并且须要胆大心细。尤其是最后一点，对“消费新闻”报道记者特别重要。当你揭露问题时，你所面对的是大公司、大组织，它们的背后有强大的律师、公关人员和你周旋，你一定要做到证据确凿。

记者：你做记者的动力是什么？

马丁·希克曼：我喜欢收集信息，喜欢写新闻故事。这些信息是人们之前所不了解的，并对之感兴趣的，这些信息对人们生活很重要。我想做有价值的工作，并把这项工作做好。想到我的报道对社会有益，我就会很骄傲。随着全球化，公司的规模越来越大，它们越来越精明，更善于赚消费者的钱。它们不告诉消费者它们的产品的来源、危害性。作为记者，我的职责是把这些不可告人的信息揭露出来，帮助消费者理解商家的行为。并且，作为记者，你可以和不同的人谈话，探索新的领域，做有创造性的工作。我喜欢现在的工作。

记者： *报社是否规定，记者每月至少发表多少篇文章？*

马丁·希克曼： 没有。但是如果你总不出活儿的话，报社的管理者会奇怪，你是不是遇到麻烦了？是不是工作不努力？是不是编辑和你产生矛盾了？记者的职责是报道新闻，如果你是记者，你肯定要发表文章。

记者： *记者发表文章的数量和薪水有联系吗？*

马丁·希克曼： 没有。报纸的版数由广告的数量决定。如果广告多了，报纸的版面也会增多，可以发文章的版面也相应增多。文章能否见报取决于文章是否有趣，是否重要。新闻主编也会从整体考虑，比如硬新闻和软新闻（硬新闻指的是纯新闻消息报道，题材严肃，具有一定时效性；软新闻是情感味浓、写作方法诙谐、轻松幽默的社会新闻，不注重时效性）的比例等。

揭黑御用文具商

我在英国学新闻，第一节课，老师告诉我们的就是：记者应该有质疑的精神，应该怀疑一切。质疑后的结果自然是媒体报道的"坏新闻"增多。把烂苹果挑出来，才能避免整堆的苹果烂掉。报道"坏新闻"对监督社会、促进民主起到了重要的作用。

记者： *你所报道的"消费新闻"，一般都是"坏新闻"？*

马丁·希克曼： 基本上都是坏新闻，差不多占到70%。报纸刊登坏新闻可能会令读者感到郁闷，但是和好新闻相比，读者更须要知道身边发生的不好的新闻。比如交通，你最想要知道的是，哪里堵车，而不是哪条路畅通无阻。你想知道的是股市什么时候下跌，政府什么时候垮台……这些信息很现实，也很实用。

记者： *如何获得新闻线索呢，尤其是这样的"坏新闻"？*

马丁·希克曼： 有不同的渠道，对我的工作而言，第一个新闻来源是和消费行为相关的组织。如果对方是商业组织或者政府组织，可能倾向于提供好新闻，比如它们研发的新产品、政府颁布的和消费行为有关的政策等。其他非政府组织倾向于提供坏新闻，包括慈善组织和压力集团（Pressure Groups，与政府、媒体和政党之间建立利益关系，向国家议会等权力机构施加压力，影响国家政策的团体）。它们研究调查的领域包括环境、产品质量等，它们往往调查发现某种不好的趋势。我会根据对方提供的调查结果进行采访报道。第二，从其他媒体找新闻线索。不仅仅是报纸，也包括广播电视、网络。英国的新闻产品很多。有些很有意思的事件，我知道了，广大的读者并不一定知道。我所关注的媒体不仅仅是大媒体，通常是专业媒体，它们往往是新闻来源的重要渠道。第三，从自己的生活经历中找新闻线索。我在购物时遇到的问题、发现的问题，或者我的朋友告诉我的他们的经历等。

◎小贴士：压力集团

在英国，压力集团的作用是推进社会民主，激励民众影响政府政策的制定。压力集团的目的是影响有权力制定政策的人，压力集团本身并不寻求政治权力，压力集团成员本身并不参加竞选。英国的政党并不多，却有成百上千个压力集团。压力集团的资金来源是会员费、企业资助和社会捐款等。

压力集团会通过各种方式实现自己的目的，比如示威抗议。1998年3月，在某压力集团的号召下，英国30万名民众走上伦敦街头，反对英国工党政府关于乡村的政策。结果，政府宣布白皮书，调查乡村生活，并修改了相关政策。

记者：因为报道的是“坏新闻”，被曝光的公司会接受采访吗？

马丁·希克曼：有时，他们会很敷衍；有时，他们态度蛮横。当这种情况发生时，你就要通过其他渠道获得你想要的信息。如果公司不肯合作，你可以在文中标出“公司拒绝采访”等。读者会根据这个故事的来源、公司的态度，自己作判断。

记者：采访中，最令你烦恼的是什么？

马丁·希克曼：在暴露某公司的问题时，对方给你很少的信息。因为缺少证据，报道无从下手。这时候感觉很沮丧。

记者：会因为某项特殊规定，而不得涉及某个话题？

马丁·希克曼：英国新闻业主要受市场的驱动。有些新闻故事很不错，但是因为读者可能不会对这个故事感兴趣，所以就不能写。

记者：你最满意的报道是哪一篇？

马丁·希克曼：有一家叫Smythson的文具供应商，他们同时为女王生产文具。我发现，他们的产品中使用了非常珍贵的蜥蜴皮，我了解到这些蜥蜴皮的来源，又咨询野生动物专家。我写了一篇报道：如此有声望的公司怎么会非法使用稀有动物

的皮？

记者：如何获得这个新闻线索？

马丁·希克曼：这家公司发展很快。他们雇用了保守党领导的妻子担任公司执行总监，因此这家公司的曝光率很高。我偶然想到，看看他们制作文具的皮都是哪里来的，便发现了这个新闻线索。作为第一个报道者，我格外小心——进行一系列合法的审查、检验等，确定皮材料的来源。

报纸运动要掌握节奏

“拒绝用塑料袋”运动、“反伊拉克战争”运动、“反猎狐”运动……英国报纸借助各自特殊的身份，倡导了形式多样的运动。报纸和读者“交相呼应”，形成特殊的舆论压力，推进社会改革。

记者：在过去的几年时间里，《独立报》发起了很多项运动，主要包括哪些？

马丁·希克曼：主要包括“抵制银行不合理罚款”运动、“减少多余的包装”运动、“提高鸡福利”运动和“餐厅小费无条件归员工”运动。

记者：这些运动的主题是怎么来的？你始终是运动的主力，写文章推进运动？

马丁·希克曼：运动的主题通常由报社的管理层决定，但是线索来自记者的报道。比如，报社的主编看到我报道的某件事情很有代表性，并且适合发展成运动，便让我写更多相关报道，掀起运动。

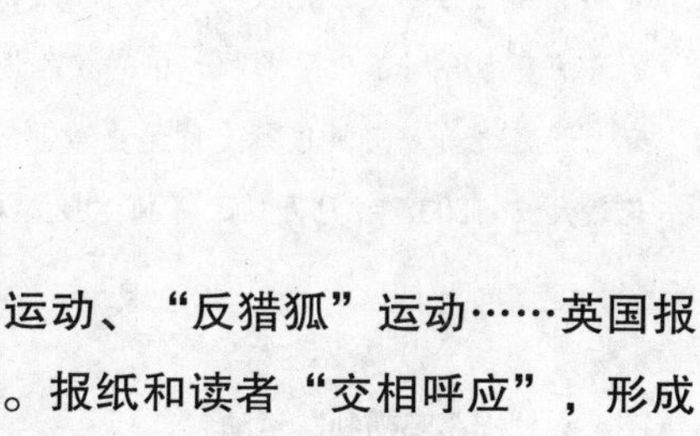

◎小贴士：《独立报》倡导的消费运动

★“餐厅小费无条件归员工”运动

《独立报》调查发现，很多餐馆老板将消费者留给服务员的小费据为己有，服务员仅仅获得最低工资。也有个别餐馆，根本不支付员工工资，员工只获得小费。《独立报》倡导发起提高英国23万名餐馆服务员的待遇，让消费者明明白白地知道他们给的小费的去向的运动。这项运动得到了英国所有党派和英国工会的支持。英国前工贸大臣史蒂芬·拜尔（Stephen Byers）表示：“我们须要通过这个运动保证服务员的合理收入，消费者留小费，是因为对方的服务好，小费是给个人的，不是给餐馆老板的。”

《独立报》提出三条建议，并希望英国政府就此立法。餐馆对小费的处理要做到公平、合理、透明，餐馆要在菜单上明确标明小费的收费标准和去向，所有的员工都应获得除小费之外的最基本工资。

★“抵制银行不合理罚款”运动

《独立报》报道，据英国YouGov调查，从2001年开始，超过1/3的银行客户因透支或者空头支票被银行收取罚款，人均罚款数额为685英镑。其中每20人中，有一个人的罚款数额超过2500英镑。《独立报》倡导消费者抵制如此不合理的罚款运动，要求银行退款。该运动得到广大消费者的响应，并且战果累累。2007年上半年，英国五大银行的退款数额达4亿英镑。

“抵制银行不合理罚款”运动的导火索来自英国普利茅斯学法律的学生史蒂芬·霍恩（Stephen Hone）。因为透支，他被阿贝银行（Abbey）罚款32英镑。他查看了很多资料，发现根据1999年颁布的《消费者合同不公平条款》中的相关规定，他有权利要回这笔罚款。史蒂芬·霍恩把银行告上了法庭。开庭之前，阿贝银行支付给史蒂芬·霍恩840英镑，希望平息此事。此事在英国银行系统内引起轩然大波。2007年2月开始，《独立报》对相关事件进行系列报道，拉开“抵制银行不合理罚款”的序幕。

★“提高鸡福利”运动

《独立报》报道了很多肉食鸡、下蛋鸡受虐待、生存条件极其恶劣的文章，倡议“提高鸡福利”。消费者响应这一号召，拒绝购买家禽饲养厂大批量生产的鸡和鸡蛋，而选择散养鸡及其产的蛋。这样做的目的是督促家禽饲养厂家尽快改善笼养鸡的生活条件，给鸡提供更多的活动空间。

调查发现，很多养鸡厂笼养的鸡挤在狭小的空间里，其中1/4的鸡发育不正常，甚至无法正常行走。每年，英国产鸡量为8亿只左右，其中92%为圈养鸡。《独立报》希望这场运动能够引起家禽饲养业的关注，修建新的散养鸡圈，提高鸡的福利。

★“减少多余包装”运动

“超市里的萝卜、土豆也用托盘和收缩膜包裹起来，为什么已经有了坚硬的皮的蔬菜，还要再被加层皮呢？”不仅仅是根菜，多余的包装无处不在。《独立报》倡导“减少多余包装”运动，减少浪费，减少包装材料对环境的污染。首先，包装材料耗费了大量的能源——塑料袋须要用油，纸盒来自树木，罐头盒用的是铝，瓶子用的是玻璃等；其次，制造这些包装品的过程中产生的温室气体加剧了气候恶化；再次，包装品的处理也是令人头疼的问题；最后，包装品本身不便宜，费用附加在了产品身上。据英国废品与资源行动计划组织（Waste & Resources Action Programme，简称WRAP）统计，每年每户家庭用在包装材料上的支出平均是470英镑。“减少多余包装”运动的目的是引起超市的重视，尽可能地减少多余的包装。

记者：什么样的事件适宜被发展成运动？

马丁·希克曼：首先，这件事必须和人们的利益相关，人们感兴趣。最成功的运动是和人们的日常生活有直接联系的事件。比如：很多人因透支被银行罚款，很多人去餐馆吃饭留小费，很多人吃鸡肉，很多人去超市买了带包装的蔬菜等。其次，这个事件一定是报纸胜券在握的事件。发起运动的媒体能预测到这项运动的发展方向，能有什么样的结果等。

记者：在《独立报》，发起一项运动需要多少记者？

马丁·希克曼：不一定。这取决于每项运动。有时候就我自己，有时候是两名记者，有时候，我全职负责报道推进某项运动，有时候，我也同时报道其他新闻。如果是重要的运动，报社会抽调其他部门的记者协助我。运动的推进工作不仅仅是整个报社的意愿。

记者：最令你骄傲的是哪项运动？

马丁·希克曼：让我最有感触的是“提高鸡福利”运动。之前，没有几个人了解圈养鸡的生存状况，通过《独立报》的呼吁和报道，越来越多的人了解并配合这一运动。消费者改变了购买习惯，他们开始购买在良好的饲养条件下成长的散养鸡，这样做的目的是督促圈养鸡工厂改善鸡的生活条件。

记者：这个主意是怎么来的？

马丁·希克曼：这个运动的线索来自我看到的一档电视节目。《独立报》决定把这件事发展成运动。同时，其他媒体对圈养鸡的生活状态也作了报道，但是没有报纸以此为契机，把它发展成运动。

记者：英国的报纸会不会彼此合作，共同发起一项运动？

马丁·希克曼：不会。两份报纸可能会围绕相同的主题发起运动，但是各自得出不同的结论。英国报纸倾向于各自为政，和竞争对手划清界限。报纸之间的合作几乎不存在。唯一的合作是在某些利益集团挑战报业，企图更改法律，弱化报纸的声音的情况下。

记者：各份报纸发动的运动有区别吗？

马丁·希克曼：报纸发动运动的原则是：这个运动可以和报纸的读者产生共鸣。报纸的读者定位不同，运动也不同。比如，《独立报》的定位是：观点独立的报纸。但是近些年，《独立报》的报道有点偏左，《独立报》的读者也抱有类似的观点。同其他报纸的读者相比，《独立报》的读者更富有，更聪明。

记者： 发动、推进某项运动的困难有哪些？

马丁·希克曼： 比如，在“抵制银行不合理罚款”运动中，我们很直接地批评了几家大银行，其中包括《独立报》的广告客户，开始，我们也有点犹豫，但这并非困难。最难的是对运动的“节奏”的控制。最初，你集中报道了一件事情，可以从不同的角度对这件事情进行分析，然后，运动会有自己的“生命线”，人们会主动联系你，给你提供新的线索或者主意，有些相关行业组织也会给你一些建议。之后不久，运动会达到高潮。但是你不得不考虑，这一系列报道是否让读者感觉厌烦了呢？这些报道有没有虚张声势？读者有没有觉得天天被报纸说教？

记者： 运动的寿命通常有多长？

马丁·希克曼： 运动的寿命取决于报社管理层对这项运动的重视程度和读者对这项运动的接受程度。一般，《独立报》用2—3个月的时间倡导一项运动。开篇报道如同暴风雨，轰轰烈烈，被安排在头版，然后，报道被安排在报纸内页，再后来，相关报道减少，三四天刊登一篇。也有些运动持续时间比较长，比如“抵制银行不合理罚款”的运动，从2007年1月开始，一直持续到现在，已经有70多篇相关报道被发表。这个运动是《独立报》倡导时间最长的一项运动。目前的情况是，银行被告上法庭，一审判决银行没有权力对透支的顾客进行罚款。

记者： 有没有某个行业或者集团，试图阻止报纸倡导某项运动？

马丁·希克曼： 据我所知，还没有。这样的事情也很少在英国发生，但是被涉及的当事人肯定不高兴。

媒体的力量有限

在和政府、和组织抗衡的过程中，媒体不怕失声，怕的是声音被淹没。信息爆炸时代，人们对铺天盖地的信息进行有选择的过滤，即使反映事实的媒体声音也很容易被淹没在喧嚣的媒体报道中。

记者： 你是否因某篇曝光报道，受到商家的威胁？

马丁·希克曼： 没有。商家明白，威胁记者本身就是个大新闻，他们肯定不会这样做的。问题在于，某些商家势力强大，他们通过大量的广告战、形象宣传战，很容易掩盖自己的缺点。《独立报》的发行量有限，读者有限，报纸的影响力有限，难以和对方抗衡。

记者：媒体的力量也是有限的。

马丁·希克曼：同其他政权不稳定的国家相比，在英国，记者可以自由地报道新闻，新闻故事的质量可以保证。并非英国记者特别优秀，特别诚实，我认为，英国记者所在的环境，允许他们尽自己的职责，做好各自的工作。

记者：英国媒体有嘲笑政府的传统，目前，英国媒体整体是什么样的声音？

马丁·希克曼：英国媒体的传统是：右翼观点过强。但是目前，媒体数量众多，各自的观点不同，整体而言，媒体的偏向性越来越弱。比如电视，它们的观点大都是中立的。并且，政府有自己的"宣传费"，各部门、各政客，很容易通过媒体传达自己的声音。

记者：你通常关注哪些媒体？

马丁·希克曼：我一天必读四份报：《独立报》、《泰晤士报》、《每日邮报》和《旗帜晚报》。我会读食品产业周报《杂货店》（*Grocer*）、食品产业月刊《食品管理者》（*Food Manufacturer*），关于零售业的《零售周刊》（*Retail Week*）等，我选择收看和消费、食品有关的纪录片等。

记者：你的写作风格呢？

马丁·希克曼：在证据确凿的情况下，和对方针锋相对。

记者：文章的标题呢？我发现，有时候会故意夸大？

马丁·希克曼：的确，有时文章的标题不完全准确。标题是文章的调料，首先要让读者产生感觉。在《独立报》，记者只负责写文章，不须要考虑标题，编辑负责起标题。在报纸出版前，我自己也不知道文章的标题。

记者：如果请你推荐书给从事"消费新闻"报道的记者阅读，你会推荐哪本？

马丁·希克曼：《普遍的记者》（*The Universal Journalist*），作者是大卫·兰德尔（David Randall）；《标签上没有的：你盘子上的食物从何而来》（*Not on the Label: What Really Goes into the Food on Your Plate*），作者是菲丽希提·劳伦斯（Felicity Lawrence）；《破坏生态者的自白：旅行寻找我的生活用品的来源》（*Confessions of an Eco Sinner: Travels to Find Where My Stuff*

Comes from），作者是弗雷德·皮尔斯（Fred Pearce）。

记者：如果不做记者，你会选择什么职业？

马丁·希克曼：我从来没有想过从事其他行业。或者成为作家吧！写纪实小说，哈哈，这也和记者有关。

□推荐阅读

《普遍的记者》（*The Universal Journalist*）

这本书是关于新闻业最具权威的教科书，已经被翻译成10多种语言。这本书对所有职业新闻记者或者正在接受新闻培训的年轻人具有普遍的实用价值。尽管存在语言的差异、文化的区别，优秀的新闻记者具备一个共同点：寻求事实。作者大卫·兰德尔是《卫报》记者和专栏作家。他在书中强调，优秀的新闻报道并非普遍存在，需要记者具备一系列的采访、写作技巧才能实现。这本书挑战传统的新闻记者的工作方式、工作态度、写作技巧等，作者通过自身工作的经验和感受，指导你如何成为一名优秀的记者。

《标签上没有的：你盘子上的食物从何而来》（*Not on the Label: What Really Goes into the Food on Your Plate*）

这本书揭露的是英国食品工业的内幕。作者菲丽希提·劳伦斯以最常见的日用食品为例，向我们展示了食品工业如何损害人们的健康，如何污染环境，如何导致城郊接合脏乱差地带，如何非法用工，剥削劳动者等现象。

《破坏生态者的自白：旅行寻找我的生活用品的来源》（*Confessions of an Eco Sinner: Travels to Find Where My Stuff Comes from*）

作者弗雷德·皮尔斯是《新科学家》杂志的环保记者。在这本书中，他考察了20多个国家，行程18万公里，调查产品的来源，以及产品所涉及的人的生存环境。他考察的对象包括黄金、咖啡、草莓等，他描述了毛利塔尼亚（Mauritania）过度捕捞导致鱼类灭亡、孟加拉共和国（Bangladesh）的养虾业等。途中，他得出很多有趣的结论：比如，因为甘蔗降解土壤，导致生物多样性恶化；以色列70%的水资源用于经济产物的种植，包括香蕉、鳄梨等。他发现了贫穷，发现了绝望，但是也发现了惊喜。在书中，弗雷德·皮尔斯挑战了传统的环保人士的观点，将"绿色"思考提升到一个新的、更成熟的层面。

第17章

西蒙·康普顿：记者要学会装傻

- **大胆提傻问题**
- **健康报道误导公众**
- **医生在报纸上开专栏**
- **新闻不是摘编通稿**

新闻实务涉及

★ 健康报道的内容包括哪些？

★ 如何采访医疗专家？

★ 健康记者须要具备哪些素质？

★ 健康记者如何获得新闻线索？

★ 公众对哪类健康报道感兴趣？

★ 英国的“新闻限令”（Embargos）。

★ 写完文章，须要给专家看吗？

★ 英国健康报道的特点。

□记者档案

西蒙·康普顿（Simon Crompton）

身　　份：《泰晤士报》健康记者，曾为《每日邮报》、《每日电讯报》撰稿，英国健康记者协会副会长。

获得奖项：2008年，获得欧洲肿瘤学院（European School of Oncology）的“最佳癌症报道”（Best Cancer Reporter Award）；2008年，获得“启明奖”（Luminous Award）；1995年获得医药记者联合会（Medical Journalist Association Awards）“年度新闻”；1998年，获得“用通俗语言解释癌症奖”（Winner of Campaign for Plain English Award 1998 for the Cancer Guide）等。

著　　作：《都是关于自己：爱一个自我陶醉者》（*All About Me*：*Loving a Narcissist*）。

●记者印象

健康记者的力量

西蒙·康普顿关于健康的报道、关于医疗保健的报道通俗易懂，循循善诱，频频获奖。西蒙·康普顿本人并不是医药专家。他认为自己的职责是做好“小学生”，在老师面前提问，不怕提简单的问题、愚蠢的问题，然后，他会用文字把这些信息生动地描述给读者。记者是医生和大众之间的“翻译”，是桥梁。

西蒙·康普顿抱怨，信息过多、过剩，导致的结果——汤水淹没了粥，大众难以辨别真正有价值的新闻。很多媒体哗众取宠，追求轰动效应，便拿科研结果做文章。比如，某科研成果表明：女性在怀孕期间，每周饮酒一两次，并不会导致3岁孩子的认知缺陷。很多报纸对这个结论进行“包装”，刊登出的文章五花八门。有的标题为“女性怀孕期适当饮酒，对新生儿有利”，有的标题为“女性怀孕期间喝酒没事”，甚至有媒体的标题完全牛头不搭马嘴，写道“怀孕期间喝点酒，导致生男孩的几率大”。信任媒体的读者会被这样的标题吸引，并开始按照这种说法实践。事实上呢，研究报告中，医生并不提倡女性在怀孕期间饮酒。

科学家的研究方向不同，每种研究都有存在的价值，百家争鸣，百花齐放，各种观点摩擦、撞击，才会促使人类更接近真相。而记者故意耸人听闻、偏激的报道，误导了大众。

西蒙·康普顿的报道经验是：报道要全面，健康记者不妨做个旁观者、资料收集员，将各种说法都亮出来。他在文稿中添加了新闻背后的新闻，无论是“老闻”还是旧闻，给大家提个醒，让大家自己分辨。

健康医疗保健记者协会（Association of Health Care Journalists）的章程中写道：“健康记者在报道健康和医疗新闻中起着特殊的作用：健康记者首先要明白，读者和观众会根据他们的新闻报道作出关于健康、医疗保健的重要决定。”尽管记者不是医生，但是记者要善于大声吆喝，善于传递清晰的、应用价值高的信息给读者，而不是“议程设置”。很多健康记者并没有接受过专业的培训，健康知识匮乏。但这无妨。健康记者可以把自己当作小心谨慎的、关心自己的健康的读者，看自己懂不懂这些医疗信息，是否会采纳这些健康建议。

健康记者要善于做功课——善于调查分辨科研机构和私有公司、科研机构和公共团体、疾病咨询机构和赞助商、名人代言人和赞助商、非营利机构和赞助商的利益关系。别人把新闻通稿写好，美美地请记者吃好，喝好——一定有不可告人的动机。西蒙·康普顿提醒健康记者：一定要小心谨慎，以免成为不完整的、有偏见的、不公正的新闻的传声筒。

写了20多年的健康文章，西蒙·康普顿从不认为自己是专家。在文章发表之前，他会把文章发给医生、专家审查，虽然这样的行为被别的记者认为是“不自信”，西蒙·康普顿宁愿委屈自己，也要捍卫信息的准确。

西蒙·康普顿从事健康报道的原因也很简单，学完新闻专业，他申请到的第一份工作，和健康报道有关，于是，他“从一而终”。不过，稍微改变的是，他由为业内人士写文章调整到了为大众写报道。动机是他的父亲因癌症早逝——“我的梦想是做可以改变、影响人们的生活的记者。我希望我的报道不仅仅是单纯的报道，而且能给人们提供有价值的健康信息。”

除了日常的工作，西蒙·康普顿还忙于慈善事业，他用记者的本领、记者的方式参与慈善事业，出版普及健康知识的宣传册，为人们提供健康信息。西蒙·康普顿表示：“做对他人有好处的事情——我自己也感觉很开心。”

西蒙·康普顿还告诉我一个秘密：申请到第一份工作的原因是，不要工资。

●崔莹面对面

在采访西蒙·康普顿之前，我看到一则关于他的报道，西蒙·康普顿将肿瘤报道的奖金——3900英镑捐助给他曾经就读的学校，用来支持培养健康报道记者。西蒙·康普顿一定是很有爱心、心地善良的记者。2008年9月24日傍晚，和西蒙·康普顿约在伦敦塔（Tower of London）旁边的法式罗杰咖啡店（Cafe Rouge）见面。

他本人比他个人网站照片上的还要有魅力，他的声音充满了磁性。

少计较自己的尊严

斯蒂芬·贝克是美国《商业周刊》的著名IT记者，他曾经在一篇《记者为什么问傻问题》（*Why journalists should ask dumb questions*）的文章中写道：这代表了记者的诚实；让采访对象放松，采访对象会感觉自己是老师，帮记者了解问题；有益于记者更好地了解故事发生的背景，避免自以为是。斯蒂芬·贝克总结道：批评那些写不出好故事的记者，而不是那些提出傻问题的记者。

记者：从你家到《泰晤士报》需要多长时间？

西蒙·康普顿：我住在苏赛克斯（Sussex），到这里差不多需要一个小时，还不坏。

记者：你为什么会选择做健康记者？

西蒙·康普顿：1985年我开始工作，那时候我24岁。我在城市大学（City University）读了新闻硕士，当时花了很长时间才找到合适的工作。最容易的入门方式是不要工资。我先在一家办给残疾人看的杂志免费工作，有了经验后，我开始在一家办给护士和理疗工作者看的专业杂志工作。我想，很多人和我一样，有着相似的经历。有了在某个领域的工作经验之后，就很容易找到相关的工作。当然，每个人都有着不同的梦想。我的梦想是做可以改变、影响人们的生活的记者。我希望我的报道不仅仅是单纯的报道，而且能给人们提供有价值的健康信息——我的父亲死于癌症，在父亲生病期间，我意识到人们了解的医学知识太有限了。这也是促使我做和大众有关的，而不只是和医学专家有关的新闻的原因。1995年前后，我开始做自由撰稿人，为《泰晤士报》写稿，为一些慈善机构工作，我为很多慈善机构编写普及健康知识的小册子，为慈善机构撰写网站内容，记者最适合这类工作——用人们易于接受的方式传递有用信息。

记者：在英国，通过哪些方式可以成为记者？健康记者须要具备哪些素质？

西蒙·康普顿：一种方式是读相关的专业，到大学接受培训，一种方式是不必上大学，直接到地方报工作，拿很低的工资，类似学徒。健康记者要具备记者所具备的素质，要善于和人沟通，善于写吸引人的故事，善于提问等。

记者：你最初做记者时，遇到的困难是什么？

西蒙·康普顿：有几次很窘迫。但是，记者要学会厚脸皮，少计较自己的尊严，要不怕被对方认为很傻，很愚蠢，要有谦虚学习的态度，而不是自以为是。有时候，我的提问很糟糕，问错了问题，或者不知道问什么问题，其实，这也没有什么尴尬的，因为记者的学识有限。采访前，记者要作准备，准备的目的是提出好问题，而不必知道问题的答案。好记者要学会装傻。比如，我曾经这样采访英国的健康大臣：很抱歉，我一点都不了解这个政策，你们为什么制定这样的政策？这个政策能起作用吗？然后，健康大臣就不得不详细地解释，解释给我，解释给大众。

记者：是故意装傻了？

西蒙·康普顿：有时，一个愚蠢的问题会导致采访对象的很有价值的答案。这也是我做了20多年的健康记者的经验。我刚做记者时，很担心自己显得很傻，很无知，问错了问题，但是随着不断地采访，我发现，如果记者少些自以为是，多问显而易见的问题，往往会得到很有趣的答案。如果你给对方的感觉是你什么都知道，对方就不会费劲地给你解释。对方不解释，你找出线索、写出好故事的可能性就比较小。因为对方解释的过程，不仅仅是让记者明白的过程，也是揭露某些新的观点、信息的过程。

避免成为商家“宣传战”的工具

在和医生的闲聊中，西蒙·康普顿获悉——人们意识不到，治疗癌症的唯一方式是通过手术切除肿瘤，也有治疗癌症的、可以起到一定作用的药物，但是，手术治疗早就可以实现这一切了。为什么媒体关于治疗癌症药物的宣传远远大于治疗癌症手术的宣传？因为制药商的利益驱动。

记者：在英国，怎样对医生进行采访？

西蒙·康普顿：有两种方式，一是通过医院的媒体联络员，一是直接采访。媒体联络员可以帮忙，但是须要等很长的时间，并且，他们想了解你写的文章是正面的还是负面的。直接找医生，麻烦就少一些。

记者：相比而言，英国健康记者拥有更多的新闻自由？

西蒙·康普顿：和其他国家的医药记者相比，英国医药记者拥有更多的自由，但是所面临的问题是信息量过多过剩。那么多的公司、慈善组织，想通过媒体把它们的信息传递给公众，记者要有能力分辨出真正有价值的故事。因为很多公司、组织发布信息是有目的的，甚至很多曾经信息独立的慈善组织，在压力下，也不得不打宣传战。特别是规模较大的慈善组织，往往和政府保持着亲密的关系，和政府讨价还价。比如，我曾经报道过一个关于癌症和身体锻炼之间的关系的故事。我采访了很多科研人员，他们证实：锻炼身体可以预防癌症。但是相关的慈善组织并不承认这样的观点。因为，这样的报道对它们不利，它们并没有在这个方面投资。很多记者不善于分辨，成为商家“宣传战”的工具。

记者：不久前，你去瑞士领取了癌症报道奖，感受如何？

西蒙·康普顿：来自世界各地的记者聚集在那里，交流癌症报道的经历，其中，有来自法国的记者，来自哈萨克斯坦的记者，来自摩洛哥的记者等。大家的采访经历各不相同。在英国，尽管医生很忙，但是他们一般会接受采访。但是，有些国家的记者告诉我，要采访医生，先要给医生钱，太不可思议了。

记者：你的健康报道获了奖，原因是什么？

西蒙·康普顿：我的原则是，不随便采用慈善机构、公关人员提供的稿件。我写的故事一定以读者的利益为重。获奖的报道是关于癌症手术的，这篇报道的灵感来自和专家的谈话。我意识到，大多数媒体关于癌症的治疗报道存在误导。几乎所有的新闻报道关注的是新药上市，这种药物是怎样的突破，对于癌症治疗的效果等。但是，如果你和医学专家交流，他们的回答是，这类治疗癌症的药物只对少数患者有效。真正的投资应该用于手术，手术的投资少，效果会比药物更显著。但是医药公司为了推销药物，为了赚钱，他们不会宣传手术的疗效。所以，大众从来不知道手术治疗才是癌症治疗最有效的方式。我觉得我有职责把这个真相告诉大众，我有必要把癌症治疗的全部信息传递给读者。我呼吁有关部门将投资多用于提高手术水平，而不是生产新的药物。

记者：这个角度很新。

西蒙·康普顿：是这样。我的健康报道的另一个特点是：在新闻报道之后，附加“新闻背后”的内容。比如，最近一周一直在报道某项新的说法——喝红酒可以预防癌症等。我会将10年前，或者更久之前的说法找出来，有些说法和新的说法完全矛盾，有的相符合。我希望能为读者提供最全面的信息，而不只是最新的说法。很多记者很容易忽视这一点——提供全面的信息，是新闻报道的原则之一。

媒体热衷“小道消息”

为吸引读者眼球，媒体擅长避实就虚，小题大做，甚至移花接木。比如“手机辐射会导致脑瘤”、“喝红酒导致高血压”、“电脑辐射会导致白血病”等。写者无心，看者有意，媒体“误导”引发公众的恐慌。

记者：健康报道包括哪些内容呢？

西蒙·康普顿：包括饮食与人体健康、医药科技、生活方式等。我最近在关注的是MMR（麻疹、流行性腮腺炎和风疹疫苗，有报道称注射此药，会导致儿童自闭症，后被辟谣是误导宣传），很多父母明明知道注射MMR不会导致自闭症，但是他们还是拒绝给孩子注射MMR，我想要找出其中的原因。另外一个话题是，关于选择性5-羟色胺再摄取抑制剂（SSRI）的使用。制药公司作了很多宣传，导致这类药物被滥用、乱用，结果，有些人产生了自杀的想法——这是由药物引起的非常可怕的副作用。我也写过一篇关于制药公司和慈善机构之间“合作”的文章，药物公司付钱给慈善机构，慈善机构帮药物公司宣传某药，失去独立性。

记者：这些新闻线索从哪里获得？

西蒙·康普顿：有时候从专业杂志的一则小报道受到启发，有时从和别人交流谈话的过程中获得新闻线索。

记者：你认为公众会对哪一类健康报道感兴趣呢？

西蒙·康普顿：我认为公众会对任何和健康有关的新闻故事感兴趣。因为健康和每个人都有关系，所有人都希望知道怎样才能延长寿命。公众对新药品、新的治疗方式感兴趣，对如何避免某种疾病的建议感兴趣。比如：手机会导致脑瘤，多么可怕的说法，你会不自觉地想，你每天都在做的事情，暗藏着很大的危险，公众对这类报道乐此不疲，问题是，很多类似的报道是在误导公众。

记者：手机会导致脑瘤，这种说法是错的？

西蒙·康普顿：并非是错误的，绝大多数的报道有一定的依据。比如，斯堪的纳维亚的科学家研究表明，手机辐射是导致脑瘤的原因之一，但是很多研究表明，手机辐射对人体无害，只是后者没有被报道。报纸发表的多是“小道消息”，但是“小道消息”的基础是小众研究结果，并不能造成对大众的普遍危害。健康记者所面临的挑战是，如何向公众传递哪些是他们真正应该担忧的事件，哪些是没有必要担忧的事件。但是如何分辨？连科学家自己都不能确定。健康记者只能根据已经发布的信息，自己作出判断——在什么样的基础上，整体看来，你不必担忧等等。

记者：是健康记者在故弄玄虚？

西蒙·康普顿：我想大多数健康记者会实事求是地报道新闻故事，只是很多报纸为了赚钱，为了扩大销量，要求新闻报道能够吸引读者的眼球，让人们有购买的欲望。有的报纸特别擅长拿健康问题做文章，有些报道只能代表个别现象，并不能代表全部，比如一些奇迹的治疗方案，一些生活习惯导致的可怕的疾病。新闻报道说好、说坏很简单，但是健康问题没有这么简单。

请对方解释所有的细节

西蒙·康普顿认为，记者是专家和大众之间的桥梁。记者将晦涩难懂的学术语言解释给读者，记者在讲故事的同时，要把故事讲得有趣，通俗易懂。

记者：医生总乐意接受采访吗？

西蒙·康普顿：在我来《泰晤士报》工作之前，我总认为医生不愿意帮忙，但是现在，当我告诉对方我是《泰晤士报》的记者后，对方一般会很热情地帮助我。因为《泰晤士报》是有影响的全国性报纸，医生都非常重视。这也是英国媒体的现状，如果记者不在大报工作，他们的工作就比较难有进展。

记者：有医药专家改行做健康记者的吗？

西蒙·康普顿：有，但是不多。在英国，很突出的一个现象是：很多医生在报纸上开专栏。比如《太阳报》的肯斯·霍普克罗夫特（Keith Hopcroft）医生，《泰晤士报》的托马斯·斯塔特福德（Tom Stuttaford）医生，《每日电讯报》的詹姆斯·利兹·弗努什（James Le Fanu）医生等。这些医生的文章具有权威性。但是通常健康记者不需要医学方面的学历。

记者：你怎样看待医生的专栏文章和记者的健康报道呢？

西蒙·康普顿：医生的专栏文章很有必要，但是很多医生像是在跟病人讲话。实际上呢？随着媒体报道，随着人们了解的健康信息越来越多，人们可以对自己的健康做主，而不必总听医生的说教。20年前，记者的责任是转述医生、专家的说法，而现在，记者的作用是找出真正重要的信息，而不只是摘编一下新闻通稿。

记者：在某些国家，健康记者的工作仍是加工新闻通稿？

西蒙·康普顿：我注意到了。我在做的另外一件事情是，为世界职能治疗师联盟（World Federation of Occupational Therapy）写会议通稿。我在整理其他国家关于会议报道的新闻时发现，很多记者照搬给他们的新闻通稿，改动很少。

记者：你经常和医生一起吃饭吗？

西蒙·康普顿：不太多，主要是通电话。我倒是很希望经常和医生一起吃饭，那样的话，一定会有更多更有意思的报道。

记者：你怎样和医药专家沟通，怎样写出通俗易懂的文章？

西蒙·康普顿：我在学校学的是英文专业，我从不隐瞒我不是医药专家的事实，也不会不懂装懂。也就是说，当我和别人交流时，我会请对方解释所有的细节。哪怕对方会认为我懂得太少，太愚蠢，也没有关系。这样，对方就会将问题解释得更清楚。作为记者，你要有能力写出易于让读者理解的文章，如果你自己都不懂的话，怎么可能让读者理解？因此，无论什么样的报道，你自己先要弄懂，然后，你才可以把这些信息传递给读者。有些科学家表述的语言抽象难懂，你可以直截了当地告诉对方，请对方耐心解释。

记者：记者是科学家和大众之间的桥梁。

西蒙·康普顿：对。大多数科学家不善于表达自己，不知道如何和大众直接交流。记者更了解大众，了解读者。并且，记者要把故事写得生动，写得吸引人，令大众有阅读的欲望。健康记者有两个职责：一是写有用的故事，二是写有趣易懂的故事。

请专家“审查”文章

很少有记者愿意在文章发表之前，发给采访对象，让对方“审查”，西蒙·康普顿乐意这样干——为的是少出差错，信息准确。

记者：写完文章后，你会给医生或者专家看，等对方确认后，再发表吗？

西蒙·康普顿：在英国，记者都非常避讳这样的工作方式。这种行为被称作“申请报道许可”（copy approval），很重要的人物设置了这样的关口，比如电影明星等，他们要求在文章发表之前，先看一下文章。英国的记者、媒体都不支持这样的行为，因为这意味着对方对媒体的控制。但是作为记者，我得说实话，在发表之前，我会给相关专家看，因为文章涉及的内容很复杂，很重要，我必须保证文章

的内容完全准确。并且，很多医学问题很复杂，我按照自己的理解对复杂的问题进行了简化，我得确定报道的关键和重点还在那儿。如果有错误，我会改正，如果对方不喜欢，我不会修改。

记者：你会怎样处理“新闻限令”？你能够提前报道《自然》（*Nature*）杂志等专业杂志发表之前的医药类新闻吗？

西蒙·康普顿：那样会影响记者的声誉，并且，对方不再会和你合作。因为我们的健康版是每周日出一次，遇到类似的情况要少一些。我们尽量避免重复日报的新闻，我们多策划报道自己的新闻故事，或者是报道不涉及“新闻限令”的内容。对于周刊而言，独家报道很重要。

◎小贴士：新闻限令

在新闻报道中，“新闻限令”指的是，提供新闻者、公关人员希望新闻媒体在一定时间之前，不发表他们所提供的新闻，或者希望对方在一定条件下发表。“新闻限令”有点类似“君子协定”，打破“新闻限令”的行为被认为是破坏媒体和新闻提供者之间的信任。如果新闻媒体不尊重对方的建议，提前发表某新闻，新闻提供者将不再继续和此媒体合作。此类新闻通常包括新产品的上市，某项新政策的出台等。媒体提前获得消息，可以提前作好报道准备。

理论上讲，“新闻限令”保证了新闻报道的准确性，但是减少了媒体之间的竞争，以及媒体报道独家新闻的积极性。比如，2003年感恩节期间，随美国总统乔治·布什去伊拉克访问的记者被告知，考虑到总统的安全，在总统出发之前不得泄露此消息。如果有记者违反了这个约定，此行将被取消。

“新闻限令”的运用在健康杂志中非常普遍，目的是为了让医生和科学家在健康新闻正式发布之前，有足够的时间去研究这些话题，以应对记者和公众的提问。

记者：从专业杂志到《泰晤士报》是一个飞跃，怎么实现的呢？

西蒙·康普顿：我的优势是我有医药界的人脉关系，我认识这个领域的很多人，我可以写，能写出让人爱读的故事。我的文章证明了我的能力。

记者：在《泰晤士报》，健康报道的选题是怎么来的呢？

西蒙·康普顿：《泰晤士报》的健康版面有两名固定记者、两名特邀记者，我是特邀记者之一。版面的一半内容由主编建议，一半内容由记者建议。通常主编对记者的文章很满意，偶尔，会让记者调整一下文章结构。记者并没有彻底的自由，但是有相当大的自由。

记者：你通常会看哪些医学杂志书籍？

西蒙·康普顿：我不怎么擅长阅读、评价一些抽象的数字、科研文章等，因此，大多数情况下，我会请教专家，问对方某篇文章是不是有价值的信息，是不是一篇好论文等。如果科研成果来自英国权威的医学杂志，比如《柳叶刀》，或者《英国医学期刊》（*British Medical Journal*）等，记者可以放心，这类文章是有权威性、有价值的。

记者：你会关注哪些新闻报道？

西蒙·康普顿：我有两个女儿，一个8岁，一个6岁，平时要花很多时间照顾她们，所以读书看报的时间相对有限。我喜欢读《新科学家》杂志。我会关注所有的新闻，而不仅仅是健康新闻。因为健康是生活的一部分，所有的学习、工作都和健康有着密切的联系。比如经济危机导致人们的心理压力增大，外出聚会就餐的人减少了，旅游休闲的人少了，这些改变都会影响人们的身体健康。并且，我不仅关注心脏病的报道，也关注犯罪报道等，因为这类报道影响人们对社会的认知，对世界的态度。我相信，人们的思想状态和人的身体健康是紧紧联系在一起的。比如，你是否快乐，是否自信，是否对你的生活状态满意，决定着你是否照顾好自己，是否有健康的生活方式等等。健康不仅是体质上的，也是生活的全部。

记者：你把写文章获得的3900英镑奖金捐给了学校新闻专业的学生，为什么？

西蒙·康普顿：说实话，对方只给我两种选择，一是我可以用这钱去旅游，二是将这笔钱作为奖学金，支持新闻专业的学生从事健康报道。我选择了后者，我希望我资助的学生可以成为优秀的记者。做对他人有好处的事情——我自己也感觉很开心。

记者：请你推荐图书给健康记者看，你会推荐哪本？

西蒙·康普顿：《新科学家》杂志，那本杂志中通常有很多新颖的观点。

□推荐阅读

《新科学家》（杂志）（*New Scientist*）

面向英语读者的，关于最新科技发展，报道科技新闻的周刊杂志。1956年创刊。它的网站于1996年创建，每日更新。该杂志受到科学家和非科学家的追捧。通过这本杂志，科学家可以了解自己所研究的领域之外的科技发展状况。在英国，《新科学家》目前的每期销量是17万份，同时出版有美国、澳大利亚版本。

第18章

罗杰·奥尔顿：质疑政府的一切决定

■ **好新闻要善于延伸**
■ **要考虑报纸的商业利益**
■ **多媒体采访是趋势**
■ **反对用新闻通稿**

新闻实务涉及

★ 日报记者和周报记者工作的区别。
★ 怎样找新闻点？
★ 什么是高质量的新闻？
★ 媒体和政府应该保持什么样的关系？
★ 英国《独立报》的定位。
★ 记者是否要考虑报纸的商业利益？
★ 平面媒体和网络媒体能否共存？

□记者档案

罗杰·奥尔顿（Roger Alton）

生　　日：1947年12月20日

身　　份：《独立报》主编（2008年7月1日至今），曾任《观察家报》主编（1998—2007年），之前担任英国《卫报》艺术版主编。

获得奖项：2007年，被评选为年度英国传媒奖"年度报纸主编"，2005年被评选为《GQ》杂志年度人物，2000年被评选为"报纸说什么"媒体奖的"年度主编"。

●记者印象

"老顽童"办报纸

因为经济危机，报纸发行滑坡，广告收入滑坡，编辑部裁员。刚担任《独立报》主编不久的罗杰·奥尔顿心急火燎。2008年11月25日，在接受"天空新闻"采访时，他表示："免费报纸、网络、经济危机，对传统报业构成巨大的威胁，很多报纸陷入困境。我们目前的处境更糟糕，因为我们是'小报'。如果我可以做任何事情扭转这一局面的话，哪怕要锯掉我的右臂，我也愿意！"

62岁的罗杰·奥尔顿会发下毒誓，会破口大骂，会在和别人会谈时，翻箱倒柜，揉搓报纸，偶尔猛击桌子。有一次，在办公室会议中，他径直走出去，征询秘书的建议。他像是老顽童，有点淘气，但是总能够一针见血。有时，他让人感觉是老古板，但是不令人乏味。他的话很多，语速很快，还有点"吞字"。他的思维"跳跃"，涉及的内容变化不一，最后，令双方都忘记了谈话的主题。

然而这一切并不能阻止他成为受人爱戴、尊敬的主编。罗杰·奥尔顿两次获得英国新闻界的最高荣誉、年度英国传媒奖的"年度主编"。这是有原因的。十年前，罗杰·奥尔顿被任命为世界上最老的星期日报《观察家报》的主编，在他的带领下，《观察家报》迅速成长，销量翻了一番。2006年1月，《观察家报》改版，成为英国唯一全彩印刷的星期日报。

罗杰·奥尔顿之前的三位主编，都只在《观察家报》工作了一年，认定这份报纸"无药可救"。罗杰·奥尔顿认为，当时这份报纸办不好的原因是"报社的主要领导人不重视，报社的员工也不爱惜这份报纸。当时很多记者不怎么来上班，悄悄地跳了槽，编辑部里冷冷清清"。罗杰·奥尔顿说自己"扭转乾坤"的妙计就是：

“找员工谈话，友好地对待对方，告诉他们，他们的工作很出色。”

罗杰·奥尔顿的父母都是牛津大学的老师，似乎顺理成章，罗杰·奥尔顿也在牛津大学读了书。在牛津大学上学时，罗杰·奥尔顿开始参与编辑出版校报，他和报纸的不解之缘一直持续到现在。毕业后，他去《利物浦报》接受培训，当了记者。5年后，到《卫报》做编辑，编辑艺术、专题、休闲版，直到当上《观察家报》的主编，一切按部就班。

40年时间里，英国的传媒业发生了重大变革，罗杰·奥尔顿表示：“消费者从对媒体的言听计从转变成了对媒体报道有选择地参考，并通过邮件、博客将自己认为有意思的新闻传递给朋友看。消费者自己选择何时、用何种方式获得新闻。然而，唯一没有改变的是消费者始终相信高质量的新闻。”《观察家报》赢得读者的原因，按照罗杰·奥尔顿的解释，就是靠了高质量的新闻。

罗杰·奥尔顿也有身陷困境的时候。2003年，他以及他主编的报纸支持伊拉克战争，他的立场遭到大量读者的反对。当时，《观察家报》的竞争对手《星期日独立报》趁火打劫，用大标题标出：“《观察家报》的读者们，如果你们反战，那你们就看错了报纸！”如果为迎合读者的口味，《观察家报》很容易改变立场，但是它没有。报纸的编辑立场由主编决定，主编的表述也正是自己最真实的想法，而不是从商业利益考虑。5年后，罗杰·奥尔顿承认在支持伊拉克战争问题上犯了错，但是错在没有对政府进行“更多的质疑”。

这一事件并没有影响《观察家报》长远的销量，与历史不谋而合——1956年，《观察家报》曾因反对英国政府进军苏伊士运河而遭遇读者的抗议，并因此失去大量读者。实际情况是，不到一年，《观察家报》的销量大增。

罗杰·奥尔顿喜欢滑雪，喜欢足球，喜欢旅游。在辞职到上岗前的几个月的空闲时间里，他一点也闲不住，窝在家里看球赛，给《旁观者》杂志写球评。

6个月前，刚担任《独立报》主编时，罗杰·奥尔顿曾经踌躇满志，下决心要把这份日销量20万份左右的报纸办成“独树一帜、不可缺少”的报纸。然而，经济危机之下，传闻《独立报》的运营商有意卖掉这份报纸。《独立报》命运如何？罗杰·奥尔顿能否绽放“第二春”，将《独立报》的销量翻一番？祝“老顽童”好运！

●崔莹面对面

罗杰·奥尔顿担任了10年《观察家报》的主编——在他的“领导”下，《观察家报》读者人数翻了一番。2007年，该报被评选为年度英国传媒奖的“年度国家报

纸”。2008年初，罗杰·奥尔顿辞职。7月，赴任《独立报》主编。

罗杰·奥尔顿是爱憎分明的报刊主编，也是小有名气的生活方式专栏作家，他在牛津读书的时候就开始编辑校报，至今，已有40多年的新闻从业经历。

因为访谈内容侧重记者的职业性，我担心罗杰·奥尔顿会拒绝采访，出乎意料，他很爽快地答复我：“我很荣幸，别忘记，主编和记者是分不开的！”

周报日子更好过

《独立报》的办公楼在金丝雀码头（Canary Wharf）附近。“金丝雀码头”高楼林立，是伦敦第二大金融中心。熙熙攘攘的人群与远处安静的O_2广场（O_2 Arena）相映成趣。此时，罗杰·奥尔顿担任《独立报》的主编刚好100天。

记者：你已经担任《观察家报》主编10年了，如同带大了一个孩子？

罗杰·奥尔顿：是的，我来《独立报》刚几个月，之前在《观察家报》工作。报社是很大的有机体。其实不像带大一个孩子，因为在我去之前，报纸已经存在了，你只要照顾它就是了，当然，你也不太可能做它的父母，你只是暂时的监护人。

◎小贴士：《观察家报》，支持进军伊拉克

1791年12月4日，W.S.伯恩（Bourne）创办了《观察家报》。《观察家报》是英国第一份周日报。1814年，报纸出版商威廉·因耐尔·珂莱蒙（William Innell Clement）购买了《观察家报》。1870年，《观察家报》被富商朱立叶斯·比尔（Julius Beer）收购，后由他的儿子继承。

1911年，威廉·华尔道夫·阿斯特（William Waldorf Astor）购买了《观察家报》，至此，该报一直是托利党（保守党）报。1942年后，该报宣布，不和任何党派结盟。

《观察家报》是第一份反对1956年英国政府进军苏伊士运河的报纸。1993年6月，该报因亏损严重，被《卫报》媒体集团收购。《观察家报》和《卫报》被称为姊妹报，两报的立场相同，都为“自

由左派”，支持社会民主主义。

2003年，《观察家报》和《卫报》产生分歧，前者支持英国政府进军伊拉克，后者强烈反对。

2007年，《观察家报》被评为年度英国传媒奖的“年度国家报纸”。

记者：《观察家报》受了很多你的影响？

罗杰·奥尔顿：报纸受了我的影响，也受了其他人的影响，但是报纸有它自己的生命。你当然希望报纸有自己的个性，能够与众不同，能够脱颖而出。实际上，在报业竞争中，如果你的想法无效，你就得尝试别人的想法。

记者：在担任《独立报》主编之前，你了解这份报纸吗？它的定位如何？

罗杰·奥尔顿：我一直都很关注《独立报》，我很欣赏《独立报》的创意和风格，《独立报》充满了活力，观点激进，在英国报界占有非常特殊的地位。《独立报》在政治立场上处于中立地位，面向受过教育的、收入较高的上层读者群。在英国，观点偏左的报纸有《卫报》，观点偏右的报纸有《每日电讯报》。

记者：同英国其他报纸相比，《独立报》的读者群相对较小？

罗杰·奥尔顿：我当然希望报纸的销量会大一些。但是目前，英国或者说是西方的报业局势并不好。很多报纸免费，很多网站提供免费的信息，人们都希望获得免费的信息，而不再愿意掏钱购买报纸。以前报纸通常有很多的广告，现在很多广告都转向了网络，并且目前，因为经济危机，广告的数量大跌，报社的收入也大跌。那报纸该怎么办呢？提高报价？那购买报纸的人就会少，报社的收入会降低，这将是个恶性循环。怎样提高报纸的销量呢？目前，各个报社大都很紧张，没有多余的钱进行市场推广，诸如赠送CD、DVD，赠送书籍。我们也只能寄希望于报纸的内容，希望人们会买我们的报纸。

记者：你主编的《观察家报》很成功，销量提高了很多。你会按照经营《观察家报》的方式经营《独立报》吗？

罗杰·奥尔顿：两者有区别。《观察家报》是周日报，《独立报》是日报。周日报的页码比较多，内容更丰富，报纸很漂亮，类似杂志，每期的投资也比日报高。《独立报》是日报，考虑的是周一到周六，读者希望看到什么样的内容：人们都很忙，还希望看杂志化的报纸吗？看了免费赠阅的报纸，还会花钱买报纸吗？我觉得在伦敦，周日报的处境要比日报好。并且，周日报可以回顾本周发生的事情，采编人员可以有更多的时间筹备。

记者：我知道你本人非常爱好体育，你会在《独立报》中，多增加一些体育内容吗？

罗杰·奥尔顿：《独立报》中的体育版已经增多。报纸中应该多增加一些娱乐内容，增强视觉冲击力，无论是哪个层次的读者都会喜欢这类轻松的内容。

◎小贴士：观点独立的《独立报》

《独立报》是由Tony O'Reilly媒体集团出版的英国报纸，和保守派的《泰晤士报》及进步派的《卫报》相比，算是立场比较中立的报纸。

1986年10月7日，《独立报》创刊，是英国最年轻的在全国发行的日报之一。2008年5月，英国发行量审计局（the UK Audit Bureau of Circulation）公布的数字统计表明，该报平均日销量为24万份左右。2004年，《独立报》被评选为年度英国传媒奖的“年度国家报纸”。该报的传统是不向任何党派靠拢，编辑观点各异。

《独立报》的创办人是《每日电讯报》曾经的三名记者，分别为安地列斯·维坦姆·史密斯（Andreas Whittam Smith）、史提芬·格洛弗（Stephen Glover）和马修·赛蒙兹（Matthew Symonds）。报纸创办初期，也正是鲁珀特·默多克和出版工会对着干，挑战传统出版原则的时期。在此动荡时期，新报纸很容易从鲁珀特·默多克旗下招聘到大量人马。报纸创办时的口号是：“是的。你呢？”（It is. Are you?）《独立报》的诞生，引起了竞争对手《泰晤士报》和《卫报》的警觉，它们纷纷改版，并降价促销。

20世纪90年代，因资金问题，《独立报》被Tony O'Reilly媒体集团收购。《独立报》原本用大开本印刷，2003年9月改版成“小报”形式。但在内容上，和街头的通俗小报严格划清界限。《独立报》每日出版，周日出特刊《星期日独立报》。近年来，《独立报》发起的运动包括：倡议选举改革，反对启用新身份证，反对限制英国移民的政策等。

2007年6月12日，英国首相托尼·布莱尔评价《独立报》是“观点纸”，而不是“新闻纸”，并认为这也是报纸被冠名为《独立报》的原因。第二天，《独立报》发文抨击了他的这种说法。2008年1月23日，《独立报》推出网络版。

记者：你对记者有哪些要求呢？你喜欢什么风格的文章？

罗杰·奥尔顿：很难列出具体的条条框框，我喜欢个性化的文章，喜欢一针见血、观点鲜明的评论，喜欢准确但是有波澜的报道。

记者：《独立报》和《观察家报》的文章有什么区别吗？

罗杰·奥尔顿：稍微有点不同，但是区别不大。周日报的文章准备时间长，报道比较充分，日报的文章显得有些粗糙。但是所有的报纸都有好的记者，好的写手。

记者：你会按照对周日报文章的要求，要求日报的文章吗？

罗杰·奥尔顿：通常，周日报采编人员的薪水比日报采编人员要高。周日报的记者认为自己很特殊，擅长深度报道，日报记者就是简述每天的新闻。这种观点既对又不对。比如今天，在美国大选前，关于美国副总统候选人萨拉·佩林（Sarah

Palin）的报道，《独立报》借用了周日报的综合报道方式，告诉读者她的生平、她的故事等。

记者：日报记者和周日报记者分别采访报道？

罗杰·奥尔顿：在《观察家报》是这样，这样做的缺点是，很多周日报的记者没有那么多的新闻线索。

记者：你怎样看待《卫报》和《观察家报》采编人员合并？

罗杰·奥尔顿：这样成本肯定会减少，但是很多记者会因此失业。

新闻要善于延伸

2008年5月14日，在路透学院年会上，罗杰·奥尔顿表示："再也没有比通过用心编辑、深思熟虑的排版、严肃风趣的描写，告诉我们每天发生的事情的报纸更美丽、更重要的东西了。对我而言，报纸意味着我的一生。"

记者：什么是高质量的新闻呢？

罗杰·奥尔顿：高质量的新闻应该有娱乐性、生动、尖锐、有延伸、有知识性、鲜明、要讲述事实，或者尝试讲述复杂世界的真实情况。比如，今天的一则新闻报道了号称是世界第一高楼的迪拜高楼。我认为，高质量的新闻应该关注的是：谁在那里施工，他们的工资如何，是不是很低？高质量的新闻要讲出真相，还要有深度，要会延伸。

记者：如何找到这些新闻点呢？

罗杰·奥尔顿：你要善于提问，要发展自己的"线人"，要善于追根究底。这是一种天性，也需要后天的培训，以及探询你周围的世界的愿望。

记者：新闻圈常谈论的"潜规则"是，报纸的拥有者、广告商会对报纸内容进行"过滤"，去除那些对他们不利的报道？你是否有过类似的经历？

罗杰·奥尔顿：从来没有，我也不知道别人有这样的经历。有的是，《太阳报》不会刊登对天空广播公司的报道（两者都归鲁珀特·默多克所有），《每日快报》不会分析快报集团（Northern & Shell）的经营状况，《每日电讯报》不会攻击《旁观者》（两者都归巴克莱兄弟所有）。这跟报纸的立场有关。我在办报的过程中，从来没有遇到过任何审查，或者报刊所有者的干涉。

◎小贴士：《旁观者》（*The Spectator*），主编当上伦敦市长

1828年7月6日，《旁观者》杂志出版，创办者是记者罗伯特·史蒂芬·润特尔（Robert Stephen Rintoul）。它是英国全国性周刊中迄今仍在持续，且发行历史最悠久的综合性政治时事和社会事务刊物。该杂志目前的拥有者是巴克莱兄弟（Barclay brothers），他们同时拥有《每日电讯报》。《旁观者》的内容主要涉及政治议题，观点上崇尚大西洋主义者和欧洲怀疑论者，公开支持保守党而反对工党的政策，事实上则更偏向于抵制和诋毁美国的各方面政治立场和态度，对英国亲美疏欧的外交政策常提出批评，但笔风偏向保守。同时，杂志内容涵盖广泛的题材，书籍、音乐、歌剧、电影、电视节目评论占相当比例。《旁观者》的主编常常成为英国保守党的政客。包括伊安·麦克劳德（Iain Macleod）、伊恩·吉尔摩（Ian Gilmour）和尼格尔·劳森（Nigel Lawson），他们都成为保守党的内阁成员。现任伦敦市长、保守党员鲍里斯·约翰逊（Boris Johnson），也是《旁观者》的前主编（1999—2005）。《旁观者》是英国为数不多的不注重流行文化的出版物，该刊在英国十大重要而畅销的刊物中排名第三。

记者：那广告呢？会因为报道某类故事，而惹恼广告客户，丢掉广告？

罗杰·奥尔顿：我觉得不会。比如假使你有关于福特公司的爆炸性新闻，你做梦都想着报道呢！

也有例外的时候。我在《卫报》工作时，在女性版面，一位女性读者评价某种香水，大概只给了对方中间的分数。这个评价的代价是我们丢掉了25万英镑的广告费。如果我早点知道，我肯定会撤掉这篇无关紧要的小文章。因为对香水的评价是一家之言，没有经过什么正规的调查。广告收入对维持报纸的正常运转比一个女人说自己不喜欢哪种香水的言论更重要。任何负责任的记者都要考虑报纸的商业利益。当然，报纸也不应该为了单纯的商业利益妥协，降低报纸内容的标准，广告商希望看到的也是高质量的报纸。

记者：目前，很多英国报纸依靠新闻社的稿件、公司的通稿，报纸内容雷同？

罗杰·奥尔顿：这种现象存在，但是不应该存在。很多新闻稿来自公司的公关人员，来自路透社、英国报业协会(Press Association)，导致报纸的内容千篇一律，报社的记者连门都不用出。但是这样做的原因是，报社节省了成本。有时也不得不用，因为新闻的数量有限，报社的驻外记者有限。

记者： 如何保持报社自己的稿件和新闻社稿件的平衡？

罗杰·奥尔顿： 很难。过多地使用新闻社的稿件，报纸就会丧失独立性和个性。

多质疑政府的决定

罗杰·奥尔顿备受争议的举动是2003年，支持托尼·布莱尔进军伊拉克的决定。他的这一立场影响了《观察家报》的编辑方向。5年后的2008年8月，罗杰·奥尔顿首次公开向媒体表示，在此事件上犯了错。

◎小贴士：托尼·布莱尔遭遇“滑铁卢”

2003年爆发的伊拉克战争是英国前首相托尼·布莱尔政治生涯中的“滑铁卢”。他先是一味地追随美国，以萨达姆政府拥有大规模杀伤性武器为由，抛开联合国发动伊拉克战争。此后，在伊拉克翻箱倒柜也找不到“罪证”，面对民众铺天盖地的质疑，托尼·布莱尔坚称：“尽管情报出现错误，但这场战争并没有错，推翻萨达姆后，这个世界多少太平了点。”其实民众未必对布莱尔的外交政策选择有太多怨气，除了少数军人家属，伊拉克毕竟只是一个遥远的地理概念。人们无法接受的是，面对几乎天天发生的本国士兵以及伊拉克平民的死伤，面对英国本土遭到恐怖袭击的境况，他们那位以“诚实先生”著称的首相竟然会说，“世界变太平了”。此后，布莱尔的政治信誉遭到极大打击，支持率一降再降，这也直接导致了在2005年大选中工党选票大面积流失，尽管最后侥幸获胜，但赢得吃力至极，尴尬之至。

记者： 你如何看待报纸和政府之间的关系呢？

罗杰·奥尔顿： 通常，报纸对政府持有质疑的精神，和政府处于对抗的立场。

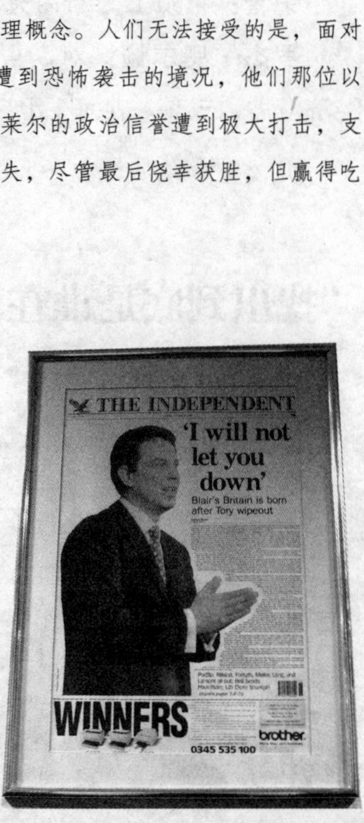

记者： 质疑政府所做的所有的事情？

罗杰·奥尔顿： 听起来有点不合适，但的确是这样。政府的一切行为都应当受到报纸的质疑，记者不该是盲目的摇旗呐喊者。不过，如果政府作了明智的决定，报纸也吹毛求疵，这种质疑精神就很无聊了。

记者： 你曾经支持英国前首相托尼·布莱尔进军伊拉克的决定？

罗杰·奥尔顿：是的。

记者：你当时质疑了吗？

罗杰·奥尔顿：质疑了，但是很不够。但我始终认为出兵是正确的，可以维持中东的和平。结果是萨达姆并没有大规模的杀伤性武器。当时，很多报纸，包括《观察家报》盲从了英国政府的决定，指责萨达姆，支持进军伊拉克，我们应该多些质疑精神。

记者：如果能够回到5年前，你还会支持政府进军伊拉克吗？

罗杰·奥尔顿：会多些质疑。

记者：你如何评价托尼·布莱尔？

罗杰·奥尔顿：他是很好的首相，他离任后，人们会想念他。很多人对他的敌对态度令人不解，我也不明白，这种敌对态度不是针对某件事情，而是毫无缘由地对他个人的攻击。他在任的时候做了很多事情，比如，承认民事伴侣关系，制定最低工资标准，改善国民健康体系等。

记者：在英国，记者有嘲讽政客的传统，记者不应该帮助政府维护社会的稳定吗？

罗杰·奥尔顿：我不认为媒体的责任是帮助政府维护社会的稳定。媒体和政府是完全分开的，媒体有自己独立的立场和观点。

记者：报纸上的新闻大都是“坏新闻”？

罗杰·奥尔顿：对，很少有报纸写天气多好，生活多美好，报纸报道的大都是经济滑坡、谋杀、战争，因为这类新闻有利于报纸的销量。

“找出到底是谁在治理国家”

关于罗杰·奥尔顿从《观察家报》辞职的原因，有业内人士认为是因为他和《卫报》集团的总编阿兰·鲁斯伯里奇（Alan Rusbridger）产生了分歧——《卫报》记者尼克·戴维斯在他的新书《平地球新闻》中，指责《观察家报》主编罗杰·奥尔顿没有政治经验而支持伊拉克战争，导致新闻质量的滑坡。《卫报》集团总编并不反对尼克·戴维斯的观点。罗杰·奥尔顿否认这一说法。

记者：你读过尼克·戴维斯的书《平地球新闻》吗？

罗杰·奥尔顿：还没有，但是我知道他在书中写了我，指责我没有政治经验，支持政府进军伊拉克，但那并不真实，他从来没有给我打过电话，没有核实。他想体现因为报纸采编成本的降低，记者采访时间的减少，高质量的调查性报道越来越少，我也同意这点。但是他的调查方法并不全面，对我的描述夸大其词。

记者：英国记者都面临这样的问题吗？

罗杰·奥尔顿：的确，记者面临很多的压力，但是BBC的记者除外，他们的钱是纳税人的钱，他们有大量的资金，不存在这样的问题。

记者：你为什么离开工作了10年的《观察家报》，是不是因为《卫报》总编不反对尼克·戴维斯在《平地球新闻》中对你的指责？

罗杰·奥尔顿：如果我是因为这本书辞职的话，就像是在说印度的泰姬陵变成了航空母舰，犹太人要对"9·11"的恐怖袭击负责，太阳从半夜升起。我离开《观察家报》是因为，我在那里待了太长的时间，正好报纸要改革（《卫报》和《观察家报》采编人员合并），我刚好可以离开，去其他的媒体。

记者：有一个关于英国报纸的笑话：《每日镜报》的读者认为自己在治理国家，《卫报》的读者认为自己应该治理国家，《泰晤士报》的读者是真正治理国家的人，《每日邮报》的读者是治理国家的人的妻子，《金融时报》的读者是拥有国家的人，《每日电讯报》的读者认为国家已经在别国的治理之下了。这个笑话如何解释？你认为《独立报》的读者是怎样一部分人？

罗杰·奥尔顿：读《每日镜报》的人多是工会的人，他们认为他们在治理国家；读《卫报》的人是有智慧的人，他们认为他们应该治理国家；《泰晤士报》的读者主要是政府公务员，他们也正是在治理国家的人；《金融时报》的读者主要是商人，他们拥有这个国家的人部分资产；《每日电讯报》的读者认为自己的国家已经落入虎口。我想，《独立报》的读者是这样一群人：他们想要找出到底是谁在治理国家。

记者：找出真相？

罗杰·奥尔顿：对！

记者：《独立报》的网络版发展如何？

罗杰·奥尔顿：我不得不承认，我们的起步比较晚，我们正在加紧赶。

记者：你是否认为报纸网络版会越来越流行？

罗杰·奥尔顿：别人都这样讲，但是我不这样认为。从报纸上获得信息很方便，广告也容易看，看电脑屏幕呢？广告闪来闪去的，让人厌烦。我不觉得报纸会消失，网络媒体和平面媒体应该会并存。

记者：你如何看“多媒体”采访？文字记者在采访的同时要摄影，为报纸网络版提供视频素材？

罗杰·奥尔顿：目前《独立报》还没有这样运作，但是将来肯定会这样做的，这需要一个过程。对记者而言，这意味着更多的压力。但是，你要这样想：如果重大事件发生，比如巴基斯坦前总理贝·布托遇害，你拍摄到当时的情景，放在报纸网站上，和仅仅用文字描述的效果显然不同。再比如，采访明星时，你录像，你获得的资料就会比没有录像的人要多。

记者：你一直在为《旁观者》杂志写体育专栏文章，是怎样的风格？

罗杰·奥尔顿：如同聊天。我还写一些关于化学、餐饮、艺术类的评论文章。

记者：你平时关注哪些媒体？

罗杰·奥尔顿：起床后，我通常听《今天》或者是电台5台，我通常会看《独立报》、《每日邮报》、《泰晤士报》，若还有时间，会看《每日镜报》。

记者：请你推荐图书给喜欢新闻业、喜欢做记者的人看，你会推荐哪本？

罗杰·奥尔顿：英国剧作家、小说家、翻译家麦克尔·弗雷恩（Michael Frayn）的《直到早晨过去》（*Towards the end of the morning*），这是我读过的关于英国报业最有趣的一本书了。另外一本是罗伯特·哈瑞斯（Robert Harris）的《售卖希特勒：希特勒日记的故事》（*Selling Hitler: The Story of the Hitler Diaries*），读这本书可以了解新闻业是怎样运作的。还有，《星期日泰晤士报》的前主编哈罗德·艾文斯（Harold Evans）编著的《纸张上的照片：摄影新闻，图像和照片编辑》（*Pictures on a Page: Photo-journalism, Graphics and Picture Editing*）和《编辑与设计：英语语言运用，字体运用，版面设计实用指导5卷书》（*Editing and Design: A Five-Volume Manual of English, Typography and Layout*（*1972*））。

◎小贴士：麦克尔·弗雷恩，用记者的经历写剧本

1933年9月8日，麦克尔·弗雷恩出生于伦敦郊区，他的母亲是小提琴家。不幸的是，麦克尔·弗雷恩的母亲在他12岁那年去世。因家境贫寒，做建材销售的父亲不得不让儿子离开学费昂贵的私立学校而就读于公立学校。在陆军服兵役期间，麦克尔·弗雷恩担任俄语翻译。随后他入读剑桥大学伦理学专业。1957年从剑桥毕业后，他开始写作，成为《曼彻斯特卫报》和《观察家报》的专栏作家。其间，他的作品包括《锡匠》（1965年）、《俄文翻译》（1966年）、《直到早晨过去》（1967年）和《隐秘至极的私生活》（1968年）等小说。后来，他又写了小说《登日》（1991年）、《勇往直前》（1999年）和《间谍》（2002年）等。他的小说屡屡获奖，2002年，麦克尔·弗雷恩获得海伍德·希尔文学奖。

麦克尔·弗雷恩的小说创作很成功，他的剧本却屡遭退稿。一怒之下，他连续写了几部短剧，举

行了个人短剧晚会。但是他的处女剧《我俩》（1970年）相当失败，遭到了评论界无情的抨击。他并未退缩，继续笔耕不辍。1975年，他的一部关于报界人士生活状态的剧作《字母顺序》（1975年）获得了评论界的齐声喝彩，赢得了当年英国《旗帜晚报》最佳喜剧奖。《字母顺序》的背景是外省的一家报社的剪报部门，主人翁不顾一切地试图规范源源不断涌入的信息。另一部《驴的岁月》（1976年）讲述的是一群中年男人闹哄哄地举行大学校友聚会的故事，他们彼此对青春时代印象的回忆和如今他们重塑的自我间的矛盾成为戏剧的焦点。在《云》（1977年）中，麦克尔·弗雷恩通过一个访问古巴的记者来揭示：对于陌生地域的印象，人们大都依据他们的所思所感。而在他看来，“这理性观念的复杂性就在于他们的思想被他们的见闻所左右”。

令麦克尔·弗雷恩声名大噪的是剧本《哥本哈根》（1998年）和《民主》（2003年）。在《哥本哈根》中，麦克尔·弗雷恩试图揭示“哥本哈根之谜”。1941年，“二战”如火如荼，德国物理学家海森堡突然来到丹麦访问他当年的导师和挚友——丹麦物理学家玻尔。他们曾合作多年，创立了量子理论。而如今，彼此成了战争中敌对的双方。海森堡为什么来哥本哈根？他是为了了解、掌握同盟国的原子弹研究进展呢，还是为了将德国核研究情报告知玻尔以免德国得逞？他究竟是纳粹的帮凶，还是抵抗运动的英雄？剧本分两幕，两幕的内容同为三个鬼魂追溯1941年德国物理学家海森堡的哥本哈根之行，但审视角度迥异。相对于第一幕着重于展示科学家的道德观、科学观和历史事实，第二幕的“复述”则深入剧中人的心理层面，探求他们的灵魂，以不同的角度展示当时剧中人的动机。《民主》则关注了政治社会与人的复杂性。该剧讲述了诺贝尔和平奖得主、联邦德国总理维利·勃兰特和他的私人助理——民主德国间谍京特·纪尧姆的故事。20世纪70年代初，时任联邦德国总理的勃兰特在大选获胜后得以连任。但此后不到两年，因他的助手纪尧姆被揭露为民主德国间谍，勃兰特被迫辞职。麦克尔·弗雷恩表示：“我想写一部表现政治复杂性的剧。德国政治尤为佳例。因为它相当复杂，因为它是联邦制度，并且第二次世界大战后德国的历届政府均为联合执政。尤为复杂的是，德国在相当长的时间内被分割为两个国家。”“同时，我还特别想写勃兰特和纪尧姆，因为我认为此剧并不仅仅与政治的复杂有关，也关乎人类个体的复杂性。”

弗雷恩还翻译了契诃夫的一系列剧作，如《樱桃园》（1978年）、《三姐妹》（1983年）、《万尼亚舅舅》（1988年），以及四部独幕剧《烟草之恶》、《天鹅曲》、《熊》、《求婚》等。他的第一部电影《顺时针》（1986年）由约翰·克利斯（John Cleese）主演。

在他的各类作品中，始终贯彻着同一主题。麦克尔·弗雷恩这样陈述：“无论以何种方式，这些作品表述的总是我们如何将我们的意志强加给我们身处的世界。”客观世界和人们试图驾驭它的徒劳，这两者间的冲突几乎是他永恒的主题。

◎小贴士：“希特勒日记”丑闻

1983年4月25日，德国汉堡的《明星》（*Stern*）杂志总部召开了一场轰动性的新闻发布会，《明星》杂志主编彼特·科赫（Peter Koch）向公众展示了数本笔记本手稿，说这便是总计60卷的“希特勒日记”的一部分。彼特·科赫称，“希特勒日记”发现于“二战”快结束时在德国东部萨克森州坠毁的为希特勒运输私人物品的飞机失事地点，后从民主德国被辗转偷运到联邦德国。据称，日记中记载了希特勒为口臭而苦恼和为情妇爱娃走后门搞奥运会入场券而生气这样的琐事。

十天后，“希特勒日记”就由轰动性新闻变成了轰动性丑闻。德国联邦档案署、联邦刑事警察局和联邦材料检验局宣布所谓的新发现的“希特勒日记”是“荒唐的和肤浅的伪造”，日记中大段大段地抄袭希特勒公开发表过的演讲，笔记本装订所用的部分材料如封皮、纸张、胶水以及墨水都是1955年以后才在市场上出现的。

两名主谋分别是《明星》杂志的记者格尔德·海德曼（Gerd Heidemann）和伪造笔迹的高手康拉德·库尧（Konrad Kujau）。身为旧货商的康拉德·库尧主动找到格尔德·海德曼，称能搞到在民主德国的德累斯顿市附近发现的“希特勒日记”。凭借记者的职业敏感，格尔德·海德曼认为可以借此“名利双收”。格尔德·海德曼将此发现告诉了《明星》杂志时代历史栏主任，两人直接找到杂志的出版商、古纳亚尔（Gruner Jahr）出版集团的总裁曼弗雷德·菲舍尔。曼弗雷德·菲舍尔如获至宝，拿出近1000万德国马克分批购买了“希特勒日记”全部手稿60册。

骗局被揭穿后，格尔德·海德曼和康拉德·库尧被判入狱42个月。康拉德·库尧出狱后成了媒体的宠儿，经常出入各种脱口秀。他对自己的经历颇为自豪，他还竞选过斯图加特市长未遂。2000年因病过世。今年77岁的格尔德·海德曼至今一直生活在汉堡，过着拮据的日子。直到现在，他还坚持认为上了康拉德·库尧的当，自己也是受害者。

□推荐阅读

《直到早晨过去》（*Towards The End Of The Morning*）

麦克尔·弗雷恩于1967年写的讽刺小说。小说讲述的是，在英国旗舰街的衰落时期，两名英国记者的经历。当时，报纸变得越来越没有生气，记者的工作很无聊。因为觉得工作无趣，很多记者都在抱怨，幻想可以去做更有意思的事情。一名叫约翰·戴森（John Dyson）的老记者，他的主要职责是编辑那些无关紧要的新闻、填字游戏等。他很有事业心，一直渴望能到电视台工作，他也得到了这份工作。然而，一切都不是他想象的那样。另外一名记者叫鲍伯·贝尔（Bob Bell），他做事松散，连甩掉女朋友的勇气都没有。书中涉及新闻业内的很多现象。比如传统的老记者和新记者的矛盾和冲突，年轻的报社记者如何到收入更高的电视媒体求职，社会等级，如何得到晋升，人际关系等。书中的对白生动、形象，引人捧腹大笑。

第19章

杰瑞米·塞尔文：拍能讲故事的照片

■ 每天4时起床去拍照

■ 要善于预测新闻场景

■ 曾被足球迷暴打

■ 从来不用三脚架

新闻实务涉及

★ 如何拍摄政治题材的照片？

★ 拍摄前应该作哪些准备？

★ 哪些地方，最适合拍新闻照片？

★ 怎样拍摄到女王流眼泪？

★ 新闻拍摄中要使用三脚架吗？

★ 什么样的照片是好照片？

★ 怎样能成为优秀的摄影记者？

★ 摄影记者的工作和道德发生冲突时，如何处理？

★ 战场是最危险的拍摄场地吗？

★ 拍摄新闻照片前，须要得到当事人的允许吗？

★ 建议摄影记者阅读的书。

□**记者档案**

杰瑞米·塞尔文（Jeremy Selwyn）

出　　生：1962年

身　　份：《旗帜晚报》摄影记者。

获得奖项：三次获得年度英国传媒奖“年度摄影记者”称号。

●**记者印象**

照片的力量

美国著名摄影大师安瑟·亚当斯（Ansel Adams）说过：“当无法用语言来表达的时候，我就用照片来表现。”三次获得年度英国传媒大奖“年度摄影记者”的杰瑞米·塞尔文希望用自己拍摄的照片“发出声音”。

46岁的杰瑞米·塞尔文高大魁梧，和蔼可亲，言语从容不迫，他的英国同行对他的评价是：总是很放松，不费吹灰之力，便拍摄出了很棒的照片。

兴趣是最好的老师。从8岁起，杰瑞米·塞尔文便背着照相机，捕捉“生活”。如同枪支和汽车一样，照相机也是魔法机，使用起来可以上瘾。杰瑞米·塞尔文的摄影之路一发不可收拾。

他拍摄了一张名为《鸟瞰图》的照片：伦敦桥上，人们行色匆匆，地面上投射有行人的身影，身影形态各异，和过往的人群交织在一起，虚实结合，展现出别样的街景。他拍摄了一张《希斯罗机场》的照片，4名戴着黑色面纱的穆斯林女子在机场办登机手续时一脸惊讶，令人禁不住猜疑，她们的航班推迟，还是因为她们的特殊身份而遭遇麻烦？他拍摄了英国小女孩玛德琳·麦肯恩失踪后的第二天，心急如焚的妈妈凯特·麦肯恩。他人疑惑的面庞、颓废的姿态以及无声的呐喊变得栩栩如生，这些具象看似近在咫尺，却又远在天边。

此类照片属于新闻摄影，新闻摄影是纪实摄影的一种，用最直接的方式记录新闻事件。美国文学评论家苏姗·桑塔格（Susan Songtag）指出：“在这资讯泛滥的年代，照片提供给我们一种领略某事的快速方法，一种记忆某事的压缩形式。照片像一句引言、警句或一个成语，容易琅琅上口。”

如何拍出优秀的新闻图片？除了运气好，最重要的是要做“有心人”。比如，杰瑞米·塞尔文会很早到达摄影现场，可以占据好的位置，可以有足够的时间了解事态的发展；杰瑞米·塞尔文会关注每天的新闻，预测即将发生的新闻事件；杰瑞米·塞尔文会研究新闻人物的心理，在对方露出“真面目”的时候，摁下快门。

任何一份辉煌的背后无不凝结着平凡的默默积累——杰瑞米·塞尔文一定曾经为找不到停车位发愁；一定曾经在寒风冷雨中站几个小时，等待某位名人现身；一定无数次被“夜半铃声”吵醒，迅速赶赴新闻现场；一定遭遇过被拍摄人的白眼、误解、殴打。因为长年累月地背照相机，杰瑞米·塞尔文的两个胳膊都发炎，做过手术。杰瑞米·塞尔文自己也不知道可以坚持到什么时候——至少到现在，他从未停止，每天继续拍摄上千张照片。

如何审视新闻摄影作品的优劣？是真实性、即时性、咨询性、事件之关键性、审美，还是拍摄者亲临现场时，是否有刚毅、无畏的超然态度？

在照片面前，文字显得苍白——让我们借用杰瑞米·塞尔文的照片，重温照片的力量。

●崔莹面对面

早上7：30，我收到杰瑞米·塞尔文的短信：“如果你方便的话，今天早上9：30我们在贝克街附近见面吧！”我马上爬出被窝，梳妆打扮，奔向地铁口。这么多年来，我第一次在这么早收到别人的短信。后来得知，杰瑞米·塞尔文通常4时起床，对他而言，7：30已经不算早了。

我们约好在贝克街福尔摩斯雕像下见面。柯南道尔笔下的福尔摩斯是闻名全球的名侦探，他与助手华生医生带领读者破案无数。小说中福尔摩斯所居住的地方便在贝克街221号，地铁贝克街站的墙上也满是福尔摩斯侧面像。我比约定的时间早到，站在福尔摩斯的雕像下，一中年英国男子从我身旁走过，他边走边对我说道：“离这个男人远点，他是结过婚的人了。”我大吃一惊，他回头冲我一笑，指指福尔摩斯的雕像——原来他在和我开玩笑。

我猜想杰瑞米·塞尔文一定会背着大大的摄影包风尘仆仆地走来，结果是我猜错了，此时的他“赤手空拳”，他把车停在了贝克街附近的停车场。他说他通常开车奔赴新闻现场或者新闻现场附近，他的车里有六七台不同的照相机、12个不同的镜头——我又禁不住猜测，杰瑞米·塞尔文一定对伦敦的各个停车场的位置了如指掌。

8岁拍照获奖

2008年，英国《旗帜晚报》的杰瑞米·塞尔文被评选为年度英国传媒奖的“年度摄影记者”，这已经是他第三次获此殊荣。评委们认为，他的作品展示了目前英国最高的新闻摄影水平。他的作品的深度和质量受到评委们的称赞，尤其是英国女孩玛德琳·麦肯恩（Madeleine McCann）失踪后的第二天，她的母亲凯特·麦肯恩（Kate McCann）几乎要崩溃的照片。

记者：你已经做了很长时间的摄影记者了？

杰瑞米·塞尔文：已经有25年了。我很小的时候就很喜欢摄影，上大学后，我希望能当一名摄影师，但是老师和我的父母都不支持，他们告诫我，竞争太激烈了，很难有成就的。但我还是选择了这一行。我学习了专业的摄影课程，但是也没有必要非得学。最重要的是，多拍照，虽然有点老生常谈，但是你拍的照片越多，你的摄影技术就提高得越快。这也是我拍照的经验。大学毕业后，我成为自由摄影师，我拍很多题材的照片，卖给报社，最后，《每日星报》和我签了约，当时我只有19岁。

◎小贴士：摄影记者（Photojournalist）

摄影记者，又称为新闻摄影师，他们的工作是拍摄写实照片，用照片讲故事，向公众展现新闻事件。新闻摄影和纪录片摄影、街道摄影、名人摄影的区别在于时效性、客观性和叙述性。和文字记者相同的是，摄影记者的职责也是报道新闻事件，不同的是，摄影记者要随时携带摄影器具，并要能够对所要报道的新闻事件迅速作出反应。这些新闻事件往往是突发事件，涉及恶劣天气、嘈杂的人群、战争因素等。

记者：当时你主要是拍摄哪类题材的照片呢？

杰瑞米·塞尔文：我记得有一张是关于芭芭拉·史翠珊（Barbara Streisland）的，她在一个天然保健中心健身，我抓拍的，有点类似狗仔队的照片。还有一张是诺曼·泰比特（Norman Tebbit，英国右翼政治家）推着轮椅，轮椅上坐着不久前在保守党会议上被炸伤的他的老婆。《每日星报》把这张照片放在头版，然后，他们就问我是否愿意全职为他们工作。

记者：这是你的第一份全职工作？

杰瑞米·塞尔文：其实不是，我上大学的时候，就开始在一家报社工作了。边学习，边工作。其实我也不想欺骗工作单位，但是还是这样坚持下来了。后来，我离开《每日星报》，开始在伦敦《旗帜晚报》（*The Evening Standard*）工作。我今年46岁，已经在《旗帜晚报》工作了21年。

记者：你成为摄影记者的动力是什么，和你的父母有关吗？

杰瑞米·塞尔文：和我的父亲有点关系，我父亲是拍电影的。我8岁时，父亲送给我一台照相机，我在学校的摄影比赛中获了奖，我很开心，然后，我就一直坚持拍照。有一本书叫《纸张上的照片：摄影新闻、图像和照片编辑》（*Pictures on a Page: Photo-journalism, Graphics and Picture Editing*），编著者是《星期日泰晤士报》的前主编哈罗德·艾文斯（Harold Evans），这本书给了我很大的启发。书中的照片是由世界上最著名的摄影记者拍摄的。我看这本书看了成千上万遍，我对这本书里的每张照片都了如指掌。

◎小贴士：摄影新闻始于战争

卡罗尔·斯玛瑞（Carol Szathmari）被认为是世界上首位摄影记者，19世纪中期，他拍摄了克里米亚战争（Crimean War，1853—1856）。他将拍摄到的图片邮寄给欧洲皇室（European royals houses），有几张照片一直被保留至今。接下来有据可查的摄影记者是报道同一战争的英国记者威廉·辛普森（William Simpson）和罗杰·芬腾（Roger Fenton），他们就职的媒体是《伦敦新闻画报》（*Illustrated London News*），他们的摄影作品以雕版图的形式体现在画报上。同一时期，美国内战摄影记者马修·贝迪（Mathew Brady）的作品也被制作成雕版图发表于《哈勃周刊》（*Harper's Weekly*）。1880年3月4日，纽约的《每日画报》（*The Daily Graphic*）发表了具有里程碑意义的第一张新闻图片，这张图片是用网点印刷的，而不再是雕版图。1887年，镁粉闪光器的问世为记者拍摄室内照提供了方便，更多的摄影记者相继诞生，比如雅各布·里斯（Jacob Riis，1849—1914），他的作品《另一半人是怎样生活的》（*How the Other Half Lives*）和《和贫民窟的搏斗》（*The Battle with the Slum*）是纽约贫民生活的写实照，成为世界新闻摄影史上的巅峰之作。

拍政客要“出其不意”

杰瑞米·塞尔文的镜头不仅对着台上的政客，也对着台下的政客。他认为，当政客们放松、毫无警惕、露出“真面目”的时刻，也应该是摁动快门的时刻。

记者：在过去的20多年时间里，你主要拍摄哪些题材的照片呢？

杰瑞米·塞尔文：主要是新闻，比如目前，世界各地出现经济危机，我最近在拍摄的是经济危机对城市、对人们的生活造成的影响。那些西装革履的人是不是看起来很忧郁？他们如何应对经济危机？这类照片应该算是新闻照片。我还拍摄过灾难、战争，比如伊拉克战争、明星和政治等。我很喜欢拍摄政治类的照片，尽管有时候很无聊，但是我喜欢看政客的另外一面。

记者：如何拍好政治类的照片呢？对我而言，政治照片不过是会议照，政客讲话的照片。

杰瑞米·塞尔文：你一定得坚持，不放弃，一直用镜头跟踪——跟踪政客放松警惕时的反应，他的不寻常的表情。当政客放松警惕、认为自己不被注意的时刻，也是你应该拍摄的时刻。要捕捉那一瞬间，你肯定要等很长的时间。我拍照的经验是，在用镜头跟踪这个人的同时，你要一直观察这个人，了解对方，猜想他怎么做，表情怎样，会放松吗。

记者：如果是很多政客呢？

杰瑞米·塞尔文：如果有谁在发言、讲话，那镜头最好对准其他人。比如，当政客从台上走下，政客坐到自己的位置上时，这时出现“精彩瞬间”的几率比较大。有一次，我拍摄到撒切尔夫人就座时非常有趣的一瞬间——撒切尔夫人发言结束后，走到自己的座位前，看了一下表，她看表的同时，坐在她附近的英国前首相爱德华·希思也在看表，并且，两人几乎同时打哈欠。当政客们放松时，也是摄影记者获得好片子的时刻了，我一直在观察、等待这样的片刻。

记者：你拍摄过的最棒的照片之一是《女王的眼泪》？

杰瑞米·塞尔文：这张照片是在英国国殇日（Remembrance Day）的纪念活动中拍摄的。每年，英国国殇日的纪念活动在威斯敏斯特举行，原本由女王的母亲出席，女王的母亲去世后，女王接替母亲的位置，继续出席这个纪念活动。默哀中，女王显然在想念于一年前去世的母亲，所以，她流了泪。我很幸运，拍到了这个细节，我也没有想到能拍到这样的场景。没有几个人见过女王流泪，我以前从来没有见过。我想，我这一辈子也肯定不会见到第二次。但是我知道当时，女王心里一定很难过，因为她代替的是她的母亲，我作好了拍摄准备，并且特意带了远摄镜头。

记者：你有备而去？

杰瑞米·塞尔文：对，我原本就打算拍摄女王面部的表情。当时和我站在同样的拍摄位置的摄影记者很多，但是他们很多人带的镜头不合适，我想我比较幸运吧！在合适的拍摄地点，合适的时间，带了合适的镜头。

记者：你总是很幸运。

杰瑞米·塞尔文：也不总是。你还得早去。无论拍什么，你都要早去，这也是我的建议：早到那里。我在《旗帜晚报》工作，每天都是4时起床，6时到伦敦市区。早起后，你有时间考虑要去拍什么，到哪里拍。其他人开始工作前，我们已经在那里守候。

记者：早睡早起，好习惯。

杰瑞米·塞尔文：睡觉往往早不了，我有孩子，早睡觉不太容易，就得适应吧！如果有什么突发事件，报社给我打电话，我马上就得出发，无论是到世界的哪个角落。这是我的工作内容之一，没有什么可抱怨的，不过，很多的旅行，令人很疲惫。年龄越大，做起来越困难。我今年（2008年）46岁，我也不知道还能这样坚持多久。

记者：你做摄影记者的动力是什么？

杰瑞米·塞尔文：我喜欢看到我的照片被印刷在报纸、杂志上，被发表；我喜欢看到我的照片拥有大量的观众。这就是我做摄影记者的动力。摄影记者可以通过照片表达他们的想法，发出他们的声音。比如，通过照片展现他们心目中的政客的形象，用照片展现名人真实的一面。观众可以通过摄影记者的视角认识、了解这个政客，这个名人。

预测到可能发生的情景

杰瑞米·塞尔文认为，除了运气，拍摄到有价值的新闻图片的前提是新闻敏感性和对即将发生的新闻的合理分析和预测。机会给有准备的人，有心人才能拍摄到吸引人的新闻照片。

记者：你被称为“城市摄影记者”，这是否意味着，你总在街道上溜达，捕捉新闻？

杰瑞米·塞尔文：比如今天早上，我拍摄了一张人们笑容满面走过伦敦桥的照片，人们很高兴，因为股市回升。人们的表情就是新闻。

记者：拍照的时候，你会用三脚架吗？

杰瑞米·塞尔文：从来不用，我有很多照相机、很多镜头，但是没有三脚架，没有必要用三脚架。当我学习摄影的时候，要看曝光数，要对焦，等等。

但是现在，任何人都可以拍照，用现代的数码照相机拍照，非常简单，摁按钮就是了。很多摄影师不赞同这样做，但是我本人就是这样做的。人们用手机拍照，拍出来的照片也不错，不是吗？我希望有一天，有这样一款照相机，把所有的镜头功能设置在一起，并且照相机要小、要轻巧，可以放进口袋里。我挺痛恨照相机的，因为照相机太重。

记者：在你捕拍新闻照片之前，你已经对所拍的情景有了期待和设想？

杰瑞米·塞尔文：有时会。比如今天早上，我想拍的就是人们高高兴兴去上班的照片，很多人看起来真的是兴高采烈，比如一对夫妇，几乎是雀跃着前行，我也没有想到能拍摄到这么恰到好处的照片，我很幸运——我拍摄到的照片比我预想的效果还要好。

记者：作为“城市摄影记者”，你通常在哪里“溜达”拍照？

杰瑞米·塞尔文：比如火车站、伦敦桥附近。伦敦桥一向是很理想的拍摄场地。早上8：30左右，成千上万的人走过伦敦桥，人越多，拍摄出来的效果越好。我也喜欢一大早，伦敦桥没有什么人的时候，我喜欢那种感觉。这也是早起的优势，你会看到别人看不到的场景。对于拍摄而言，没有固定不变的场景：每天都有新的主题，每天的照片都是新的。

记者：这须要关注新闻，了解要拍摄的内容？

杰瑞米·塞尔文：是的，你要跟得上新闻，并且要尽可能地抢在新闻的前头。如果报纸都报道了，这个新闻也就死了。你要能够预测到每天发生的故事。比如，今天的新闻，肯定会是人们变高兴了，但是在昨天，人们就很悲观。摄影记者要能够想到新闻的前头，不然，就很难拍到新闻了。

记者：你每天都要读报？读你们自己的报纸？

杰瑞米·塞尔文：所有的报纸，包括网络上的新闻。你要了解别人在关注什么，报道什么，然后你可以站在局外，预测即将要发生的事情，然后去捕捉这个新闻。当然，报社有图片编辑，他们也会和摄影记者沟通，告知要拍摄的主题和内容，他们帮摄影记者把握拍摄的方向。

记者：你所有的时间都在拍摄吗？

杰瑞米·塞尔文：多是一大早和下午的时间。第一次截止时间是早上8时，第二次截止时间是下午4时。

从来不偷拍

杰瑞米·塞尔文认为，新闻摄影记者的职责就是用图片记录历史，告诉大家新闻故事，新闻摄影记者的工作应当得到理解和尊重。“我拍他是应该的，对方可能不高兴，但我是在收集新闻，这是我的工作。”

记者：拍摄过程中有危险吗，比如战争？

杰瑞米·塞尔文：有，但危险并非来自战争，在战争中，记者往往受到部队的保护，处境并非人们想象中的那么危险。并且，士兵们对记者很友好，他们保护记者，也照顾记者。我认为，我所经历过的最危险的拍摄是拍摄足球赛。我要拍摄报道世界杯、欧洲足球锦标赛决赛等，我目睹了很多次足球暴力，简直太恐怖了。足球迷们的反应不可预料，通常在午夜，他们拿着刀，突袭摄影记者——足球迷不喜欢摄影记者，他们认为我们总在拍摄他们不好的一面，然后把这些照片提供给警察局，警察局根据这些照片辨认、拘捕他们。我经常被足球迷袭击，有几次被打得很惨。但是更惨的是，没有人保护我们，警察也不管。

记者：很多人不喜欢摄影记者，怕被偷拍？

杰瑞米·塞尔文：狗仔队把摄影记者的名声搞坏了。在大街上，很多人对摄影记者不友好，不希望被拍照。如今，平日里的摄影工作比拍摄战争还要难。拍摄战争听起来很危险，有时也的确是这样：我的朋友在战争中丢掉了性命，但这并不意味着拍摄战争是最糟糕的工作。这取决于摄影记者接近拍摄对象的方式。有些战地摄影记者冒很大的险：他们单独行动，这肯定会招致麻烦。

◎小贴士：狗仔队

“狗仔队”这种职业在1958年首次出现，原为意大利文“Paparazzi”，是意大利姓氏“Paparazzo”的复数形式。1960年以及1963年，意大利导演费德里柯·费里尼在电影《甜蜜生活》（*La Dolce Vita*）以及《8½》（*Otto e Mezzo*）中制造出一个名叫“Paparazzo”的角色，“Paparazzo”是一个专门拍摄名人隐私的八卦记者。从此“Paparazzi”就成为那些专门跟踪、偷拍名人私生活的人的形象。此词传入香港后，香港人改称“Paparazzi”为“Puppy”（小狗），一是因为两者的读音相近，二是因为此类工作者的追踪行为也和狗相似，随后该词逐渐演化成了“狗仔队”。

记者：作为记者，有时不得不身处险境，是否需要额外的人身保险？

杰瑞米·塞尔文：报社为我上了特殊的保险，报社对我的工作非常支持，不需要我担心。

记者：如果新闻和道德发生冲突，你会先考虑哪个方面？

杰瑞米·塞尔文：这取决于具体的情况。如果某人有生命危险，我肯定会尽力帮助，但是只是在我认为能够帮得了的情况下。有时，去帮忙的人反而丢掉了性命。最近的一个报道是，在英国的诺里奇，一个很无辜的年轻人去帮被四个人殴打的小伙子，结果自己被那四个人刺死。即使你有照相机，和这个无辜的年轻人又有什么区别呢？照相机又不是武器，你可能会把事情搞得更糟，把自己的命搭进去。

记者：在你可以帮助对方的前提下，你是先拍照，还是先去帮助对方？

杰瑞米·塞尔文：这也只有一线之隔。比如，戴安娜王妃出车祸后，最先出现在事故现场的是摄影记者们。当时，戴安娜王妃已经奄奄一息了，我不认为哪个记者救得了她。其中一个摄影记者也的确尝试去救她，因为他接受过这方面的培训。不过，假使我在现场，我肯定会首先考虑拍照。因为我知道我根本帮不上忙，我去那里的目的就是拍照，报道正在发生的事情。我不会去指责那些只拍照、不救人的摄影记者。

记者：他们在那里的目的是为了工作，为了记录历史，虽然那是一段令人伤心的历史。

记者：拍照时，你需要征得当事人的同意吗？

杰瑞米·塞尔文：这取决于摄影记者所在的国家。在英国，除了小孩（18岁以下），你可以在街道上拍摄任何人的照片而不需要对方的许可。在法国，因为隐私法的规定，若拍摄对方，你必须首先获得对方的许可，但是很多摄影记者并不怎么遵守。法国的狗仔队摄影记者比世界上任何其他国家的都多。按说，违犯了法律，这类摄影记者应该被逮捕，但是也没人追究。

记者：你在街道上拍陌生人，若对方很生气，你该怎么面对？

杰瑞米·塞尔文：我拍照总是有原因的，通常的原因是，我所拍摄的对象处于特定的新闻环境中，他在做的事情会引起公众的兴趣。因此，我拍他是应该的，对方可能不高兴，但我是在收集新闻，这是我的工作。

记者：你会故意隐藏照相机，偷拍吗？

杰瑞米·塞尔文：不会，我从来不藏照相机。我是摄影记者，我的工作在英国是获得了允许的。

记者：对方会起诉你吗？

杰瑞米·塞尔文：在英国不会。但是有一种情况例外：如果摄影记者用远焦镜头，拍摄对方的卧室，那就侵犯对方的隐私了，摄影记者可能会被起诉。我从来不那样做，我为一份受人尊重的报纸工作，我尊重这个国家的法律，我没有必要违法。我为什么侵犯别人的隐私呢？那样做是错误的。我会拍摄他们在街道、在屋外的情景，但是不会拍摄他们进了房间之后的情景。我所拍摄的人物大都是新闻人物，比如政客、明星，公众对他们的所作所为很感兴趣，他们的名字家喻户晓，他们能要求什么样的隐私？他们巴不得出现在公众的视线里。

拍能讲故事的照片

勤能补拙，熟能生巧，杰瑞米·塞尔文的成功经验是“多拍照”。拍多了，自然会游刃有余。也不该有什么精神压力，或者急功近利的想法，在杰瑞米·塞尔文看来，“拍照，就是我喜欢的一份工作而已”。

记者：什么样的照片是好照片呢？

杰瑞米·塞尔文：好照片是可以讲故事的照片；好照片可以跃出纸面，跳入你的眼帘，抓住你的视线；好照片不需要文字说明。

记者：你所拍摄过的最满意的照片是哪几张？

杰瑞米·塞尔文：我喜欢撒切尔夫人和爱德华·希思同时看手表的那张；我喜欢纳尔逊·曼德拉（Nelson Mandela）来英国参观时我给他拍的照片，因为纳尔逊·曼德拉是我崇拜的偶像；我喜欢坐在直升机上，俯拍伦敦桥的照片，在那张照片中，人们匆匆走过，桥上投射有他们的身影。

记者：记忆中，哪次是你最不美好的采访经历？

杰瑞米·塞尔文：我报道过北爱尔兰奥马格市的爆炸（Omagh bomb）。那是1998年8月15日，在北爱尔兰的奥马格市，鄂尔斯特电视台接到炸弹警报，说是一辆陷阱炸弹汽车停靠在法院大楼附近。警察和安全人员立刻把法院周围的人群向商业街疏散。但正好相反，炸弹暗藏在停在商业街的一辆汽车里。下午3时10分，250公斤的炸弹爆炸，炸死了29人，炸伤了250多人。当时的情景惨不忍睹，但是我们还要继续拍照，报道这次事件。并且，当地人把我们看成敌人，贝尔法斯特西部的人们不喜欢伦敦人，我们的采访也麻烦不断。

记者：你和文字记者合作多吗？

杰瑞米·塞尔文：非常多，我喜欢和文字记者合作。文字记者可以帮助你，给你一些启发，当然，我们也在帮助文字记者。工作的时候，我们就是一个团队。

记者：很多人认为你不慌不忙，就拍摄出了很棒的照片？

杰瑞米·塞尔文：你肯定要放松，没有必要紧张，拍就是了。摄影就是一项工作，拍不好，也不会是世界的末日。拍照，就是我喜欢的一份工作而已。

记者：如果能够重新选择，你还会选择做摄影记者吗？

杰瑞米·塞尔文：肯定，只是希望照相机、镜头再轻一些。因为总要背照相机，我的胳膊和背早就有毛病了。我的两个胳膊肘都发炎，最近还做过手术。我的车里有六七台不同的照相机、12个不同的镜头。

记者：你对想提高摄影技术的年轻人有哪些建议呢？

杰瑞米·塞尔文：坚持拍照，拍得越多，摄影技术提高得越快。这和你读书的多少没有什么关系，和你用什么样的照相机也没有关系。照相机都是差不多的，都能拍出好照片。只要坚持拍就好，拍什么都行。我拍照的经验就是多拍，每天拍上千张。

记者：每天上千张？

杰瑞米·塞尔文：今天，到现在（早上10时），我已经拍摄了两三百张照片了。提高摄影技术的唯一途径就是多拍。摄影技术也很重要，但是并非全部。你拍的照片越多，你的摄影技术会越成熟。很多人问我怎么才能成为摄影师，我回答，多拍照。现在比以前容易多了，以前要带胶卷，现在都是数码照相机，你愿意拍多少照片就拍多少照片。

记者：请你推荐书给摄影记者看的话，你会推荐哪本？

杰瑞米·塞尔文：肯定是《纸张上的照片：摄影新闻，图像和照片编辑》。

◎小贴士：世界著名纪实摄影大师

★尤金·阿特盖特（Eugene Atget，1857—1927），法国人，40岁时涉足摄影。他整天奔走于巴黎的大街小巷，不放过任何一个可以拍摄的镜头：风景、建筑、街道、贫民区、各行各业的人、家庭、商场、店面风光以及街头的情景。尤金·阿特盖特的照片客观、直接、朴实，是他对周围最简单事物外貌的简明揭示，没添加任何象征性的主旨。尤金·阿特盖特全神贯注从事创作，未曾向任何人推销或展示过这些摄影作品，他把近万张的照片留给了子孙，自己在赤贫之中悄然辞世。

★雅各布·里斯（Jacob Riis，1849—1914），出生于丹麦，原是《丹麦时代周刊》的摄影记者，1870年移居美国。在美国底层挣扎了7年之后，1877年，雅各布·里斯终于找到第一份正式工作。之后，他成为《纽约论坛报》和美联社记者，并为《太阳晚报》工作。从1888年到1892年，雅各布·里斯手持照相机，深入贫民窟，进行纪实拍摄，真实披露了美国贫民阶层的生活条件和童工状况。1890年，雅各布·里斯出版了他的摄影集《另一半人是怎样生活的》。他的摄影报道引发了社会对贫民的关注，并引起了纽约州州长罗斯福的重视，州政府决议对臭名远扬的纽约市贫民窟进行彻底改建，修改了童工法。

★路易斯·威克斯·海因（Lewis Wickes Hine，1874—1940），出生于美国威斯康星州奥什科什一个劳工家庭，曾就读于芝加哥大学、纽约大学和哥伦比亚大学，获得社会硕士学位。1903年，海因就职于纽约伦理教育学院，负责视觉教学，并开始接触摄影。他的摄影一开始就有着强烈的倾向性，他表示："我要揭露那些应予纠正的东西，赞颂那些应予表扬的东西。"1904年，海因受学院委托，拍摄埃利斯岛的现代欧洲移民生活。在长达5年的拍摄中，海因获得了200多张震撼人心的照片。他通过照片大声疾呼：移民也是有尊严的，他们并不是欧洲社会的渣滓，政府要关心贫苦移民的生活。1906年，海因受国家童工委员会的委托，对美国各地童工的恶劣生存状态进行纪实拍摄。他在之后的十年时间里，跑遍了美国整个东部，拍摄了5000多张童工被剥削和被奴役的照片。这些照片在美国引起了强烈反响，最终促使美国议会通过法案，废止了童工制度。1918年，海因随美国红十字会到法国、巴尔干半岛、意大利和希腊拍摄第一次世界大战中人们的受难状况。1930年，海因受聘拍摄当时世界上最高的摩天大楼——帝国大厦的建设情况。在1931年拍摄《连接帝国大厦的最后一根钢梁》这张照片时，为了选择适当的角度，他用脚倒挂在起重机的挂钩上，在100层楼高的高空，用双手进行拍摄，表现出一位摄影家的高度敬业精神。1932年，海因出版了他的摄影专集《劳动中的人们》（*Man of Work*），对1930年帝国大厦建设中的工人劳动情况进行了忠实的记录。

□推荐阅读

《纸张上的照片：摄影新闻，图像和照片编辑》（*Pictures on a Page：Photo-journalism，Graphics and Picture Editing*）

近代史上的重大新闻事件的摄影集。书中包括对摄影记者的访谈，访谈内容包括如何为报纸和杂志拍摄、选择、编辑图片等。除此之外，书中探讨了新闻图片的含义、色彩和戏剧性。

第20章

西恩·史密斯：照片要让人联想到故事

- **曾经是狗仔队记者**
- **从油画中找灵感**
- **“混入”美军两个月**
- **造假是记者的耻辱**

新闻实务涉及

★ 从哪里寻找拍摄灵感？

★ 拍摄前，应该有个预想好的构图吗？

★ 什么样的照片是好照片？

★ 对狗仔队记者的评价。

★ 战地记者的工作状态。

★ 是否对照片进行后期处理？

★“移花接木”违背新闻真实性的原则。

★ 报纸网站拍摄视频的“度”。

□**记者档案**

西恩·史密斯（Sean Smith）

身　　份：《卫报》摄影记者。

获得奖项：他的摄影作品《战中，伊拉克的一家人》获得2007年“媒体年度摄影奖”（Press Photographer's Year）的年度最佳摄影作品，摄影作品《被蒙面的战犯》获得“媒体年度摄影奖”最佳新闻作品。他的跟踪美军生活的录像短片，获得英国艾美奖和皇家电视协会奖。

2008年，他被评选为年度英国传媒奖的“年度数字摄影记者”。

●**记者印象**

打入士兵内部

全副武装的士兵横七竖八地躺在地上睡觉；士兵在营地玩跳绳，互相理发；士兵涂改墙上的大字，将“谁协助美军，谁就会死”改写成“谁协助美军，谁就会获得奖赏”；被蒙了头的极端分子站在疾飞的直升机下；一声爆炸后，士兵的骂声不断；士兵表白：“我刚结婚一个月，我很想念妻子，想念家人，谁也不愿意继续待在这里。”2007年，《卫报》摄影记者西恩·史密斯“潜入”驻扎在伊拉克的美军部队，和他们共同生活两个月，用照相机、录像机真实记录了前线美军的生活。

在向我回忆那两个月的经历时，西恩·史密斯很少提“危险”两个字。他最大的抱怨是，“太热，不能喝酒”。我后来才知道，西恩·史密斯最大的爱好是喝酒——与其说危险，不如说两个月滴酒不沾，是对西恩·史密斯的最大挑战。“我会害怕，会担心，但是我可以选择，可其他人没有选择。士兵要服从命令，即使他们不支持这场战争，也要上战场。该被质问的不是士兵，而是那些签字把士兵送到伊拉克的决策者。”

西恩·史密斯自言自己不擅长提问，他也不愿提问——士兵做什么，他就拍什么，士兵愿意说什么，他就录什么。如同一个旁观者，他默默地记录下这一切，他相信每天自然而然发生的事情本身就是故事，他相信真实的力量。

西恩·史密斯和美军一起行动，他用镜头记录下士兵的疲惫困惑、士兵的无奈、士兵之间的友谊、士兵的歌声……他随美军突袭伊拉克平民住所，围剿恐怖分子，孩子被吓哭，老人在惊叫，结果是情报错误，美军入错了民宅；他随士兵巡逻，士兵勒令一疾驶的出租车停车，出租车没有停，士兵开始扫射，出租车司机当场被射死，调查显示，出租车司机是无辜的伊拉克平民；他录下伊拉克平民向美军展示被血染红的被子、衣服，指责美军射死了他无辜的哥哥；他录下美军的卡车在行进过程中突然爆炸，一死两伤，美军在营地追悼等等。伊拉克战争开始后，已经有4000多名美军被害，成千上万的伊拉克平民遇难。

对着西恩·史密斯的镜头，一士兵表白："伊拉克平民不接受我们的帮助，我们每天都花大量的钱在这里，是一种浪费，我想念家人……"

西恩·史密斯的录像在美国ABC电视台播出后，引起美国公众一片哗然。一位母亲表示："我是录像中那个被炸翻的坦克司机的母亲，这场发生在5月19日的事故，夺走了6名士兵和1名翻译的生命。我的儿子只有19岁，我知道，这场战争永远都不会胜利。"一位美国士兵的妻子感言："到了媒体报道我们的士兵在伊拉克战场上挣扎的日子了，这种对士兵、对士兵家人精神上的折磨无法衡量。"

媒体专家也高度评价西恩·史密斯的照片和录像："西恩·史密斯的报道与众不同，大多数时间，美国电视媒体反映的是自我感觉良好、英勇自信的美国士兵形象。大众很少看到真实的被派驻在伊拉克的美军的日常生活片断。"西恩·史密斯的报道，被认为是美国新闻史上，第一个反映伊拉克战争的负面形象的报道。

ABC对西恩·史密斯的报道的评价是"没有经过过滤的前线部队生活的真实写照"。西恩·史密斯表示："我很高兴，士兵们的声音终于被听到了。"

西恩·史密斯有跟踪拍摄英军的打算。原因是英军在伊拉克战争花了很多很多的钱，这些钱都是纳税人的钱，他想去看个究竟，看这些钱到底是怎样花的。

●崔莹面对面

写作时，朋友看到我拍的西恩·史密斯的照片，问我"他是不是五六十多岁了？"。我回答："他只有48岁。"之前采访的战地记者杰瑞米·塞尔文看上去，也显得比实际年龄要大，风尘仆仆都写在了他们的脸上。

根据《卫报》的图片报道，我知道了西恩·史密斯的行踪，他去了格鲁吉亚。那时，他已经很爽快地告诉了我他的手机号码。一个月后，西恩·史密斯在伦敦，我们在《卫报》的咖啡厅见面。西恩·史密斯语调低沉，目光倔强，他是那种爱踏踏实实做事，不爱多说话的记者。

和美军同吃同住省钱

经过半年的等待——西恩·史密斯拿到了跟踪拍摄伊拉克美军生活的“许可证”。在之后的两个月时间里，他和美军同吃、同住，记录他们生活中的每一个细节。

记者：你去过很多次伊拉克？

西恩·史密斯：很多次。赴伊拉克的战地记者有两类，一类是白天到部队“参观”，晚上住进酒店，喝酒、看电影的记者，一类是24小时和士兵吃住在一起的记者。我选择做后者。在两个月的时间里，你哪里都不能去，只能在部队营地内走走，也不能喝酒。

记者：你为什么决定和士兵们生活在一起？

西恩·史密斯：去伊拉克战场的摄影记者越来越少，谁也不清楚那里到底在发生什么。在伊拉克战争中，美军是新闻故事的重要部分，因此，我觉得我有必要了解、跟拍他们的生活。并且，如果我不和士兵住在一起，住酒店的话，要雇本地司机、雇助手，花销会很大，报社不准备花这笔钱，而且，真要这样做的话，我也会被外界指责，说我并非独自工作，我的工作不深入等等。

记者：拍摄这些照片、录像的目的是什么？

西恩·史密斯：告诉人们那里发生的事情。关于伊拉克战争的第一手报道非常少，人们看到的基本上是军方宣传人员提供的材料。我所拍摄的照片、录像也只是那里发生的事情的一瞥。作为记者，无论条件、能力多么有限，你都要尽可能地发回报道，这是记者的职责。

记者：你穿和士兵一样的服装吗？

西恩·史密斯：不，我就穿我自己日常穿的衣服，当然，要穿防弹衣，要戴头盔。当时天气非常热，40—45摄氏度。

记者：那样不是很危险？

西恩·史密斯：我所跟拍的人本身就处于危险境地，我跟他们生活在一起，一起行动，我是他们中的一员，无所谓更危险。

记者：你带去几台照相机？

西恩·史密斯：三台照相机和一台摄像机。我跟士兵行动时，通常只背一个大包，包里装有一台电脑、一台照相机或者摄像机、一两个镜头。通常，我用佳能照相机，佳能24-70 2.8L镜头。

记者：跟踪拍摄美军的困难是什么？

西恩·史密斯：我要自己决定跟踪哪个部队，我要跟踪的部队一定是很忙碌的、可能有新闻的部队，我对“麻烦”感兴趣，并尽可能地多拍“麻烦”。

记者：为何不跟拍英军？

西恩·史密斯：在伊拉克战争中，战争的主角是美军。英军的规模很小，只驻扎在巴士拉（Basra）。并且，英军对这样的拍摄很警觉——在英国，部队向女王、向国家表示忠诚，而非政府。尽管纳税人的钱养着他们，但是他们不认为公众、媒体有权力质疑他们。英国国防部的官员觉得自己几乎就是法律，可以不受任何人的质疑。跟踪拍摄英军困难重重。比如，我一直很想跟踪报道驻扎在阿富汗的英军的生活，我申请了三年，还没有申请到。在美国，部队向总统府（office of the President）表示忠诚，美军对媒体更开明。

记者：申请跟踪拍摄美军的“许可证”麻烦吗？

西恩·史密斯：需要时间，我等这个“许可证”等了半年。并且你要坚持不懈。美军也不乐意记者跟拍，但是至少会有可能性。

我只是旁观者

2007年，在获得年度英国传媒奖的“年度摄影记者”之后，西恩·史密斯的感言是：“我的拍摄方式不算聪明，也不是原创，我只是尽可能和他们一起行动，我不会促使对方多说话，我从来不偷拍，我只是真实地记录。既然决定了做这样的工作，记者就应该尽量从前线多发回报道。”

记者：拍摄的同时，你也会考虑对战士的提问？

西恩·史密斯：我不擅长写东西，也不擅长提问，我只告诉士兵：我在录像，如果你们想说什么，就尽管说；如果你们觉得说了傻话，不想被播出，告诉我。录像时，有士兵问我：“让我说什么？”我说：“你想说什么就说什么。”有一个士兵不知道说什么好，坐下，沉默了几分钟，起身，又离开了。士兵主动找我聊、倾诉，他们都知道我在录像，我从来不偷拍。当然，在日常生活中，我会和士兵聊天、交流。毕竟，每天，我们要相处16个小时。

记者： *士兵为什么愿意聊，愿意被录像？*

西恩·史密斯： 他们愿意为国家做事情、作贡献，他们被派到了伊拉克，他们已经在伊拉克待了15个月，可是，那里的战争让他们沮丧，他们想说出自己的感受。他们作出了很大的牺牲，他们的声音应该被听到。

记者： *你和士兵之间的关系如何？*

西恩·史密斯： 我们住在一起，吃在一起，我们一起行动，无论白天或者晚上。士兵们偶尔会玩美国足球，但是我不会。说实话，在40摄氏度的热天气里，翻山越岭，大家回来后，都很疲惫，就想吃东西、睡觉，彼此间的交流不是很多。

记者： *你是一个观察者？*

西恩·史密斯： 我去那里观察，跟踪事件的发展，我也不知道故事会如何进展。但是我相信，那里会有故事，即使那些最普通的士兵，他们也会有很有意思的故事和你分享。

记者： *你是否拍摄他们虐待伊拉克平民的情景？*

西恩·史密斯： 去年（2007年），我跟踪拍摄的美军士兵射死了一个无辜的出租车司机。这样的事情如果发生在日常生活里，肯定是士兵的错，但是考虑到当时的背景，他们那样做也没有错。问题不在于士兵是对是错，士兵在执行命令，在尽自己的职责，军队就是军队。

记者： *在那种情景下，你会感觉悲伤吗？*

西恩·史密斯： 悲伤的是当地的老百姓，是被派驻到那里的士兵。我只在那里待了两个月，而那些士兵在那里待了15个月。我可以作为旁观者目睹这一切，虽然，我会害怕，会担心，但是我可以选择，可其他人没有选择。士兵要服从命令，即使他们不支持这场战争，也要上战场。该被质问的不是士兵，而是那些签字把士兵送到伊拉克的决策者。

记者： *其他战地记者通常做些什么？*

西恩·史密斯： 他们通常由军方统一安排，住同一个旅馆，统一行动。我听说有些战地记者让家属冒充伊拉克受害者，对他们进行采访；部队的人故意开火，协助电视台录像等。军队帮助记者，因为记者的报道为他们的工作服务。

照片要让人联想到故事

做了20多年的摄影记者，西恩·史密斯染上了一些“坏毛病”——他喜欢拍战争，拍冲突，拍危险……对于某些“移花接木”，西恩·史密斯认为这是摄影记者的耻辱。

记者：为什么会选择做摄影师？

西恩·史密斯：当我是孩子的时候，我就喜欢看彩色的杂志、照片。我对艺术、历史感兴趣，摄影把两者结合起来。中学毕业后，我在一家家禽屠宰厂工作，摄影只是我的业余爱好。我很想成为摄影师，但是我不知道怎么才能进入这个行业。我不认识摄影师，也不认识报社的人。我拍了一些工人工作的照片，做成一个小册子，拿着到处找工作。1981年开始，我找到了一份和摄影有关的工作。

记者：你喜欢拍哪一类照片？

西恩·史密斯：我喜欢拍社会新闻照片，包含人物在内的照片，我不喜欢拍山水照、抽象照。我不喜欢拍摄文章配图，不喜欢拍摄护照照片，不喜欢拍摄巧克力。这类活让年轻的摄影记者去做就好了，让我拍这样的照片，令人恼怒。尽管我不喜欢，但是老板让我去拍，我就得去拍，因为我要领工资——不得不去做我不喜欢的事情。

记者：你拍摄过名人照片吗？

西恩·史密斯：拍过，但是我不喜欢。名人照片有自己的市场，偶然拍几张，也无妨，但是目前，媒体过分追捧名人照片，尤其是有关名人隐私的照片。媒体用在正儿八经、严肃新闻报道上的费用，同用在这些哗众取宠的照片上的费用相比，要少得多。拍这些照片的摄影记者也未必喜欢这样的工作，都是为了生存而已。

记者：拍摄之前，你的脑子里会有一个提前预想好的构图吗？

西恩·史密斯：摄影师所秉持的观念不同，有些人擅长拍摄设计好的画面，很多室内摄影工作室就运用了这样的概念。我不喜欢这样的设置——如果你想进行自然拍摄，你就不应该有一个预测，假使你这样做的话，你很有可能会忽视一些细节。你要保持开放的心态。比如，当你拍摄人物照时，不是呆板的人物照，而是人物在特定环境里的照片，当这个人在夸夸其谈时，当他走进阳光时……

记者：图片要能够讲故事？

西恩·史密斯：要能够让人们联想到一个故事，并不一定是讲故事。图片应该可以令人思考，令人产生新的质疑。优秀的图片可以改变人们看问题的方式。

记者：摄影技术在照片的拍摄中，是否重要？

西恩·史密斯：摄影技术一直都很重要。但是如果只看重摄影技术的话，照片仅仅是一件艺术品、工艺品。摄影技术是衡量广告作品的重要因素。新闻照片中，若只含有摄影技术，新闻还是不在那里。

记者：你会对自己的图片进行后期处理吗？

西恩·史密斯：所有照片都要用Photoshop（图像处理软件）进行后期处理。因为数码照片的颜色对比弱，要经过处理后效果才会更好。但是“处理”并不意味着你可以任意添加、减少照片中的元素，这是新闻摄影的基本原则。美国的一名摄影记者在他拍摄的伊拉克战争的照片上“大动手脚”，他从另外一张照片上截取一个在窃笑的士兵安置在一张照片上，这张照片获了奖。我认为这是摄影记者的耻辱。

记者：因为数码拍摄的普及，“移花接木”变得越来越容易？

西恩·史密斯：但是这种伎俩并不新。俄国革命后，斯大林故意把一张著名的照片中的托洛茨基（Trotsky，苏联托洛茨基集团的首领）“消除”了。那张照片原本是列宁和托洛茨基的合影，结果只剩下了列宁。

◎小贴士：斯大林伪造照片

1997年，大卫·金（David King）的著作《人民委员消失了》（*The Commissar Vanishes*）出版，这是一本揭露斯大林如何涂改照片、篡改历史的书。

大卫·金的资料收集工作始于1970年他的一次苏联之旅，当时他发现成千上万在斯大林统治下的受害者的影像消失了，于是决定找出真相。之后他花了约30年时间从各种各样的照片、书籍、海报以及印刷品中收集了上万份图像。

斯大林利用篡改图片来达到他个人的政治目的，他把所有不利于巩固他个人权力的历史人物从照片中剔除。其中包括把照片中的人物用喷漆涂污，删除图片中原有的人物，篡改群众场景等等。他尤其用心去捏造他在革命之初就已经是列宁的亲密战友，以及消灭人们对革命第二号领袖人物托洛茨基（斯大林的宿敌）的记忆，照片中许多领袖人物在斯大林手下最后只变成一堆干草、沼泽、耕地、梯级或干脆黑漆漆一片。

◎小贴士：著名的“造假图片”

一张图片的力量胜于长篇累牍的文字叙述，文字会说谎，照片也会说谎。随着Photoshop等类似软件的广泛运用，图片更容易被造假，但是图片造假并非新闻。

●列宁在红场庆祝俄国革命两周年，第二张图片中，他的亲密战友、俄国十月革命的主要领导人

Origional:

Altered:

First Origional:

Second Origional:

Composite:

1	2
3	4

Origional:

Altered:

Origional:

Altered:

Origional:

Altered:

列昂·托洛茨基（Leon Trotsky）却不见了。

●2003年，《洛杉矶时报》（*Los Angeles Times*）的摄影记者布里安·沃尔斯基（Brian Walski）被解雇，原因是他将两张照片“合二为一”，增强照片的冲击力。

●怎么只剩下了斯大林？原来，他旁边的人民委员被处了死刑。

●约翰·费罗（John Filo）拍摄的这张照片（第二张）获得了普利策新闻奖，殊不知这张照片是经过“篡改”的。

●1982年，《国家地理》给金字塔“搬家”，将两个金字塔放在一起，做封面。

●2006年，路透社摄影记者阿德南·哈吉（Adnan Hajj）给照片《轰炸后的黎巴嫩》添加了浓烟，违背了新闻记者的职业道德，他因此被解雇。人们指责媒体对中东问题的报道存在偏向性。

我尊重狗仔队的工作

狗仔队的名声从来就没好过，他们嗅觉灵敏，经常会抖出一堆花边新闻。可为什么报纸、杂志愿意用他们的作品？为什么读者爱看狗仔队偷拍的照片？在享用美

餐的同时，却骂做饭的厨师，这恰恰是一种虚伪。

记者：在两个月的跟拍中，你拍摄了多长时间的素材？

西恩·史密斯：38个小时，在两个月时间里，我每天跟士兵一起行动十五六个小时，每天，真正拍摄的内容为半个多小时。

记者：那剩下的素材怎么办？要制作成电影吗？

西恩·史密斯：如果有人投资，我肯定会的。

记者：除了伊拉克美军的录像，你还拍过哪些录像？

西恩·史密斯：关于异装癖的，还有一个是“斗狗”的。《卫报》不允许这样的录像放在自己的网站上，我把这两个录像放在“You Tube”上了。

记者：你怎样看待狗仔队拍的照片？

西恩·史密斯：人们总是习惯于指责他们，他们做过傻事，可是又有谁没做过傻事？狗仔队成员也是专业摄影师，他们拍这样的照片也是为生活所迫，我曾经也是狗仔队的一员。我偷拍过戴安娜王妃，偷拍过王室成员——因为当时我找不到其他的工作，加入狗仔队大军是我唯一的出路。这有什么？狗仔队中有一两个败类，但是战地记者中就没有败类吗？政客中就没有败类吗？公众对狗仔队的态度极端不公正，我个人，是尊重狗仔队的工作的。

记者：也是因为读者喜欢看狗仔队的照片？

西恩·史密斯：我不鄙视拍照片的人，我鄙视的是那些花很多钱，买这类照片的报纸和杂志。这不是摄影师的错，是报纸和杂志的错，它们才是利益的驱动者。是它们决定用狗仔队的照片，然后它们在饭桌上，讥笑鄙视狗仔队的作品。

记者：你喜欢拍照，还是录像？

西恩·史密斯：我更喜欢拍照。录像有自己的优势，比如即使你拍不到子弹的样子，你可以拍到子弹的声音。但是，我不会就此只录像——报纸要意识到，它们不是电视节目制作公司，我们也不是专业的录像师。

记者：你有发稿的压力吗？

西恩·史密斯：我已经有一两个月没有发表照片了。我上一张照片是在格鲁吉亚（Georgia）拍摄的，然后，我一直在编辑录像，一遍遍地看录像带，记录录像的内容，很费时间。

记者：这些图片资料、视频资料属于你自己，还是《卫报》？

西恩·史密斯：别问我这个问题，这是个敏感话题，我不想谈。

记者：那谈谈你自己的生活？

西恩·史密斯：我喜欢看电影，喜欢喝酒，喜欢去博物馆看油画展。

记者：你任何时候都带着照相机？

西恩·史密斯：大多数时间。我的照相机就放在车的后备箱里。

记者：摄影记者一定得身强力壮？

西恩·史密斯：如果拍摄对象一直走路，一直爬山的话，摄影记者一定得跟得上对方。

记者：摄影记者会不会为争一个好的摄影位置吵架呢？

西恩·史密斯：很少。大家差不多互相认识，人很拥挤，可能会发生碰撞，但是很少有记者为了抢一个镜头而吵架，至少英国记者不是这样。拍出好照片的原则是耐心，不是坏脾气。

记者：你经常去看摄影展吗？

西恩·史密斯：我以前经常去伦敦艺术馆看各类摄影展，但是现在很少去了，因为摄影展的水平越来越差，或者摄影的主题越来越边缘化。

记者：你最喜欢的摄影师是谁？

西恩·史密斯：拍摄越战的摄影记者莱瑞·伯罗斯（Larry Burrows）。

◎小贴士：莱瑞·伯罗斯，拍越战上瘾

1962年，36岁的莱瑞·伯罗斯来到越南，之后的9年，他一直跟踪拍摄越南战争。此前，他已经担任了10年《生活》（*Life*）杂志的摄影记者。他报道过刚果动乱、中东局势等。

1926年，莱瑞·伯罗斯出生于英国伦敦，他16岁时开始在美国《生活》杂志的伦敦记者处工作。最初，他只在办公室打杂，给记者倒茶、晒胶片，做一些记者让他做的差事。后来，他帮着冲洗战地摄影记者发回的照片——他被这些震撼人心的照片吸引住了。

莱瑞·伯罗斯按部就班地当上了摄影记者。越南战争爆发后，莱瑞·伯罗斯毫不犹豫地要求去越南采访。莱瑞·伯罗斯的工作方式和其他摄影记者不同，其他记者被要求及时往报社发回照片、发稿，莱瑞·伯罗斯的工作没有时间限制，他花了半年多时间了解士兵的生活，和他们住在一起，吃在一起，一起行动。1963年，他在《生活》杂志发表了14页全彩的越战摄影报道，这篇报道是至今为止，关于越战最全面、最详细的报道。

因为莱瑞·伯罗斯的视力不好，《生活》杂志竭力派莱瑞·伯罗斯去比较“安全”的地方采访，包括1964年日本的奥运会，1965年印度尼西亚的怪鸟等。但是莱瑞·伯罗斯继续坚持去越南采访。

不幸的是，1971年2月10日，他乘坐的直升机在老挝边境遇难，当时，莱瑞·伯罗斯离自己45岁生日只有3个月的时间。因为失事地点比较复杂，美军没有尝试找回他的尸体。直到1998年3月，美军在老挝直升机失事地点，发现了照相机、镜头的部分残骸。

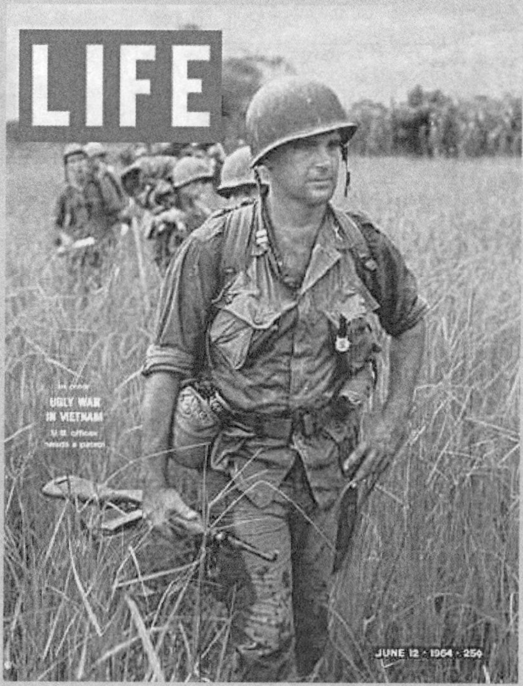
LIFE
UGLY WAR
IN VIETNAM
U.S. officer
heads a patrol
JUNE 12 · 1964 · 25¢

记者：你会推荐哪本关于摄影的书给年轻的摄影记者看？

西恩·史密斯：我建议他们看弗兰西斯·培根（Francis Bacon）的作品，并且，多看看油画，从油画中找灵感。

□推荐阅读

弗兰西斯·培根油画

弗兰西斯·培根（1909—1992），生于爱尔兰的都柏林，是欧洲最独特的现代主义画家。1929年，20岁的弗兰西斯·培根自学绘画，同时从事室内装修，设计毛毯。1945年，弗兰西斯·培根凭三幅十字v受刑架上的人像习作油画参加英国伦敦拉菲尔画展联展，一举成名。弗兰西斯·培根的画以“人体”为主题，画作风格大胆、怪诞、暴力，多是以扭曲狰狞的脸孔和人体来传达强烈的情绪，他的画作充满了歇斯底里的攻击性。弗兰西斯·培根将当时欧洲普遍存在的隔离、痛苦的存在意识混合转化为一种个人的经验，用超现实主义的绘画手法将之推向极致。1992年4月28日，弗兰西斯·培根在马德里逝世。

参考书目

References for Chapter on Andrew Gilligan

Boulton, A. "*Memories of the Blair Administration: Tony's Ten Years*", Simon & Schuster, 2008.

Davies, N. "*Flat Earth News*", Chatto & Windus, 2008.

Harcup, T. "*The Ethical Journalist*", SAGE Publications Ltd, 2007.

McShane, D. "*Using the Media: How to deal with the press, television and radio*", Pluto Press, 1979.

References for Chapter on Nick Davies

Davies, N. "*Flat Earth News*", Chatto & Windus, 2008.

References for Chapter on Phillip Knightley

Davies, N. "*Flat Earth News*", Chatto & Windus, 2008.

Knightley, P. "*The Second Oldest Profession*", Pimlico, 1986.

Knightley, P. "*Philby: K.G.B.Masterspy*", André Deutsch Limited, 1988.

Knightley, P. "*The Hack's Progress*", Random House, 1997.

Knightley, P. "*Australia: A Biography of a Nation*", Vintage, 2000.

Knightley, P. "*The First Casualty*", Johns Hopkins Paperback, 2004.

References for Chapter on Mark Daly

Mahmood, M. "*Confessions of a Fake Sheik*", Harper Collins Publishers, 2008.

References for Chapter on Martin Hickman

Lawrence, F. "*Not on the label*", Penguin Books, 2004.

Pearce, F. "*Confessions of an Eco-Sinner*", Eden Project Books, 2008.

Randall, D. "*The Universal Journalist*", Pluto Press, 2000.

References for Chapter on Christina Lamb

Behr, E. "*Anyone here been raped & speaks English?*", Viking Press, 1978.

Gellhorn, M. "*The Face of War*", Hart Davis, 1959.

Kapuscinski, R. "*Imperium*", Granta books, 1994.

Lamb, C. "*Small Wars Permitting: Dispatches from foreign lands*", Harper Press, 2008.

Lamb, C. "*The sewing circles of Herat*", Flamingo, 2003.

References for Chapter on Jeremy Bowen

Bowen, J. "*War Stories*", Pocket Books, 2006.

Simpson, J. "*A Mad World, My Masters*", Macmillan, 2000.

References for Chapter on Jeremy Selwyn

Evans, H. "*Pictures on a Page: Photo-journalism, graphics and picture editing*", Book Club Associates, 1979.

References for Chapter on Michael Smith

Smith, M. "*Killer Elite: The inside story of America's most secret special operations team*", Weidenfeld & Nicolson, 2006.

References for Chapter on Marian Pallister

Pallister, M. "*Lost Argyll: Argyll's Lost Heritage*", Birlinn Limited, 2005.

Pallister, M. "*Argyll Curiosities*", Birlinn Limited, 2007.

References for Chapter on Ann Leslie

Leslie, A. "*Killing My Own Snakes: A Memoir*", Macmillan, 2008.

Marr, A. "*My Trade: A short history of British journalism*", Macmillan, 2004.

References for Chapter on Evan Davis

Davis, E. "*Public Spending*", Harmondsworth: Penguin Books, 1998.

Harford, T. "*The Undercover Economist*", Little Brown, 2006.

Levitt, S.D.& Dubner, S.J. "*Freakonomics: A rogue economist explores the hidden side of everything*", William Morrow, 2005.

References for Chapter on Alex Brummer

Brummer, A.& Cowe, R. "*Hanson: The Rise and Rise of Britain's Most Buccaneering Businessman*", Fourth Estate, 1994.

Brummer, A.& Cowe, R. "*Weinstock: The life and times of Britain's premier industrialist*", HarperCollins Business, 1998.

Brummer, A. "*The Crunch: The Scandal of Northern Rock and the Escalating Credit Crisis*", Random House Business Books, 2008.

Brummer, A. "*The Crunch: How Greed and Incompetence Sparked the Credit Crisis*", Random House Business Books, 2009.

Galbraith, J.K. "*The Great Crash: 1929*", Mariner Books, 1954.

Kindleberger, C.P.& Aliber, R. "*Manias, Panics and Crashes: A History of Financial Crises*", Wiley Investment Classics, 2005.

References for Chapter on Philip Stephens

Riddell, P. "*The Unfulfilled Prime Minister: Tony Blair's Quest for a Legacy*", Politico's Publishing Ltd, 2005.

Stephens, P. "*Tony Blair: The Making of a World Leader*", Viking Books, 2004.

Young, H. "*Supping with the Devils*", Atlantic Books, 2003.

Young, H. "*The Hugo Young Papers: Thirty years of British Politics-Off the record*", Allen Lane, 2008.

References for Chapter on Polly Toynbee

Ehrenreich, B. "*Nickel and Dimed: On (not) getting by in America*", Metropolitan Books, 2001.

Orwell, G. "*Essays*", Penguin Modern Classics, Harcourt Brace Jovanovich, 1953.

Toynbee, P. "*Leftovers*", Panther, 1969.

Toynbee, P. "*A Working Life*" .Hodder and Stoughton, 1971.

Toynbee, P. "*Hard Work: Life in Low-Pay Britain*", Bloomsbury Publishing, 2003.

Toynbee, P.& Walker, D. "*Unjust Rewards: Exposing Greed and Inequality in Britain Today*", Granta, 2008.

References for Chapter on Rob McGibbon

Evans, H. "*Good Times, Bad Times*", Weidenfeld and Nicolson, 1983.

Gill, A.A. "*A.A.Gill is Away*", Phoenix, 2003.

McGibbon, R. "*New Kids on the Block*", Robin McGibbon, 1990.

McGibbon, R. "*Spice Power: Inside story of the 'Spice Girls'*", Boxtree Ltd, 1997.

McGibbon, R. "*Backstreet Boys: the whole story*", Boxtree Ltd, 1997.

McGibbon, R. "*Westlife: our story*", Virgin, 1999.

McGibbon, R. "*EMINEM*", Goldmann Wilhelm GmbH, 2003.

Silvester, C. "*The Penguin Book of Interviews*", Viking, 1993.

Waugh, E. "*Scoop: A novel about journalists*", Chapman & Hall, 1938.

References for Chapter on Roger Alton

Davies, N. "*Flat Earth News*", Chatto & Windus, 2008.

Evans, H. "*Pictures on a Page: Photo-journalism, graphics and picture editing*", Book Club Associates, 1979.

Frayn, M. "*Towards the End of Morning*", Faber & Faber, 1967.

Harris, R. "*Selling Hitler*", Penguin, 1987.

General

Burden, P. "*News of the World: Fake Sheikhs & Royal Trappings*", Eye Books Ltd, 2008.

De Burgh, H. "*Investigative Journalism*", Routledge, 2000.

Humphrys J. "*Lost for Words: The Mangling and Manipulating of the English Language*", Hodder & Stoughton, 2004.

McLaughlin, G. "*The War Correspondent*", Pluto Press, 2002.

Pilger, J. "*Tell Me No Lies*", Vintage, 2005.